岩波文庫
34-234-1

女らしさの神話

（上）

ベティ・フリーダン著
荻野美穂訳

岩波書店

This Japanese edition published 2024
by Iwanami Shoten, Publishers, Tokyo
by arrangement with Curtis Brown Ltd., New York,
through Japan UNI Agency, Inc., Tokyo

凡例

一、本訳書の底本は、Betty Friedan, *The Feminine Mystique* (New York: W. W. Norton & Company, 2013) である。これは一九六三年の初版刊行から五〇年を記念して出版されたものである。本訳書では、このうち、フリーダンが執筆した部分をすべて、つまり、初版本文、一九七四年版に付された「序論　一〇周年記念版によせて」と「エピローグ」、一九九七年版に付された「メタモルフォーゼ　二世代の後に」を訳出した。底本に収録されているGail Collinsによる「序文」とAnna Quindlenによる「あとがき」は割愛した。

一、上巻には本文の第九章までを、下巻には第一〇章以降と一九七四年版「序論」と「エピローグ」、一九九七年版「メタモルフォーゼ」を収録した。

一、原書の引用符は「　」とした。

一、原書のイタリックによる強調部分には傍点を付した。

一、(　)および[　]は原著者による補足、〔　〕は訳者による補足である。

一、下巻には訳者による解説と索引を付した。

一、本文には今日から見ると偏見や誤りと批判しうる内容も含まれているが、本書の時代的文脈に鑑み、そのまま訳出した。

目　次

（下巻）

女らしさの神話（上）

すべての新しい女性と
すべての新しい男性のために

序文と謝辞

しばらくははっきりわからなかったが、徐々に私はアメリカ女性の今日の生き方は何かがとても間違っていると気づくようになった。最初にそれを感じたのは、私自身の生活に対する疑問符としてだった。妻であり三人の幼い子の母として、後ろめたさが半分、したがって半分気乗りしないまま、ほとんど自分の意に反して、家を空ける仕事に自分の能力と教育を使っていた。この疑問符がもとになって、一九五七年、スミス女子大学卒業一五年後に、私は多くの時間を費やしてかつての同級生たちに大規模なアンケート調査を行った。その踏み込んだ自由記述式のアンケートに二〇〇名の女性から寄せられた回答によって、問題の原因は、当時信じられていたように私たちの受けた教育にあるのではないことに気づいた。彼女たちと私のかかえる問題や満足、そしてそれらと私たちの受けた教育との関係が、単純に現代アメリカ女性のイメージとは合致していなかったのだ。そのイメージとは、第二次世界大戦の終結以降、女性雑誌に書かれ、教室やクリニックで研究されて分析され、賛美やののしりの言葉の果てしない集中砲火を浴びてきたものだ。女性としての私たちの生活の現実と、私たちが順応しようとしていたこのイメージ、私が女らしさの神話と呼ぶようになったイメージとの間には、奇妙な矛盾があった。他の女性たちもこの統合失調症的なズレに直面しているのだろうか、そしてそれは何を意味しているのだろうかと、私は考えた。

そこで私は女らしさの神話の起源と、その神話の下で生活したり成長したりしている女性たちに及ぼされる効果について追究し始めた。私の手法は単純に物語を追いかけるレポーターのそれだったが、間もなくこれは通常の話ではないことを発見した。というのも、一つの手がかりから別のものへと、大きく拡がった現代の思想と生活の中をたどっていくにつれて、驚くべきパターンが現れてきた。それは、女性についての一般的なイメージばかりでなく基本的な心理学的前提にも逆らうものだったのだ。私は女性についての以前の研究の中にこのパズルの二、三のピースを発見したが、その数は多くはなかった。なぜなら過去の女性たちは女らしさの神話という条件の下で研究されていたからである。ヴァッサー女子大の女性たちにかんするメロン財団の研究は刺激的だったし、フランス女性についてのシモーヌ・ド・ボーヴォワールの洞察、ミラ・コマロフスキーの仕事、A・H・マズロー、アルヴァ・ミュルダールもそうだった。それよりさらに刺激的だと思ったのは、男性のアイデンティティという問題について蓄積されつつある新しい心理学的考察だが、それが女性にとって持つ意味には気づかれていないようだった。女性の病気や問題を治療する人々に質問することで、さらなる証拠が見つかった。そして私は女性雑誌の編集者、広告の動機調査専門家、および心理学や精神分析、人類学、社会学、家庭生活教育といった分野の女性についての理論的専門家たちと話すことによって、神話が育っていった過程を跡づけた。だがパズルが一つにまとまり始めたのは、ようやく私がそれぞれに二時間から二日間をかけて、人生サイクルのある種の決定的地点にいる八〇人の女性に話を聞くようになってからだった——自分は何者かという問いに直面するか、それを避けようとしている高校やカレッジの娘たち、もし神話が正しければそもそも問題など何もないはずで、それゆえ自分を悩ませている問題に名前を与えることのできない若い主婦たち、そして四〇歳で限界状態に直面している女性たちである。ある者は悩み苦しみ、ある者は落ち着いていたこれらの女性たちが、私に女らしさの神話についての最後の手がかりと最も決定的な罪状告発をもたらしてくれたのである。

とはいえ、多くの専門家、各分野の高名な理論家と現場で働く人々の助けなしには、また実のところ、彼ら自身は女らしさの神話を信じ、それを広める手助けをしてきた多くの人たちの協力なしには、私がこの本を書くことはできなかった。私は、ペギー・ベル、ジョン・イングリッシュ、ブルース・グールド、メアリ・アン・ギター、ジェームズ・スカードン、ナンシー・リンチ、ジェラルディン・ローズ、ロバート・スタイン、ニール・スチュワート、およびポリー・ウィーヴァーを含む女性雑誌の現在および過去の編集者たちと、動機調査研究所のアーネスト・ディクターとスタッフによって助けられた。そしてヴァイキング・プレスの元編集者であるマリオン・スケジェルは、小説のヒロインたちについての未完の研究から私にデータを提供してくれた。現場の行動科学者、理論家、セラピストの中で大いにお世話になったのは、ニューヨーク大学のウィリアム・メナカーとジョン・ランドグラフ、ブランダイスのA・H・マズロー、イエールのジョン・ドラード、コロンビアのウィリアム・J・グード、マーガレット・ミード、ティーチャーズ・カレッジのポール・ヴァハニアン、スミスのエルザ・シーポラ・イズラエルとイーライ・チノイである。さらに以下の方々にもお世話になった。ボストンの精神分析医アンドラス・アンギアル博士、ニューヨークのネイサン・アッカーマン博士、ロックランド郡精神保健センターのルイス・イングリッシュ博士とマーガレット・ローレンス博士、ウェストチェスター郡のエミリー・グールド夫人をはじめとする多くの精神保健職の人々、ニュー・ロシェルのジェラルド・ファウンテン博士、ヘンリエッタ・グラッツァー博士、およびマージョリー・イルゲンフリッツとエドガー・ジャクソン牧師、ニュージャージー州ベルゲン郡のリチャード・ゴードン博士とキャサリン・ゴードン、家族計画連盟の故エイブラハム・ストーン博士とレナ・レヴィン博士とフレッド・ジャフ、ボストンのジェームズ・ジャクソン・パトナム・センターのスタッフ、ピーター・ベント・ブリガム病院のドリス・メンツァー博士とソマーズ・スタージェス博士、同窓生助言センターのアリス・キング、およびコモンウェルス財団のレスター・エヴァンス博士。また、女らしさの神話と勇敢に闘い、私に有益な洞察を与えてくれた以下の教育者たちにも感謝している。ウェルズレーのローラ・ボーンホルト、ラドクリフのメアリ・バンティング、コロンビアのマージョリー・ニコルソン、ティーチャーズ・カレッジのエスター・ロイド＝ジョーンズ、バーナードのミリセント・マッキントッシュ、サラ・ローレンスのエスター・ラウシェンブッシュ、スミスのトーマス・メンデンホール、ダニエル・アーロンとその他多くのスミスの教授陣。とりわけ感謝しているのは、一九四二年スミス卒の二〇〇人をはじめとする、自分の問題と気持ちを私に打ち明けてくれた女性たちであり、私の調査の出発点となった同窓生アンケートで私と一緒に作業してくれたマリオン・インガソル・ホウェルとアン・マザー・モンテロである。

ニューヨーク公共図書館のフレデリック・ルイス・アレン・ルームは作家のための静かな仕事場と調査資料への自由なアクセスを提供してくれた。この素晴らしい施設がなければ、三人の子を持つ母親である私が本を書き始めることも、ましてや完成させることもけっしてできなかったかもしれない。同じことは、私の本の出版者であるジョージ・P・ブロックウェイの細やかな支援、担当編集者のバートン・ビールズ、そしてエージェントのマーサ・ウィンストンについても言えるだろう。より広い見地からは、もし私がスミスでクルト・コフカ、ハロルド・イズラエル、エルザ・シーポラ、およびジェームズ・ギブソンによる心理学の非常に並外れた教育を受けておらず、アイオワのクルト・レウィン、タマラ・デンボ、および彼らのグループの他の人々や、バークレーのE・C・トルマン、ジーン・マクファーレン、ネヴィット・サンフォード、およびエリク・エリクソンから学んでいなければ、この本は書かれなかったかもしれない――それは活用されることを意図した最良の意味でのリベラル教育であり、私が最初に計画したとおりにはそれを活用しなかったとしても、そのことは変わらない。

本書における洞察や、理論と事実についての解釈、そして本書に価値があるとすればそれもまた、間違いなく私のものである。だが、私がここで示した答えが最終的なものか否か――それに社会科学者がさらに探究しなければならない問いは多数ある――には関わりなく、アメリカ女性の持つディレンマは本物である。現時点では、ついにこの問題を認識することを迫られた多くの専門家たちは、女らしさの神話にそって女性たちを適応させようと努力を倍加させている。私の出した答えは社会の変化を示唆するものだから、専門家にも女性たちにも気に入られないかもしれない。だが、もし私が女性は社会によって影響を受けるのと同様に社会に影響を与えることもできるし、最終的には女性も男性のように選択し、自分自身の天国なり地獄なりを作っていく力があると信じていなかったとしたら、私がこの本を書くことの意味はなかっただろう。

ニューヨーク州グランドヴューにて

一九五七年六月―一九六二年七月

第一章　名前のない問題

その問題は語られることのないまま、長年にわたってアメリカ女性の頭の中に埋もれてきた。それは、二〇世紀半ばのアメリカで女性たちを悩ませていた奇妙なうごめき、満たされない感覚、あこがれだった。郊外に住む主婦のそれぞれが、一人でそれと闘っていた。ベッドを整え、食料品の買い物をし、ソファによく合うカヴァーをかけ、子どもたちとピーナッツ・バターのサンドウィッチを食べ、車でカブスカウト〔ボーイスカウトの幼少児版〕やブラウニー〔ガールスカウトの幼少児版〕へ送り迎えをし、夜になって夫の傍に横になる時――彼女は声にならない問いを自分に問うてみることさえ恐れていた――「これでおしまい?」

一五年以上にわたって専門家たちはあらゆるコラムや本や記事で、女性たちにあなたの役割は妻・母役割を完璧にこなすことだと説いてきたが、その何百万語もの中でこのもやもやについては一言も触れられてこなかった。女性たちは何度も何度も、伝統的な声やフロイト流の洗練された声によって、自分たちの女らしさに誇りを持つこと以上に優れた生き方はありえないのだと聞かされてきた。専門家たちが教えたのは、どうやって男をつかまえ、つなぎ止めておくか、どうやって子どもに母乳を与え、トイレのしつけをするか、きょうだい同士の張り合いや思春期の反抗にどう対処するか、どうやって食洗機を買い、パンを焼き、エスカルゴのようなグルメな食事を作り、自分たちの手でプールを作れるか、結婚生活をより刺激的なものにするには、どのように装い、もっと女らしい見かけやふるまいをすれば良いか、夫が若死にしたり、息子が不良にならないようにするにはどうすれば良いか、といったことだった。詩人や科学者や大統領になりたがる女性は、神経症で女らしさに欠ける不幸な女たちだと憐れむよう教えられた。彼女たちは、真に女らしい女性はキャリアや高等教育や政治的権利——古くさいフェミニストたちがそれを求めて闘った独立や機会のような——を望んだりしないものだと学んだ。四〇代や五〇代の女性の中には泣く泣く自分の夢を諦めたことを覚えている人もいるが、より若い世代の女性たちの大半はもはやそんなことは考えてもみなかった。無数の専門家の声が、彼女たちの女らしさや適応ぶり、新しい成熟を褒めそやした。彼女たちがなすべきことは、小さな少女の時代から夫探しと子育てに人生を捧げることだった。

一九五〇年代の終わり頃には、アメリカ女性の平均結婚年齢は二〇歳まで低下し、さらに一〇代まで低下しつつあった。一四〇〇万人の娘たちが一七歳までに婚約していた。大学に通う女性の割合は男性に比べて、一九二〇年の四七パーセントから一九五八年には三五パーセントに低下した。一世紀前の女性たちは高等教育を受ける権利を求めて闘ったが、現代の娘たちが大学に行くのは夫を見つけるためだった。五〇年代半ば頃には、六〇パーセントの女性が結婚のためか、あるいは教育を受けすぎると結婚の障害になることを恐れて大学を中退した。大学には「既婚学生」用の寮が作られたが、そこに入る学生はほとんどが夫の方だった。妻のためには新しい学位が用意された——"Ph.T."("Putting Husband Through")〔Ph.D. をもじって、夫を無事卒業させる、の意味〕である。

さらにアメリカの娘たちは高校生で結婚し始めた。女性雑誌は、こうした若年での結婚を示す気がかりな統計を遺憾としつつも、結婚についてのコースと結婚カウンセラーを高校に導入するよう促した。少女たちは、中学生の一二、三歳で決まった相手を持つようになった。メーカーは一〇歳の幼い少女用に、フォームラバーで胸が膨らんだように見せるブラジャーを売り出した。また、一九六〇年秋の『ニューヨーク・タイムズ』にのったサイズ3―6xの子ども用ドレスの広告は、「彼女も男を惑わす仲間入り」とうたっていた。

一九五〇年代末までには、アメリカの出生率はインドを追い抜きつつあった。家族計画と名前を変えたバース・コントロール運動は、これまで女性たちに三番目や四番目の赤ん坊は死産になるか障害を持つことになるだろうと教えてきたのに、いずれにせよ女性たちは三番目、四番目の子を持つのだから、そうできる方法を見つけるよう求められた。統計家たちがとくに驚いたのは、大学在学中に出産するケースがおそろしく増えたことだった。かつては子どもは二人だったのが、今や四人、五人、六人となった。かつてはキャリアを望んでいた女性たちが、今では子どもを持つことをキャリアにしつつあった。そこで一九五六年の『ライフ』誌には、こうしたアメリカ女性の家庭回帰の動きを讃える記事が掲載された。

ニューヨークのある病院では、赤ん坊に与える母乳が出ないとわかった女性が神経衰弱になった。他の病院では癌で死にかけている女性が、命が助かる可能性があると証明された薬の使用を断った。女らしくなくなる副作用があるとされていたからだ。「たった一度の人生ならば、ブロンドとして生きさせて」と、美人だが頭の空っぽな女性の等身大よりも大きな写真が、新聞や雑誌、ドラッグストアの広告から呼びかけた。そしてアメリカ中で一〇人に三人の女性が髪をブロンドに染めていた。彼女たちは食物の代わりにメトリカルと呼ばれるチョークのようなものを食べて、若くて細いモデルたちのサイズに近づこうとした。デパートのバイヤーたちは、アメリカの女性は一九三九年以来、サイズが三から四は小さくなったと報告した。「女性たちは服を体に合わせるのでなく、体を服に合わせようとしているのです」と、あるバイヤーは語った。

室内装飾家たちのデザインするキッチンは、モザイク壁画やオリジナル絵画で飾られていた。今やキッチンこそ女性の生活の中心だったからだ。家庭洋裁は一大産業となった。多くの女性は、買い物や子どもたちの送り迎え、あるいは夫と一緒の社交に出かける以外は家を空けなくなった。アメリカの娘たちは、家の外で働いた経験のないまま大きくなった。一九五〇年代後半、ある社会学的現象が突然注目されるようになった。アメリカ女性の三分の一が働いているが、その大半はもう若くはなく、キャリアを追求しているのはごく少数にすぎないというのである。それはパートタイムで販売や秘書の仕事をしている既婚女性たちで、夫に学業を続けさせたり、息子を大学にやったり、住宅ローンの助けにするために働いているのだった。あるいは、夫を亡くして家族を養っている女性もいた。専門職につく女性はどんどん少なくなっており、看護やソーシャル・ワーク、教師などの職業は人手不足で、アメリカのほとんどすべての都市が危機的状況だった。宇宙空間での競争でソ連に遅れをとっていることを懸念する科学者たちは、アメリカで活用されていない能力の最大の源泉は女性たちだと指摘した。だが、少女たちは物理学を勉強しようとはしなかった。「女らしくない」からだ。ある若い女性は、ジョンズ・ホプキンズ大学の科学研究員のポストを断って、不動産会社で働くのを選んだ。彼女いわく、自分の望みは他のすべてのアメリカ女性が望んでいるのと同じ――結婚し、四人の子どもを持ち、素敵な郊外の素敵な家に住むことだった。

郊外に住む主婦――それは若いアメリカ女性の夢見るイメージであり、全世界の女性たちの羨望の的だと言われた。科学と各種の省力化装置のおかげで、あくせく働くことや祖母たちのような出産時の危険や病気から解放された、アメリカの主婦。彼女は健康で美しく、教育があり、もっぱら夫と子どもと自分の家庭のことだけを考えている。彼女は真の女らしさを達成したのだ。主婦として母として、男性の世界でも男性の完全で対等なパートナーとして尊敬されていた。自由に自動車や衣類や家電やスーパーマーケットを選ぶことができ、およそ女性が夢見るすべてを手に入れていた。

第二次世界大戦後の一五年間にこの女らしさの完成という神話は、同時代のアメリカ文化において重要で果てしなく繰り返される核心部分となった。何百万人もの女性がアメリカの郊外の主婦というこうしたきれいなイメージどおりに生きようとして、ピクチャー・ウィンドウの前で夫に行ってらっしゃいのキスをし、ステーションワゴンに詰め込んだ子どもたちを学校に送り、シミ一つないキッチンの床で新しい電動ワックスかけ機を動かしながら微笑んでいた。自分でパンを焼き、自分や子どもたちの服を縫い、一日中洗濯機や乾燥機を回し続けた。週に一度ではなく二度、ベッドのシーツを取り替え、成人教育では敷物のかぎ針編みを習い、職業を持つことを夢見ていた可哀想な欲求不満の母親たちを憐れんだ。彼女たちの唯一の夢は完璧な妻や母になること、最大の野心は五人の子どもと美しい家を持つこと、唯一の闘いは夫を見つけ、つかまえ続けておくことだった。家庭以外の世界の女らしくない問題については何も考えず、重要な判断は男たちにやってもらいたがった。女性としての役割を誇らしく思い、国勢調査表の空欄には自信を持って「職業：主婦」と記入した。

一五年以上にわたって、女性のために書かれた言葉も、部屋の向こう側に座った夫たちが商売や政治や浄化槽の話をしている間に女性同士でかわす会話も、子どもたちについての悩みとか、夫をいつも機嫌良くさせたり子どもの成績を上げたりするにはどうすれば良いかとか、あるいは鶏肉の料理法や椅子カヴァーの作り方についてだった。女性が男性に比べて劣っているか優れているかなど、議論する者はいなかった。両者はたんにまったく別物だったからだ。「解放」とか「キャリア」などの言葉は奇妙で恥ずかしく感じさせ、何年間も誰も使っていなかった。シモーヌ・ド・ボーヴォワールという名のフランス女性が『第二の性』という本を書いた時、あるアメリカの批評家は、彼女は明らかに「人生とはどんなものかを知らない」と評した。いずれにせよ、彼女が述べているのはフランス女性のことだ。アメリカには「女性問題」などもはや存在していなかった。

一九五〇年代から六〇年代の女性に悩みがあったとすれば、彼女にはそれは自分の結婚か、あるいは彼女自身に問題があるのだとわかっていた。他の女性は皆、自分の生活に満足しているのに。キッチンの床にワックスをかけることで神秘的な達成感を得られないとは、自分はいったいどんな女なのだろう？　彼女は自分が満足していないことを認めるのがとても恥ずかしかったので、どれほど多くの他の女性も同様なのかを知らなかった。もし彼女が夫に話そうとしても、夫には彼女が何を言っているのかが理解できなかった。彼女は自分でも、よく理解できていなかったのだ。一五年以上にわたってアメリカの女性たちは、この問題について話すのはセックスについて話すよりも難しいと感じてきた。精神分析の専門家でさえ、この問題をなんと呼ぶかを知らなかった。多くの女性がしたように助けを求めて精神分析医を受診した女性の口癖は、「とっても恥ずかしい」とか、「私はどうしようもなく神経がおかしいんです」というものだった。ある郊外の精神分析医は困惑した様子で、「最近の女性たちに何が起きているのか、わからない。私の患者の大半は女性なので、何かがおかしいのだということはわかります。でも、彼女たちの悩みは性的なものではないんです」と語っている。だが、この悩みを抱えた女性たちの大半は、精神分析医のもとには行かなかった。彼女たちは自分に、「本当は何も問題などない、悩みなんかないのよ」と言い聞かせ続けたのだ。

だが、一九五九年四月のある朝、ニューヨークから一五マイル離れたとある郊外の団地で、四人の子どもの母親が他の四人の母親とコーヒーを飲みながら、静かな絶望をこめて「あの問題」と言うのを私は耳にした。そして他の女性たちにも、無言のうちに、彼女が話しているのは夫や子どもたちや家庭の問題についてではないことがわかった。

突然彼女たちは、自分たちが同じ問題、名前のない問題を抱えていることに気づいたのだ。彼女たちはためらいがちに、それについて語り始めた。その後、子どもたちを保育所に迎えに行き、家に帰って昼寝をさせてから、彼女たちのうちの二人は、自分が独りぼっちではなかったことがわかり、心からほっとして泣いた。

私はしだいに、アメリカの無数の女性たちが共通してこの名前のない問題をかかえていることに気づくようになった。私は雑誌記者として女性たちに、子どもや結婚、住まい、コミュニティにかんする問題についてインタヴューすることが多かった。だがしばらくして、このもう一つの問題の存在を示す、隠しても隠しきれない兆候に気づき始めた。同じ兆候は、ロングアイランドやニュージャージーやウェストチェスター郡の郊外住宅でもスキップフロアの家でも見られたし、マサチューセッツの小さな町のコロニアル・スタイルの家でも、メンフィスのパティオでも、郊外や街中のアパートでも、中西部の居間でも見られた。ときには私はこの問題を記者としてではなく、郊外に住む一人の主婦として感じることもあった。なぜならこの時期、私もまた、ニューヨーク州ロックランド郡に住んで三人の子どもを育てていたからだ。この問題のこだまは、大学の寮や半個室の産科の病室でも、PTAの会合や女性有権者同盟の昼食会でも、郊外のカクテル・パーティでも、列車の到着を待つステーションワゴンの中でも、レストランで漏れ聞く会話の中にも聞こえた。子どもたちが学校に行っている静かな午後や夫が仕事で遅くなる静かな夜に他の女性たちから聞いた手探りするような言葉を、それが大きな社会的、心理学的意味を持つことを理解するよりずっと前に、私はまず一人の女として理解したのだと思う。

この名前のない問題とはいったい何だったのだろう？　それを表すのに、女性たちはどんな言葉を使っていただろう？　ときには、「なんだか空っぽな気がするの……不完全、というか」と言う女性がいた。あるいは、「自分が存在しないような気がする」と言う人もいた。そうした感情を精神安定剤で消し去ることもあった。問題は夫や子どもたちにあると考えたり、本当に必要なのは家の内装をやり直したり、もっと良い地域に引っ越したり、情事をしたり、もう一人子どもを産むことだと考えることもあった。医者のところへ行って、うまく説明できない症状を訴えることもあった――「疲れた感じがして……子どもにすごく腹が立って、自分でも怖いくらいで……わけもなく泣きたくなるんです」。（クリーヴランドのある医者は、これを「主婦症候群」と名づけた。）何人もの女性は私に、手や腕に大きな出血性の水ぶくれができたと教えてくれた。ペンシルヴァニアのある家庭医は、「私は主婦水疱と呼んでいます」と語った。「最近、四人、五人、さらには六人の子どもがいて、洗い桶から離れられない若い女性によく見られます。しかし、洗剤が原因ではないし、副腎皮質ホルモンでも治らないのです」。

この気持ちがとても強くなると、家から走り出て、道を歩くのだと話してくれた女性もいた。さもなくば、家のなかにいて涙を流すのだ。あるいは、子どもたちが冗談を言っても彼女は笑わない、なぜなら耳に入らないから。何年も精神分析医のもとに通って、どうすれば「女性の役割に適応」できるか、「妻・母としての充足」を邪魔しているのは何かを見つけようとしている女性たちとも話した。だが、これらの女性たちの声にある絶望的な響きや目の表情は、奇妙な絶望感を抱きながらも自分には何も問題などないと確信している他の女性たちの声音や表情と同じだった。

結婚のために一九歳で大学を中退した、四人の子の母親は、私にこう語った。

女がするべきだと思われていることは、全部してみました――趣味にガーデニング、ピクルスや缶詰作り、ご近所づきあい、委員会に参加したり、ＰＴＡのお茶会を開いたり。どれもできるし、好きですが、でも後に何も残らない——自分はこれこれの人間だという感じがしないのです。キャリアを持ちたいと願ったことはありません。望みはただ、結婚して四人の子どもを持つことだけでした。子どもたちも、ボブもこの家も大好きです。名づけられるような問題など何もないのです。でも、絶望的な気分です。自分にはまったく人格がないと感じるようになりました。私は食事を作って、服を着せて、ベッドを整える人、何かが欲しい時に声をかけられる人。でも、いったい私は誰？

ブルージーンズをはいた二三歳の母親の言葉は、

どうしてこんなに満足できないんだろうと、自問しています。私は健康で、可愛い子どもたちがいて、素敵な新しい家と、お金も十分あります。夫は将来有望なエレクトロニクスの技術者で、彼はこんな気持ちとはまったく無縁です。夫は、私にはたぶん休暇が必要なんだろう、週末にニューヨークに行こうと言います。でも、そうじゃないんです。私はずっと、何でも皆と一緒にしなければならないと思ってきました。一人だけ腰をおろして本を読むということができないんです。子どもたちが昼寝をしていて、自分だけの時間が一時間あったとしても、その間、家の中を歩き回って、子どもたちが起きるのを待っているだけです。他の人たちがどちらへ向かっているのかがわかるまで、自分では動けません。幼い少女の頃から、いつも誰かか何かが、どう生きれば良いかを教えてくれていた感じです——両親や、大学、恋愛、出産、新しい家への引っ越し。でも、ある朝目が覚めると、目標が何もなくなっていたんです。

ロングアイランドの住宅団地に住むある若い妻の言葉は、

私はすごくよく寝るみたいです。なぜそんなに疲れているのか、わかりません。この家は、私が働いていた頃住んでいた、お湯も出ない家に比べたら、そんなに手がかかりません。子どもたちは一日中、学校に行っています。だから、仕事のせいじゃないんです。ただ、生きている感じがないだけ。

一九六〇年には、この名前のない問題が突然波紋のように広がって、幸せなアメリカの主婦というイメージをゆるがせた。テレビでは依然としてきれいな主婦が泡だらけの洗い桶を前に満面の笑顔を見せていたし、『タイム』誌の「アメリカの現象：郊外家庭の主婦」という表紙の特集記事は、「あまりにも良い生活すぎて……彼女たちが不幸せだなどとは信じられない」と異を唱えた。だが、実際にアメリカの主婦たちは不幸せなのだということが、『ニューヨーク・タイムズ』や『ニューズウィーク』から、『グッド・ハウスキーピング』やCBSテレビ〔「罠にかかった主婦」という番組〕に至るまで、突然報道されるようになった——もっとも、この問題について語るほとんどの人は、何らかの浅薄な理由を見つけて大したことではないと片づけようとしたのだが。その原因としてあげられたのは、家電の修理人が下手なこと〔『ニューヨーク・タイムズ』〕や、郊外では子どもたちの送り迎えの距離が長いこと〔『タイム』〕、PTAの仕事の多さ〔『レッドブック』〕などだった。ある者は、これは古くからある問題で、教育が問題なのだと言った。ますます多くの女性が教育を受けるようになって、彼女らは自然と主婦役割に幸せを感じなくなった、というのだ。「フロイトからフリジデア〔冷蔵庫の商品名〕へ、ソフォクレスからスポック博士〔育児書で有名な医師〕への道は、なまやさしいものではなかった」と、

『ニューヨーク・タイムズ』は報じた(一九六〇年六月二八日)。「多くの若い女性たち――もちろん、全員ではない――は、教育のせいで理念の世界に浸っていたために、家庭では息が詰まるように感じるのだ。決まりきった生活が自分の受けた訓練とはつながっていないことに気づき、ひきこもりのように世の中から取り残されたと感じている。昨年、こうした教育ある主婦の問題に当惑した女子大の学長たちは多くのスピーチでこの問題を取り上げ、不満の声に対して、一六年間のアカデミックな訓練は妻や母となるための実際的な準備であると主張した」。

教育ある主婦に同情する声は多かった。(「まるで二つの頭を持つ統合失調症患者のようだ……かつて彼女は英国の抒情詩人たちについて論文を書いていたのに、今では牛乳配達人あてのメモを書いている。かつては硫酸の沸点を計測していたのに、今では約束の時間に来ない修理屋に対する自分の沸点を測ろうとしている……主婦とはしばしば叫んだり、泣いたりすることに尽きる……女流詩人からガミガミ女への過程をへて彼女が変身したような人物を評価してくれる者は、彼女自身を含めて誰一人としていないようだ」。)

家政学の専門家は、高校での家電製品についての講習会など、主婦になるためのより現実的な準備教育を勧めた。大学の教師たちは、女性が家庭生活に適応しやすくなるために、家政や家族についてもっとグループで討論してはどうかと提案した。大衆雑誌には、「あなたの結婚生活をもっと刺激的にする五八の方法」といった記事が多数登場した。精神科医や性科学者たちは毎月新しい本を書いて、どうすればセックスを通してもっと達成感を得られるかについて助言をおこなった。

ある男性ユーモア作家は『ハーパーズ・バザー』（一九六〇年七月号）で、女性から参政権を取り上げれば問題は解決できると冗談を言った。（「憲法修正第一九条以前の時代には、アメリカ女性は静かで守られていて、アメリカ社会での自分の役割に自信を持っていた。政治的な決定はすべて夫に任せる一方、夫は家庭のことはすべて彼女の判断に任せていた。今日では女性は家庭に加えて政治のことまでも判断しなければならず、負担が大きすぎるのだ」。）

何人かの教育者は大真面目に、これ以上四年制のカレッジや大学への女性の入学を認めるべきでないという意見を述べた。大学の危機が高まりつつある中で、娘たちが主婦になるのに役に立たない教育は、原子力時代の仕事をするために若い男性たちにこそ必要とされている、というのだ。

誰もが真面目に取り上げることができないような思い切った解決策によって、この問題を処理しようとする者もいた。（ある女性ライターは『ハーパーズ』誌で、女性が強制的に看護助手やベビーシッターとして働く期間を設けてはどうかと提案した。）そしてそれらは、次のような使い古された万能薬で口当たり良く加工された――「愛情こそ解決策」「唯一の答えは内面的な助け」「完璧であるための秘訣は――子どもを持つこと」「知的な達成感を得るための個人的方法」「この魂の疼きを鎮めるには――素直に神様に自分の身と意思とを預けること(1)」。

主婦に対して彼女がどれほど幸運かに自分で気づいていないのだと教えることで、この問題が片づけられもした――自分が自分のボスで、タイムレコーダーもなければ、うるさく仕事をしろと迫る上役もいない。これで幸せでないとしたら――男たちがこんな世界で幸せだとでも思っているんだろうか。彼女は本当のところ、まだひそかに男になりたいと思っているのか。女であるのがどれほど幸運なことか、まだ知らないというのか。

そして最終的には、解決策などないと肩をすくめることでこの問題は片づけられた。女であるとはこういうことであって、アメリカ女性が自分たちの役割を優雅に受け入れられないとは、一体どうしたことか。『ニューズウィーク』(一九六〇年三月七日号)は、次のように書いた。

彼女は、他の国々の女性たちには夢でしかないような多くのものを得ながら、満足していない。彼女の不満は深くて広く、よってたかって差し出される表面的な治療法はどれも効果がない。……大勢の専門的研究者たちは、すでにこのトラブルの主な原因を突き止めている。……歴史の始めから女性の役割は女の生理周期によって規定され、限定されてきた。フロイトが言ったとされるように、「解剖学的構造は宿命」なのだ。アメリカの主婦ほど、こうした自然の制約を大幅に免れている女性たちはいないにもかかわらず、まだそれらを喜んで受け入れることはできていないようだ。……素晴らしい家族がいて、魅力的で、才能も頭の良さもある若い母親が、自分の役割など大したことはないと卑下するのは、よくあることだ。「私が何をしているか、ですか?」と、彼女は言う。「何もしていません。ただの主婦なんです」。この女性の鑑《かがみ》である人に良い教育が教えたのは、他のものには価値があるのに、自分自身には価値がないと思うことだったようだ……

そこで彼女は、「アメリカ女性の不幸は最も新しく獲得された女性の権利の一つにすぎない」という事実を受け入れ、状況に適応して、『ニューズウィーク』が登場させた幸せな主婦とともにこう言わねばならない――「私たちは、誰もが得ている素晴らしい自由を讃え、現代の私たちの生活を誇りに思うべきです。私は大学を出て仕事もしましたが、主婦こそが一番価値があり、満足できる役割です。……私の母は、父の仕事関係には一切関わることはありませんでした……家を空けたり、子どもたちから離れたりできなかったのです。でも私は夫と対等な関係で、彼の出張や仕事関連の社交の場に一緒に行くことができます」。

そこで示された別な選択肢は、ほとんどの女性にとって真剣には考えられないものだった。『ニューヨーク・タイムズ』が同情的に述べたところでは、「誰もがときどきは、一人になれる時がないことや、体への負担、決まりきった家庭生活や閉塞感のせいで気分が落ち込むことがあると認めている。けれども、もしもう一度やり直せるとしても、家庭と家族がいらないと考える者はいない」。『レッドブック』によれば、「夫や子どもたちや近所の人たちにあかんべえをして、自分の好きなように生きるという女性はほとんどいない。実際にそうするのは個人的に才能のある人かもしれないが、女性として成功することはまずない」。

アメリカ女性の不満が沸騰点に達したこの年、『ルック』誌は、独身か、夫を失ったか、離婚した二一〇〇万人のアメリカ女性は、五〇歳を過ぎてもまだ必死になって男を探すのを止めようとしないと報じた。そしてこの男探しは、早い時期から始まる――全アメリカ女性の七〇パーセントは、今や二四歳より前に結婚するからである。あるきれいな二五歳の秘書は、夫を見つけようとする空しい努力の中で、六カ月間に三五もの違った職についた。女性たちは男を見つけようとして休む間もなく、あちらからこちらの政治クラブに移ったり、会計学や航海術の夜間クラスに通ったり、ゴルフやスキーのレッスンを受けたり、次々と違う教会に通ったり、一人でバーに行ったりした。

現在、アメリカで数を増しつつある、精神科医を受診している何千人もの女性のうち、既婚女性は結婚に不満を抱いているのに対し、未婚女性は不安と、最後にはうつ病に悩まされていると言われた。だが奇妙なことに、何人もの精神科医は経験上、未婚女性の患者は既婚女性の患者よりも幸福そうだと述べている。こうしてあのたくさんの小ぎれいな郊外住宅のドアにはひびが入り、無数のアメリカの主婦たちが独りぼっちで悩んでいる問題について、突然誰もかもが語り始め、さらにはアメリカ生活において解決不可能な非現実的問題——たとえば水爆のような——の一つとして、当たり前のこととされるようになった。一九六二年までに、罠にかかったアメリカの主婦の苦境は全国的規模で共有される話題になっていた。雑誌の特集や新聞のコラム、学術書や手軽な一般書、教育関係の会議やテレビの討論番組が、この問題に充てられた。

そうなってもまだ大半の男性と一部の女性は、この問題が現実に存在することを知らないでいた。しかし、正直にこの問題に向き合ってきた人々は、あらゆる表面的な解決策や同情的な助言、叱ったり励ましたりする言葉はすべて、この問題を存在しない方向へ押しやろうとしていることに気づいた。アメリカ女性たちは、苦々しい笑い声をあげるようになった。彼女たちはくり返し称賛され、羨《うらや》まれ、哀れまれ、理論の対象にされることにうんざりしており、示される抜本的解決策や馬鹿げた選択肢は、誰にとっても真面目に取り上げるに値しないものばかりだった。彼女たちは、増える一方の結婚カウンセラーや育児カウンセラー、精神療法家、現実を知らない心理学者から、どうすれば主婦の役割に適応できるかについて、ありとあらゆる助言を浴びせられた。二〇世紀の半ばにあって、アメリカ女性にはそれ以外の自己充足の道は示されていなかったのだ。

大半の女性はその役割に適応して悩むか、さもなくば名前のない問題の存在を無視しようとした。女性にとっては、自分の中でうごめいている奇妙な不満の声に耳を貸さない方が、まだしも苦しみが少なかったのだ。

もうこれ以上、その声を無視したり、こんなにも多くのアメリカ女性が抱く絶望感をないものにしたりすることはできない。専門家が何と言おうと、女性であるとはこういうことではないはずだ。人間の苦しみには理由があるが、おそらくは正しい問いが問われなかったか、十分に追究されてこなかったために、まだその理由が見つけられていないのだ。私は、アメリカ女性は他の時代や土地の女性たちが夢にも思わなかったような贅沢な生活を得ているのだから、問題など存在しないという答えは採用しない。この問題の奇妙な新しさの一部は、それが古くからある人間の物質的問題、すなわち貧困や病気、飢え、寒さといった観点からは理解できないことにある。この問題に悩む女性の感じる飢えは、食物では満たされない。それは、必死に働くインターンや弁護士助手を夫に持つ女性にも、夫がよくはやる医師や法律家である女性にも、年収五〇〇〇ドルの労働者の妻にも、五万ドルを稼ぐ重役の妻にも存在している。それを引き起こすのは物質的優位の欠如ではない。飢えや貧困、病気という絶望的な問題を抱えている女性であっても、この悩みを感じないことさえありうるだろう。そして、もっと多くの金やもっと大きな家、二台目の車があればとか、もっと良い郊外に越せば解決できるだろうと考える女性たちは、しばしば事態がさらに悪化したことに気づくのである。

現在ではもはや、この問題を女らしさが失われたせいにし、教育と自立と男性との平等がアメリカ女性を女らしくなくしてしまったと言うことはできない。私は、非常に多くの女性が、専門家たちから示されてきた女らしさの美しい像に合わないからという理由で、自分のうちのこの不満の声を否定しようとするのを聞いた。実のところ、これこそが謎を解く最初の手がかりだと私は考える。科学者が女性を研究し、医師が女性を治療し、カウンセラーがアドヴァイスをし、作家が女性について書く際に一般的に認められてきた考え方では、この問題を理解することはできないのだ。この問題で悩み、心の中でこの声がうごめいている女性たちは、その生涯を女らしさの完成を求めることに捧げてきた。彼女たちはキャリア・ウーマンではなく(キャリア・ウーマンにはまた別の悩みがあるだろうが)、結婚と子どもが最大の望みだった女性たちなのだ。これらの女性たちのうち最年長のかつてのアメリカ中流階級の娘たちにとっては、それ以外の夢はありえなかった。四〇代から五〇代の女性たちは、かつてはそれ以外の夢を持っていたが、それを諦めて、喜んで主婦としての生活に入った。新たに妻や母となった最も若い世代にとっては、それだけが唯一の夢だった。彼女たちは、結婚のために高校や大学を中退するか、しばらく何かの仕事についたものの、結婚で辞めるまで、本気で仕事に興味を持つことがなかった人々である。こうした女性たちは通常の意味で非常に「女らしい」が、にもかかわらずこの問題で悩んでいるのである。

最も悩みが深いのは、大卒の女性や、かつて主婦業以外の夢を抱いていた女性たちだろうか。専門家によればそうだが、しかし、以下の四人の女性の声に耳を傾けてみよう。

毎日ずっと忙しいけれど、退屈でもあるんです。ただ、ばたばたしているだけ。八時に起きて、朝ご飯を用意して、皿洗い、昼食を食べて、また皿洗い、午後には洗濯と掃除をして。そしたら夕食の準備で、腰をおろせるのは、子どもたちをベッドにやる前にほんの数分だけ。……それが私の一日のすべてで、他の奥さんの一日と同じです。単調そのもの。子どもたちを追いかけまわすのに、一番時間を使っています。

まあ、私が時間をどのように使っているかですって？　まず、六時に起床。息子に着替えさせて、朝食を食べさせます。その後は皿洗いと、赤ん坊の入浴と授乳。それから昼食を用意して、子どもたちが昼寝をしている間に、縫物や繕い物やアイロンかけなど、お昼までにできなかったいろんなことをやります。それから家族のために夕食を用意して、私が皿洗いをしている間、夫はテレビを見ています。子どもたちをベッドに入れた後、髪をセットしてから寝床に入ります。

問題は、いつもいつも子どもたちのママか、でなければ牧師の妻であって、私自身である時間がまったくないことです。

我が家の典型的な朝を映画にしたら、昔のマルクス・ブラザーズの喜劇にそっくりでしょうね。私は皿洗いをして、上の子たちを早く学校へ行きなさいとせきたてて、急いで庭に出て菊の花の世話をしたら、家に駆け戻って委員会の集まりのことで電話をかけ、一番下の子がブロックで家を作っているのを手伝い、情報に遅れないように一五分で新聞にざっと目を通し、その後は洗濯機のところに走って行って、週に三回、大昔の村だったら一年中着るものに困らないくらい沢山の洗濯をします。昼までには、気が狂いそうになってますね。私がしてきたことで本当に必要だったり重要なことは、ごくわずかです。外からのプレッシャーが一日中、私を駆り立てているんです。それでも私は、この近所の主婦の中では一番ゆったりしている方だと思います。友人たちの多くは、もっとバタバタしていますよ。過去六〇年の間に一周してもとに戻って、アメリカの主婦は再びリスかごに閉じ込められているんです。そのかごが、今では板ガラスと絨毯に飾られたモダンな住宅や便利でモダンなアパートだろうと、状況は、彼女のお祖母さんが古めかしい装飾の居間で刺繍枠の前に座って、女性の権利についてぶつぶつ文句を言っていた頃よりもましになってはいないのです。

最初の二人の女性は、大学に行ったことがない。彼女たちはそれぞれニュージャージー州レヴィットタウンとワシントン州タコマの住宅団地に住み、労働者の妻について調査している社会学者のチームによるインタヴューを受けた(2)。三番目は牧師の妻で、母校の大学の一五周年同窓会のアンケートに、職業を持ちたいと思ったことはなかったが、今ではそうしていれば良かったと思う、と答えている。(3) 四番目は人類学の博士号を持っているが、現在はネブラスカ州の三人の子を持つ主婦である。(4) 彼女たちの言葉は、あらゆる教育レヴェルの主婦たちが、同じような絶望感を味わっていることを示しているように見える。

事実は、ますます多くの女性が大学に行くようになったにもかかわらず、今日では誰も「女性の権利」についてぶつぶつ文句を言ったりしていないということだ。バーナード・カレッジの全卒業生に対する最近の調査によれば、(5) 初期の頃の卒業生では多数派ではないがかなりの人が、教育のおかげで自分たちは「権利」を求めるようになったと考え、その後の学年は、教育のおかげでキャリアを夢見ることになったとしているのに対し、最近の卒業生たちは、大学のせいでたんに主婦や妻であるだけでは十分でないと感じるようになったことを非難しているという。本を読んだり地域活動に参加したりしないことで、罪の意識を感じるのが嫌なのだ。だが、もしも教育が問題の原因でないとしても、教育が何らかのかたちでこれらの女性たちの心を疼かせているという事実は、手がかりになるかもしれない。

もしも女らしさの充足の秘訣が子どもを持つことであるならば、これまでこれほど多くの女性が選択の自由を得て、こんなに多くの子どもを、これほど短期間に、これほど進んで持ったことはなかった。もしも答えが愛情ならば、これまで女性たちがこれほど固い決意で愛を追い求めたことはなかった。にもかかわらず、何らかのかたちで性的なものと関係しているとしても、問題は性的なことではないのではないかという疑いが大きくなりつつある。私は多くの医師から、夫婦間に新しい性的問題がある証拠について聞かされた──妻たちの性的欲求が激しすぎて、夫たちは満足させられないというのだ。「われわれは女性をセックス人間にしてしまいました」と、マーガレット・サンガー結婚カウンセリング・クリニックのある精神科医は語った。「彼女には、妻と母親以外のアイデンティティがありません。自分が何者なのか、自分でもわからないのです。彼女は一日中夫の帰りを待っていて、夜には生きていると感じさせてもらおうとしますが、今では夫の方にその気がありません。毎晩毎晩、横になって自分が生きていると感じるために夫を待つというのは、女性にとって恐ろしいことです」。セックスについての助言を与える書物や記事が、なぜこれほど売れているのだろう？　キンゼーによれば、最近の世代のアメリカ女性は統計的に見て性的オーガズムを得ている人が多いとのことだが、それでもこの問題が解消してはいないようだ。

それどころか、新しい神経症——および、まだ神経症とは名付けられていない問題——が、女性たちの間で見られるようになっている。それは、フロイトやその後継者たちが予測もしなかったもので、性的抑圧が原因で生じるものと同じような身体症状や不安感や防御メカニズムをともなっている。そして、母親がいつもそばにいて、車で送り迎えをし、宿題を手伝っていた世代の子どもたちについても、奇妙な新しい問題が報告されることが増えている——苦痛や規律に耐えるとか、どんなものであれ自分で決めた目標を追いかけるといったことができないし、生きることにどうしようもなく退屈しているというのだ。教育者たちは、現在大学に入学してくる少年少女の依存癖や独立性の欠如について不安を抱くことが多くなっている。「学生たちをなんとか大人にしようとする戦いの連続ですよ」と、コロンビア大学の学部長は言っていた。

ホワイトハウスでは、アメリカの子どもたちの身体と筋肉の劣化についての会議が開かれた。子どもたちは栄養過多なのか。社会学者は、郊外の子どもの生活が驚くほど組織化されていることに気づいた——授業、パーティ、娯楽、彼らのために用意された遊びと勉強のグループ。オレゴン州ポートランドの郊外に住む主婦は、そこの子どもたちにどうしてブラウニーやボーイスカウトが「必要」なのかわからない、と述べた。「ここはスラムじゃありません。ここの子たちにはすばらしい野外があります。私が思うに、皆は退屈のあまり、子どもたちを組織化して、誰もかもそれに関わらせようとしているんです。かわいそうな子どもたちは、ベッドに寝転がって白昼夢を見る暇さえないんです」。

名前のない問題を、主婦の日常生活と何らかの方法で関連づけることができるだろうか。女性がこの問題を言語化しようとすると、自分の毎日の生活について述べるだけになることが多い。こうした快適な家庭生活についての詳しい説明の何が、あのような絶望感を引き起こすのだろう？　彼女はただ、現代の主婦役割によって課される膨大な要求の罠にはまっているにすぎないのだろうか――妻、女主人、母、看護師、消費者、料理人、運転手、インテリア装飾・育児・電気器具の修理・家具の再生・栄養・教育の専門家という？　彼女の一日は細分化されていて、食洗機から洗濯機へ、電話、乾燥機、ステーションワゴン、スーパーマーケットへと駆け回り、ジョニーをリトル・リーグの球場に送り届け、ジェイニーをダンスのクラスに連れて行き、芝刈り機を修理し、六時四五分にはお迎えに行く。何か一つのことに一五分以上費やすことはけっしてできない。

本を読む時間はなく、雑誌を見るだけ。たとえ時間があったとしても、集中力がなくなっている。一日の終わりにはおそろしく疲れてしまっていて、ときには夫が代わりに子どもたちをベッドに入れなければならないほどだ。

一九五〇年代にはこのおそろしい疲労感のために医者を受診する女性があまりにも多かったので、ついに一人の医者が調査に乗り出した。彼が発見したのは、驚いたことに、「主婦の疲労」に悩む患者たちは成人に必要とされるよりも多くの睡眠——一日一〇時間も——をとっており、彼女たちが実際に家事に費やすエネルギーも大きな負担となるほどではないということだった。本当の問題は何か他のことに違いない——おそらくは退屈だろうというのが、彼の結論だった。別な医者たちは女性患者に対し、一日家を離れて、町で自分へのごほうびに映画でも観るようにと言った。精神安定剤を処方した医者もいた。郊外の主婦の多くは、まるで咳止めドロップのように精神安定剤を飲んでいた。「朝起きると、こんなふうにまた一日を続けたってしょうがない気がするんです。それで精神安定剤を飲むのは、無意味なんだってことをあまり気にしなくなれるからです」。

郊外の主婦がどんな具体的な細々したことに縛り付けられ、たえず時間を要求されているかは、わかりやすい。だが、彼女をその罠に縛り付けている鎖は、彼女の頭と心の中にあるのだ。それらは、間違った考え方や事実への誤った解釈、不完全な真実や非現実的な選択が作り上げた鎖である。それらは簡単には目に見えないし、ふるい落とすことも容易ではない。

どうすれば女性は、自分の生活の限界内にいながら全体的な真実を見ることができるのだろう？　内なる声が、彼女がこれまでそれに従って生きてきた慣習的で一般に受容されている真実を否定する時、どうすればその声を信じたりできるだろう？　けれども私が話を聞いた女性たちは、ついに自分の内なる声に耳を傾け始めて、驚くべきやり方で手探りしながら、専門家の言葉に抗うような真実にたどり着こうとしていた。

多くの分野の専門家たちは、長い間顕微鏡でこうした真実のかけらを見ながらも、それとは気づいていなかったのだと思う。私は真実のかけらを、一部の心理学、社会学、生物科学の新しい調査や理論的展開の中に見つけたが、それらが女性にとってどんな意味を持つかは、これまで検討されてこなかったようなのだ。私は、郊外の医者や婦人科医、産科医、育児相談の臨床家、小児科医、高校の生徒指導カウンセラー、大学の教授、結婚カウンセラー、精神科医、聖職者と話すことで多くの手がかりを見つけた――彼らの理論についてではなく、アメリカ女性に対処してきた彼らの実体験について質問することによって。私はますます証拠が集まってくるのに気づいたが、その多くはこれまで公に報告されたことはなかった。なぜならそれは、女性について現在流通している考え方にはそぐわなかったから――ほとんどの女性が依然としてそれにそって生きようとしている女らしい正常さ、女らしい適応、女らしい充足、女らしい成熟の基準に対して疑問をつきつけるような証拠だったからだ。

私は奇妙な新しい光のもとで、アメリカの早婚や大家族への復帰が人口爆発をもたらしていること、最近の自然分娩や母乳育児を勧める運動、郊外生活の画一性と、医者たちが報告している新しい神経症や病理的性格や性的問題などを眺めるようになった。これまで長い間女性にとって当たり前とされてきた古い問題についても、新しい見方ができるようになってきた。月経困難症や性的冷感症、性的放縦、妊娠への恐怖、産後うつ、二〇代から三〇代の女性に多い情緒不安定や自殺、更年期の危機、アメリカ男性の消極性と未成熟さと言われるもの、知能検査が示す女性の能力が子ども時代と成人になってからでは開きがあること、成人のアメリカ女性が性的オーガズムを得る頻度の変化、そして精神療法や女子教育につきまとう諸問題などである。

もしも私が正しければ、こんなにも多くのアメリカ女性の頭のなかでうごめいている名前のない問題とは、女らしさの喪失や教育の過多の問題でもなければ、家庭生活の要求の問題でもない。それは誰が考えているよりも、もっと重要なことなのだ。それは女性やその夫や子どもたちを悩ませ、何年にもわたって医者や教育者を不思議がらせてきた、こうした他の新しくて古い問題を解くカギである。また、国家として、文化としての私たちの将来にとってのカギともなるかもしれない。私たちはこれ以上、女性たちの心の声が言っていることを無視することはできない――「私は、夫や子どもたちや家庭より、もっと他のものが欲しい」と。

第二章　幸福な主婦というヒロイン

なぜこんなにも多くのアメリカの妻たちが、多年にわたってこの名前のないずきずきするような不満感に苦しみつつ、それぞれが自分は独りぼっちだと感じてきたのだろうか。私が最初にこの問題を言葉にして発表し始めた頃、「私の心の中にある苦しみを他の女性たちも感じているんだと知って、泣けてきました」と、コネティカット州のある若い母親は私に書いてきた(1)。オハイオ州のある町の女性は、「唯一の答えは精神科医に相談することだと思っていた頃、そして怒りや苦しさや何もかもへの不満が多すぎて言葉にもできないくらいだった頃には、私は他にも何百人もの女性が同じように感じているとは夢にも思いませんでした。完全に独りぼっちだと感じていたのです」と書いてきた。テキサス州ヒューストンの主婦は、「つらかったのは、問題を抱えているのは自分だけなのだという思いでした。私は、家族や家庭を得て、その世話をできることで神様に感謝していましたが、私の人生はそこでとどまることはできなかったのです。私は変人なんかではなく、それ以上何かを望むのを恥ずかしく思わなくても良いのだと知ったことは、目が覚めるような経験でした」と書いてきた。

あの痛々しい罪の意識に満ちた沈黙、そしてついに感情が解き放たれたときのあの途方もない解放感は、心理学的にはよく見られる兆候である。では今日、あれほど多くの女性が抑圧しているのはどんな欲求、自分自身のどの部分なのだろうか。フロイト以後の現在では、ただちに疑わしいのはセックスである。しかし、女性たちの中でうごめくこの新しいものはセックスではないようだ。実のところ、それは女性にとってセックスよりももっと語るのが難しいものなのだ。それ以外の欲求、ヴィクトリア時代の女性たちがセックスを封じ込めたのと同じくらい深く封じ込めた、自分自身の一部があるのだろうか。

もしそうだとしても、ヴィクトリア時代の女性が自分には性的欲求があると知らなかったのと同様に、女性にはそれが何なのかわからないかもしれない。ヴィクトリア時代のレディたちがそれに従って生きていた善良な女性のイメージには、セックスは端から含まれていなかった。現代のアメリカ女性がそれに従って生きているイメージ——決まったボーイフレンドのいる女子高校生、恋愛中の女子大学生、将来有望な夫とステーションワゴン一杯の子どもたちを持つ郊外の主婦、という誇らしい表向きのイメージ——もまた、何かを排除しているのだろうか。このイメージを創り出しているのは女性雑誌や広告、テレビ、映画、小説、結婚と家族や児童心理学、性的適応についての専門家たちによるコラムや本、そして大衆向けの社会学や精神分析の専門家だ。このイメージが、現代の女性たちの人生を形作り、その夢を映し出している。夢は、それを見る人の名前のない願望への手がかりとなるとすれば、この名前のない問題に対しても手がかりを与えてくれるかもしれない。イメージと現実との差があまりにも大きい時には、頭の中でガイガー・カウンターが鳴り始める。私の内なる耳でガイガー・カウンターが鳴ったのは、私自身が女性雑誌に記事を書くことでそれを広めるのに一役買ってきた現代アメリカの主婦像に、あまりにも多くの女性たちが抱いている静かな絶望感をうまく重ね合わせることができなかった時だった。アメリカ女性の追い求める妻・主婦としての完成のもととなるイメージには、何が欠けているのだろうか。現代のアメリカ女性のアイデンティティを反映し、創り出しているイメージに欠けているものとは何だろうか。

一九六〇年代前半、『マッコールズ』は女性雑誌の中でも最も売り上げを伸ばしていた。その内容は、発行部数の多い雑誌が表現するとともに一部は創り出しもしていたアメリカ女性のイメージを、ほぼ正確に映し出していた。次に示すのは、同誌のある典型的な号(一九六〇年七月)の全編集内容である。

一　トップ記事は、ブラッシングのしすぎや髪染めが原因で「女性の間に増えつつあるはげ」について。
二　「男の子はやっぱり男の子」と題する、初級読本並みの活字で印刷された子どもについての長い詩。
三　大学には進学しない一〇代の娘が、頭の良い女子大学生から男を奪い取るという内容の短編小説。
四　ベビーベッドから哺乳瓶を放り投げている赤ん坊の気持ちを微細に描いた短編小説。
五　ウィンザー公爵〔元英国王エドワード八世。離婚歴のあるアメリカ女性との結婚のために退位した）が語る「妻と私の現在の暮らし方と、着るものと私との影響関係」という「最新」記事、二回続きの第一回。

六　睫毛をパチパチさせる方法やテニスでの負け方を学ぶために、チャームスクール（若い女性に礼儀作法や美容などを教える学校）に送られた一九歳の娘についての短編小説。（「お前は一九歳で、アメリカの一般の基準からすれば、お前はもう法的にも財政的にもどこかの青二才によって私の手から奪い去られ、その男が契約をとるためのあの手この手を学んでいる間、グリニッチ・ヴィレッジの小さなアパートで暮らすことができる。だが、どこの青二才だって、お前が彼のバックハンドを打ち返したりしたら、そうはしてくれないぞ」。）

七　ラスヴェガスでギャンブルをめぐって口論になり、別々の寝室の間を行ったり来たりした新婚カップルの話。

八　「劣等感をどうやって克服するか」についての記事。

九　「結婚式の日」と題された物語。

一〇　ロックンロールの踊り方を習った一〇代の子を持つ母親の話。

一一　マタニティ服を着た魅惑的なモデルたちの六ページにわたる写真。

一二 「モデルたちの体重の落とし方」についての魅惑的な四ページの記事。
一三 航空機の延着についての記事。
一四 家庭洋裁のための型紙。
一五 「折りたたみ式衝立――うっとりするマジック」を作るための型紙。
一六 「二人目の夫を見つけるための百科全書的方法」と題する記事。
一七 「大当たりのバーベキュー」という記事。「シェフの帽子をかぶり、フォークを手にして、テラスか裏のポーチか中庭か裏庭に立って、焼き串に刺した肉が回転するのを見守っている偉大なるアメリカのご主人に。そして、(ときには)彼女がいなくてはバーベキューがこれほどすばらしい夏の行事にはならなかっただろう、彼の妻に……」捧げられている。

これ以外に、毎号巻頭にのる新薬や医学の発展についてや育児についての「実用」コラム、クレア・ルースやエレノア・ルーズヴェルトによるコラム、および読者からの手紙をのせる「パッツ・アンド・パンズ」というコラムもあった。

この部厚くきれいな雑誌から浮かび上がる女性のイメージは、若くて軽薄で、まるで子どもみたいであり、頭が弱くて女性的、受け身で、寝室と台所とセックスと赤ん坊と家庭からなる世界に喜々として満足しているというものである。この雑誌がセックスについて忘れていないのは確かであり、女性に許された唯一の情熱、唯一の追求、唯一の目標は、男を追いかけることである。そこには食べものや着るもの、化粧品、家具、そして若い女性の生身の身体は満載だが、頭脳と精神にとっての生命である思想や概念の世界はどこにあるのだろう？　この雑誌のイメージによれば、女性には家事と、身体を美しく保って、男をつかまえ、引き留めておくことこそが仕事なのだ。

これが、キューバでカストロが革命を率い、男たちは宇宙へ旅立つための訓練を受けていた年の、アメリカ女性のイメージである。この年には、アフリカ大陸では新しい国家がいくつも誕生し、音速より速い航空機がサミット会議を中断させ、有名美術館の前では抽象芸術の支配に抗議する芸術家たちがピケを張り、物理学者たちは反物質とは何かを探究し、天文学者たちは新しい電波望遠鏡のおかげで拡大し続ける宇宙についての概念の変更を余儀なくされ、生物学者たちは生命基礎化学の分野で大躍進をとげ、南部の学校の黒人の若者たちは、南北戦争以来初めて、合州国が民主主義の真実の瞬間に直面するようにと迫っていた。だが、五〇〇〇万人以上の、ほとんど全員が高校を卒業し、半数近くが大学に行ったことのあるアメリカ女性のためのこの雑誌には、家庭の外の世界についてはほぼ何一つ述べられていない。二〇世紀後半のアメリカでは、女性の世界は自分の身体と美、男を魅惑すること、赤ん坊を産むこと、および夫や子どもたちや家庭の面倒を見、世話をすることがすべてだった。そしてこのことは、一つの女性雑誌の一つの号だけに見られる異常事態ではなかったのである。

ある晩、私は、女性雑誌を含むあらゆる種類の雑誌の仕事をしているライターたちの会合に参加した。大半が男性だった。その日のメイン・スピーカーは、人種隔離反対運動の指導者だった。彼が話す前に別の男性が、自分が編集している大きな女性雑誌では何が求められているかについて概略を述べた。

われわれの読者は専業主婦たちです。彼女たちは、現在公の世界で起きている大きな問題には関心がありません。国内問題にも国際問題にも興味がないのです。興味があるのは、家族と家庭のことだけ。政治についても、コーヒーの値段のように直接家庭のニーズに関係してこない限り、興味がありません。ユーモア？　上品なものでないと、皮肉は受けませんね。旅行？　ほとんど取り上げたことはありません。教育ですか？　それは悩みどころです。彼女たちの教育水準は高くなってきています。一般に全員が高校教育を受けていて、大学に行った者も多い。彼女たちは、自分の子どもの教育には非常に関心を持っています——四年生の算数とかね。女性向けには、理念とか現代の重要問題とかの記事はだめなんです。それが、われわれの雑誌では今、九〇パーセントが実用記事で、一般的テーマは一〇パーセントしかない理由です。

別な編集者はこれに同意し、情けなさそうにこう言った。「誰か、「おたくの薬箱には死が潜んでいる」以外に、何かいいものを教えてくれませんか？　女性のための新しい危機を思いつく人は、誰もいないんですかね？　もちろん、セックスはいつでも取り上げていますよ」。

ここからライターや編集者たちは一時間にわたって、サーグッド・マーシャル〔法律家、のち黒人初の最高裁判事〕が人種差別撤廃の戦いの内幕やそれが大統領選挙に及ぼすかもしれない影響について話すのに耳を傾けた。「この話をのせられないのは、まったく残念だ」と、ある編集者は言った。「しかし、どうやったってこれは女性の世界とは結びつかないしね」。

彼らの話を聞きながら、私の頭の中ではあるドイツ語の一節がこだましていた——「Kinder, Kuche, Kirche」〔子ども、台所、教会〕は、ナチスが女は再び生物学的役割のみに専念すべきだと宣言したときのスローガンだった。だが、ここはナチ時代のドイツではない。アメリカなのだ。アメリカ女性の前には全世界が広がっている。それなのになぜ、このイメージは世界を否定するのだろうか。なぜそれは女性を「一つの情熱、一つの役割、一つの職業」に限定しようとするのだろうか。女性たちが平等や世界における居場所を夢見て闘ったのは、それほど昔のことではない。彼女たちの夢には何が起きて、いつ、世界を諦めて家庭に戻ると決めたのだろうか。

地質学者は、大洋の底から土壌の試料を採取し、何年にもわたって堆積したカミソリの刃のように薄い沈殿物の層を調べる——巨大すぎて一人の人間の一生のうちには気づかれないほどの、地球の地質学的進化における変化を知る手がかりとして。私は何日間もニューヨーク公共図書館に通い詰め、過去二〇年にさかのぼってアメリカの女性雑誌を綴じたものを調べてみた。その結果、大洋の沈殿物の試料が示すのと同じくらいはっきりして、困惑するような変化が、アメリカ女性のイメージに、また女性の世界の境界線に生じていたことを発見した。

一九三九年には、女性雑誌の物語のヒロインはいつでも年若いわけではなかったが、ある意味では今日の小説に登場するヒロインたちよりも若々しかった。彼女たちは、アメリカのヒーローがつねに若々しいのと同じように若かったのである。彼女たちは「新しい女」で、陽気で決然とした気持ちで女性のための新しいアイデンティティ――自分自身の人生――を生み出しつつあった。彼女たちには、過去とは違ったものになるであろう未来に向けて歩みつつあるというオーラがあった。四つの主要な女性雑誌(当時の『レディズ・ホーム・ジャーナル』『マッコールズ』『グッド・ハウスキーピング』『ウーマンズ・ホーム・コンパニオン』)に登場するヒロインの大半はキャリア・ウーマン――幸福で、誇りを持ち、冒険心に満ち、魅力的なキャリア・ウーマン――で、男性を愛し、愛されてもいた。そしてその精神や勇気、独立心、堅い決意――つまり看護師や教師、芸術家、女優、コピーライター、販売員などの職業において彼女たちが示す性格的強さ――が、彼女たちの魅力の一部となっていた。彼女たちの自立性は賞賛されるべきだというはっきりした雰囲気が感じられ、男性にとってもそれは魅力的でないわけではなく、男性は彼女たちの外見と同じくらい、その精神や性格に惹かれるのだった。

これらは大衆向けの女性雑誌で、当時全盛期にあった。物語は通俗的で、女の子が男の子に出会い、結ばれるといった話である。だが、それが物語の主要なテーマでないことが多かった。これらのヒロインたちはたいていの場合、自分自身のある目標や夢に向かって進んでいて、仕事上や世間の何かの問題と闘っており、その時に男性と出会うのである。そしてこの「新しい女」には浮わついた女らしさはなく、とても自立していて自分自身の新しい生き方を見つけようと決心しており、恋愛小説のヒロインとしてもタイプが違っていた。男を追いかけることにそれほど熱心ではないのである。世界と関わりたいという情熱や、一人の個人だという感覚、自分に対する自信が、男性との関係にも異なる趣きをもたらしていた。

こうした物語のうちの一つでは、ヒロインとヒーローは二人が働く広告代理店で出会って恋に落ちる。「僕はきみを壁の向こうの庭に閉じ込めたくない」とヒーローは言う。「僕はきみと手を取り合って歩きたいし、何であれ二人が望むことを一緒になし遂げていきたいんだ」(「共に見る夢」『レッドブック』一九三九年一月号)。

これらの「新しい女」たちが主婦であることはまずなく、実際、物語はたいていの場合、子どもが生まれる前で終わっていた。彼女たちは若く、未来は開かれていた。だが別な意味では彼女たちは、今日の子どもっぽく子猫のような若い主婦のヒロインたちよりも、ずっと年上で成熟しているように見えた。その一例が、ある看護師である(「義理の母」『レディズ・ホーム・ジャーナル』一九三九年六月号)。「彼女はとても素敵だと、彼は思った。絵本に出てくるようなきれいさは少しもなかったが、その手には力強さが、身ごなしには誇りと、あごの上げ方や青い目には気高さがあった。彼女は九年前に訓練を終えて以来、一人でやってきた。自分の稼ぎで生活してきて、自分の気持ち以外のことを気にかける必要はないのだ」。

あるヒロインは、母親が彼女に、地質学者として探検に行くのではなく社交界にデビューすべきだと主張したことで、家出をする。自分自身の人生を生きるという固い決心は、この「新しい女」がある男性を愛するのを止めることはできなかったが、両親に対しては反抗させた――ちょうど、若いヒーローがしばしば成長のために家を出なければならないように。「僕がこれまで出会ったどの子よりも、きみには勇気がある。きみにはやれる」と、彼女の出奔を手助けする青年は言う(「楽しみたまえ」『レディズ・ホーム・ジャーナル』一九三九年五月号)。

たいていの場合、ヒロインの仕事への熱意と男性との間には葛藤が生じた。だが一九三九年のモラルとは、たとえ彼女がその熱意を手離さないとしても、彼が正しい相手であるかぎり、彼を失うことにはならない、というものだった。ある若い未亡人(「闇と光の間で」『レディズ・ホーム・ジャーナル』一九三九年二月号)は事務所に座り、そこにとどまって仕事上で犯した重大なミスを訂正するか、あるいは男性とのデートの約束を守るかを思案している。彼女は自分の結婚や赤ん坊、夫の死について思い返す……「その後の時間は、明晰な判断を下し、新しくより良い仕事をすることを恐れず、自分の決断に自信を持つための闘いの時間だった」。上司は、彼女にデートを諦めてほしいなどと期待できようか! だが、彼女はそのまま仕事を続ける。「皆はこのキャンペーンに心血を注いできたのだ。裏切ることなどできない」。そして彼女には、自分に合った男性も見つかる――その上司だ!

こうした物語は、偉大な文学とは言えないだろう。しかしこれらのヒロインたちのアイデンティティは、現在と同様、当時も女性雑誌の読者だった主婦たちについて何かを語っているように見えた。これらの雑誌はキャリア・ウーマン向けに書かれたものではない。「新しい女」であるヒロインたちは、かつての主婦たちの理想像だった。彼女たちは、夢の反映であり、アイデンティティへの憧れと当時の女性にとって存在していた可能性の感覚とを映す鏡だった。もしも彼女たちが自身ではこうした夢を持てなかったとしても、娘たちにはそうあってほしいと願っていた。娘たちには主婦以上の何かになり、自分たちには拒否されていた世界に出て行ってほしいと願っていたのだ。

アメリカで「キャリア・ウーマン」が汚らわしい言葉になる以前に、キャリアが女性たちにとってどんな意味を持っていたかの記憶を再び取り戻すのは、長い間忘れられていた夢を思い出すのに似ている。もちろん、恐慌時代の終わり頃には仕事はお金を意味していた。だが、これらの雑誌の読者は仕事を持つ女性たちではなく、キャリアにはたんなる仕事以上の意味があった。それは何かをしていること、他の人間を通してしか存在しないのではなく、自分自身が何者かであることを意味していたように見えた。

一九五〇年より前の時代には、キャリアは個人としてのアイデンティティを熱心に追い求めることの象徴であったらしく、私は「サラと水上飛行機」(『レディィズ・ホーム・ジャーナル』一九四九年二月号)という物語の中に、その最後のはっきりしたしるしを見出した。サラは一九年間、従順な娘を演じ続けてきたが、ひそかに飛行訓練を受けている。彼女は母親が社交的な訪問をして回るのに同行したために、飛行術のレッスンを欠席してしまう。家の客である年老いた医師は、「可愛いサラ、毎日、刻一刻とあなたは自分を殺している。自分自身に忠実でないことは、他の人たちを喜ばせられないことよりも、もっと大きな罪なんだよ」と告げる。何か秘密があるとかぎとった彼は、サラに恋をしているのかと訊ねる。「彼女はうまく答えられなかった。恋？　親切で、顔立ちの良いヘンリー［飛行術の教師］に恋をしている？　きらめく水面や翼が持ち上がる瞬間の自由さ、微笑みかける果てしない世界という光景に恋をしている？　「ええ」と彼女は答えた。「恋してるんだと思います」」。

翌朝、サラは単独飛行をおこなう。ヘンリーは「後ろに下がるとキャビンのドアをバタンと閉め、彼女ために水上飛行機の向きを変えた。彼女は一人だった。一瞬、頭がかっとして、これまで習ったことがすべて消え去り、たった一人、見慣れたキャビンの中に完全に一人でいることに自分を慣れさせねばならなかった。そこで深呼吸をすると、突然、すばらしい力を感じて、彼女は背中をぴんと伸ばして座り、微笑んだ。彼女は一人だった！　責任を負うのは自分に対してだけで、十分その力があった。

「「私にはできる！」と彼女は声に出して言った。……風はきらきら輝く筋となってフロートから吹き付けており、やがて機体は苦もなく浮上して、空中に舞い上がった」。

もはや母でさえ、彼女が飛行のライセンスを得るのを止めることはできない。彼女は、「私自身の生き方を見つけるのを恐れは」しないのだ。その夜、ベッドの中で、ヘンリーが「きみは僕のものだ」と言った時のことを思い出して、彼女は眠そうに微笑む。「ヘンリーのものだって！　彼女は微笑んだ。いや、彼女はヘンリーのものではなかった。彼女はサラだった。そしてそれだけで十分だった。スタートがこんなに遅かったので、自分自身をよく知るようになるまでには多少時間がかかるだろう。半分夢うつつで彼女は、その時間がたった後には、自分は誰かを必要とするのだろうか、そしてそれは誰なのだろうと考えていた」。

そこから突然、イメージがぼやけてくる。自由に空に舞い上がっていた「新しい女」は飛行の途中でためらい、青い陽光のただ中で身を震わせると、一目散に居心地の良い家庭の壁の中に戻っていくのだ。サラが単独飛行をしたのと同じ年に『レディズ・ホーム・ジャーナル』は、「職業：主婦」に対する数えきれないほどの賛歌の原型となる記事を掲載し、女性雑誌に登場したこの賛歌は五〇年代を通して高く鳴り響くようになるのである。それらの記事はたいてい、国勢調査の空欄に「主婦」と記入しなければならない時、劣等感を感じるという女性の嘆きから始まる。(「そう書く時に気づくんです。私はここにいる、中年の女で大学で教育を受けたけれど、人生で何もなしとげていない、ただの主婦なんだって」。)すると主婦賛歌の著者は、なぜかその人自身は主婦であったためしがないのだが(この例の場合は、新聞社で働く女性で外国特派員であり、有名なコラムニストであるドロシー・トムソンが著者。『レディズ・ホーム・ジャーナル』一九四九年三月号)、大笑いをしてみせる。そしてあなたの問題は、自分が同時に一ダースものキャリアの専門家であることに気づいていないことだと、叱りつける。「あなたは書いて良いのです、業務管理者、コック、看護師、運転手、ドレスメーカー、室内装飾家、会計士、仕出し業者、教師、個人秘書——あるいは一言、慈善事業家とでも。……生涯を通じてあなたはそのエネルギー、技術、才能、サーヴィスを、愛のために無償で捧げてきたのです」。それでも主婦は嘆くのをやめない。私はもうすぐ五〇歳で、若い頃にやりたかったこと——音楽——をまったくやれていない、大学教育を無駄にしてしまった、と。

おやまあ、とミス・トムソンは笑う。あなたの子どもたちはあなたのおかげで音楽好きではないですか。それにあなたの夫が立派な仕事をやり遂げるために奮闘していた年月の間、あなたは年三〇〇〇ドルで素敵な家庭を守り、子どもたち全員と自分の服を作り、居間の壁紙を自分の手で貼り替え、お買い得品を求めてマーケットで鷹のように目をこらしていたではありませんか。そして空いた時間には、夫の原稿をタイプしたり手を入れたりし、教会の赤字を補うためにお祭りの計画を立て、子どもがもっと喜んでピアノの練習をするように一緒に演奏し、彼らの勉強の進み具合を知るために高校の教科書を読んでいたではありませんか。「でもそれはすべて身代わりの生き方――他の人を通して生きることです」と、主婦はため息をつく。「ナポレオン・ボナパルト級の身代わりです」と、ミス・トムソンはあざ笑う。「あるいは女王様か。私はあなたの自己憐憫にはまったく同意できません。あなたは私の知っている中でも最も成功した女性の一人です」。

主婦がまったく金銭を稼いでいないことについては、彼女がおこなっているサーヴィスの値段を計算してみようと、議論は続く。女性は家の中でその経営手腕を発揮する方が、外で働いて得られる額よりもずっと節約できる。家事の退屈さで女性の心が折れてしまっている点については、おそらく一部の女性の非凡な才能は邪魔されたかもしれないが、「女性の天才で一杯だけれど、子どもがほとんどいない世界は、急速に終末に向かうことになるでしょう。……偉大な男たちには偉大な母がいるものです」。

そしてアメリカの主婦たちは、中世のカトリックの国々が「優しくて控え目なマリアを天の女王の地位に昇らせ、「ノートル・ダム、われらのレディ」のために最高に美しい寺院を建てた」ことを思い出すように言われる。「……家事担当者、養育者、子どもたちのための環境の創造者は、文化と文明と徳とのたえまない再創造者であるのです。彼女がこうした偉大な経営の仕事と創造的活動をこなしているのであれば、職業欄には誇りを持って「主婦」と書こうではありませんか」。

一九四九年の『レディズ・ホーム・ジャーナル』には、マーガレット・ミードの『男性と女性』も掲載された。すべての雑誌には、ファーナムとランドバーグの『現代の女性――失われた性』の反響が見られた。これは一九四二年に出た本で、キャリアと高等教育は「女性の男性化」につながり、「家庭とそこに生活している子どもたちに対し、そして女性とその夫が性的満足を得るための能力に対し、非常に危険な結果をもたらす」と警告していた。

こうして女らしさの神話は国中に広がり始め、過去が未来を束縛するのを容易にする、古くからある偏見や安心感を与える慣習に接ぎ木されていった。新しい神話の背後には、洗練度が高く、自明の真理を装っているためについ欺されてしまいがちな概念や理論が存在していた。これらの理論は非常に複雑なので、その秘密を知るごく少数の人々しか近づくことはできず、したがって反駁の余地がないとされていた。アメリカの女性に何が起きたかを完全に理解するためには、この秘密の壁を打ち壊し、これらの複雑な概念、自明の真理とされたものをもっと詳しく見ていくことが必要になる。

女らしさの神話は、女性にとって最も価値があり身を捧げるべき唯一のものは、自身の女性性の完成であるとする。歴史の大半を通しての西洋文化の最大の誤りは、この女性性を過小評価してきたことである。この女性性は非常に神秘的で直感的であり、生命の創造と起源に密接に関係しているので、男性が作り上げた科学ではけっしてそれを理解できない。しかし、いかに特殊で異なってはいても、それは男性の本性に比べて劣っているわけではなく、見方によっては優れてさえいる。過去における誤り、女性の問題の根源は、女性が自身の本性を受け入れずに、男性を羨み、男のようになろうとしたことであり、女性性は性的な受動性、男性による支配、および母としての慈しむ愛によってのみ完全に達成されるのであると、神話は述べる。

だが、この神話がアメリカ女性に与える新しいイメージとは、「職業：主婦」という古いイメージである。新しい神話は、それ以外の何にもなる機会のなかった主婦・母親を、すべての女性にとってのモデルとした。その前提にあるのは、女性にかんするかぎり、歴史は今この地点で、最終的な栄光ある結末を迎えたという考えである。洗練されたうわべの装飾の下で、この神話は女性存在のある具体的で限定的で家庭的な側面だけを――やむをえず料理と掃除、洗濯と子育てだけに限られた生活を送っていた女性たちのような――宗教へと変え、全女性がそれに従って生きるか、さもなければ自分の女性性を否定しなければならない模範としたのである。

一九四九年以降、アメリカ女性にとって女性としての完成には一つの定義しかなかった――主婦で母親であること。変化する世界の中で変化し、成長する個人としてのアメリカ女性のイメージは、まるで夢の中のようにあっという間に砕け散ってしまった。自分のアイデンティティを見つけるための単独飛行は、我先に一心同体の安心感を求める中で忘れ去られた。無限に開かれていた世界は、家庭の居心地の良い壁の中へと縮こまっていった。

女性雑誌のページに反映されたこうした変化は、一九四九年にははっきりと見えるようになり、五〇年代を通して進行していった。「女らしさは家庭から」「やっぱり世界は男のもの」「若いうちに赤ちゃんを」「男をひっかける方法」「結婚したら、仕事を辞めるべきか?」「娘さんが妻になれるよう訓練していますか?」「家庭でのキャリア」「女性はそんなにしゃべる必要があるの?」「米軍兵士たちは、なぜドイツ娘の方が好きなのか」「母なるイヴから女性が学べること」「政治は本当に男の世界」「幸福な結婚を維持する方法」「若くして結婚するのを恐れないで」「医師が語る母乳育児」「うちの子は家庭出産で生まれた」「料理は私にとっての詩」「家庭運営のビジネス」。

一九四九年の末までに、女性雑誌のヒロインのうち、キャリア・ウーマンは三人に一人だけになっていた——そして彼女はキャリアを捨てて、自分が本当にやりたいのは主婦になることだと気づくという設定で登場するのだ。一九五八年と、続いて五九年にも、私は三大女性雑誌(四番目の『ウーマンズ・ホーム・コンパニオン』は廃刊になっていた)の各号を調べたが、「職業：主婦」以外には、キャリアや何らかの仕事への献身、芸術、専門職、あるいは世界における使命を持つヒロインは一人も見つけることができなかった。仕事を持っているのは一〇〇人のヒロイン中たった一人で、若くて未婚のヒロインたちでさえ、もはや夫をつかまえるため以外には仕事をしないのだった。(2)

奇妙なことにこれらの新しい幸福な主婦であるヒロインたちは、一九三〇年代から四

○年代の元気の良いキャリア・ガールたちよりも年若く見える。彼女たちは時とともにますます若くなっていくようだ——見かけの点でも、子どものような依存性の点でも。彼女たちには、赤ん坊を持つこと以外に将来のヴィジョンというものがない。彼女たちの世界で唯一活発に成長していくのは、子どもだけである。主婦であるヒロインたちは永久に若いが、それは彼女たち自身のイメージが出産で終わっているからだ。子どもたちが世界とともに成長していく間も、彼女たちはピーター・パンのように若いままでいなければならない。赤ん坊を産み続けなければならない。なぜなら女らしさの神話は、それ以外に女性がヒロインになる道はないと告げるからである。「サンドウィッチ・メーカー」と題された物語には、その典型的な見本が登場する(『レディズ・ホーム・ジャーナル』一九五九年四月号)。彼女はカレッジで家政学を勉強し、料理を学び、仕事についたことはなく、すでに三人の子持ちなのに、まだ子どものような花嫁を演じている。彼女の悩みはお金だ。「ああ、税金や互恵貿易協定、海外援助プログラムなんて退屈なものはごめんよ。私はそういうくだらない経済話は全部、憲法によって選ばれたワシントンの気の毒な議員に任せているの」。

　問題は、彼女に支給される四二・一〇ドルだ。彼女は、靴が必要になるたびに夫にお金をくれと言うのがとてもいやなのだが、夫は彼女がクレジットで買うことを許してくれない。「ああ、少しでも自分のお金が欲しい！　たくさんでなくても良い。年に二、三百ドルもあれば十分足りるわ。ときどき友だちとランチに行くとか、ぜいたくして豪勢なカラー・ストッキングやちょっとした物を買うとかできるだけあれば、チャーリーに頼まなくてもすむし。でも、ああ、やっぱりチャーリーは正しかった。私はこれまで人生で一ドルも稼いだことがないし、どうやってお金が得られるのかも知らなかった。長いこと、料理、掃除、料理、洗濯、アイロンかけ、料理を繰り返しながら私がやってきたのは、子どもを産むことだけだった」。

ついに解決策が見つかる――夫の工場で働く男たちからサンドウィッチの注文を取ることにしたのだ。彼女は週に五二・五〇ドルを稼ぐが、コスト計算を忘れている上に、グロス〔一二ダース〕の意味を思い出せなかったために、八六四〇個ものサンドウィッチ用の容器を暖炉の後ろに隠しておく羽目になる。チャーリーは、彼女の作るサンドウィッチは凝りすぎていると言う。彼女の説明は、「ライ麦パンにハムをはさむだけだったら、私はただのサンドウィッチ・メーカーで、それでは面白くないの。プラスの何か、特別な工夫――そう、それで創造的な感じが出るでしょ」。そこで彼女は、純益九ドルのために夜明けから、刻んだり、包んだり、皮をむいたり、密封したり、パンにスプレッドを塗ったりするのを際限なく続けて、食物の匂いにむかむかするようになり、ついには口を開けて待つ八個のランチ・ボックス用にサラミをスライスするために徹夜した後、階段を踏み外してしまう。「やりすぎだった。ちょうどそこへチャーリーが降りてきて、私をちらりと見るや、水を一杯取りに走っていった」。彼女は、自分がもう一人赤ん坊を妊娠していることに気づく。

「チャーリーの最初の意味のある言葉は、「きみのランチの注文はキャンセルしておくよ」だった。「きみは母親なんだ。それがきみの仕事なんだ。その上、金を稼ぐ必要はないんだよ」。何もかも、すばらしく単純だった！「はい、ボス」と、私は従順につぶやき、正直なところほっとしていた」。その夜、彼は彼女用に小切手帳を持って帰ってくる。彼女を信用して、共同預金口座にしてくれたのだ。そこで彼女は、八六四〇個のサンドウィッチ容器については黙っていようと決める。いずれにしても、全部使い切ってしまうはずだ、四人の子どもたちが学校に持って行くサンドウィッチを作ることで、一番下の子が大学に行く頃までには。

サラと水上飛行機からサンドウィッチ・メーカーまでの道のりは、わずか一〇年の間の出来事だった。その一〇年間に、アメリカ女性のイメージは統合失調症的な分裂を経験したように見える。さらにこのイメージの分裂は、女性たちの夢から乱暴にキャリアを抹殺する以上のことをもたらしてもいる。

以前の時代にも、女性のイメージは二つに分裂していた——賞賛されるべき善良で純潔な女性と、肉の欲望を表す売春婦である。新しいイメージにおける分裂は、これとは異なる裂け目を生じさせる——肉欲も善良さのうちに含まれている女らしい女性と、あらゆる自立した自己への欲望を悪として持つキャリア・ウーマンである。新しい女らしさの道徳物語とは、禁じられたキャリアの夢という悪魔を払うこと、ヒロインがメフィストフェレスに勝利することである。悪魔は最初、キャリア・ウーマンの姿をとって現れ、ヒロインの夫か子どもを連れ去ろうとするが、最後には、ヒロイン自身の内にある悪魔、すなわち自立への夢や不満な心、さらには独立したアイデンティティという感情さえもが、夫と子どもを取り戻したり愛をつなぎ止めておくためには、悪魔として追い払われねばならないのである。

『レッドブック』のある物語(「夫にふさわしく行動した男性」一九五七年一一月号)では、

「ジュニア」というニックネームを持つ子どものような花嫁で、「小柄でそばかす顔のブルネット」であるヒロインのもとを昔の大学時代のルームメートが訪ねてくる。ルームメートのケイは、「男勝りで、実際、ビジネス向きの頭の持ち主だ……彼女はつやつやしたマホガニー色の髪を高い位置でシニヨンにまとめ、二本の箸のようなものを刺していた」。ケイは離婚しているばかりか、テレビの仕事をする間、子どもを祖母に預けてもいる。このキャリア・ウーマンの悪魔はジュニアを仕事の話で誘惑して、赤ん坊に母乳を与えないようにさせる。さらにケイは、夜中の二時に赤ん坊が泣いた時、若い母親が息子の様子を見に行こうとするのを引き留めさえするのである。だがケイは、ジュニアの夫であるジョージが、開いた窓から入ってくる凍えそうな風の中で赤ん坊が布団を着ずに泣いており、頰に血が流れているのを発見したことで、その報いを受けることになる。悔い改め改心したケイは、仕事をさぼって自分の子どもに会いに行き、新しい人生を始める。そしてジュニアは、午前二時に授乳しながら満足そうに微笑み——「私はただの主婦でほんとに良かった、良かったわ」——大きくなって同じように主婦になる赤ん坊を持つことを夢見始めるのである。

キャリア・ウーマンが去った後、追い払われるべき悪魔となるのはコミュニティに関心を抱く主婦である。何かの国際的な運動は言うまでもなく、PTA活動でさえ疑わしい意味合いを持つようになる（たとえば、「ほとんど恋愛」『マッコールズ』一九五五年一一月号）。次に去るべきは、たんに自分自身の考えを持つ主婦である。「あなたに言いたくなかった」（『マッコールズ』一九五八年一月号）の主人公は、小切手帳の精算を自分でやり、ちょっとした家庭内の些事について夫と言い争いをする人物として描かれている。そんな彼女は、保険証券やローンについて「きちんと考える」ことができないと訴える「無力で頼りない未亡人」に夫を奪われそうになっていることがわかる。裏切られた妻は言う、「彼女にはセックス・アピールがあるに違いないわ。妻には、それに対抗するどんな武器があるというの？」　だが、彼女の親友が言うことには、「あなたはこのことを単純にとらえすぎてる。タニアがどれほど無力になれるか、自分を助けてくれる男にどれほど感謝してみせられるか、忘れているのよ……」。

「私は、たとえなろうとしても男にすがりつく女にはなれないわ」と、妻は言う。「カレッジを卒業した後、普通よりも良い仕事をしていたし、いつだってとても自立した人間だった。私は無力で頼りない女じゃないし、そのふりをすることもできない」。だがその夜、彼女は学ぶことになる。泥棒かと思うような音を聞いたのだ。彼女はそれがただのネズミだと知っていたが、頼りなげに夫を呼び、彼の心を取り戻すのである。夫がパニックのふりをする彼女を慰めていると、彼女は、やっぱり今朝の言い争いではあなたの方が正しかったわ、と囁く。「彼女は柔らかなベッドに静かに横たわり、良心の呵責をほとんど感じることなく、甘美な秘密の満足感のうちに微笑んだ」。

この道の終点は、独立した自己であり自分自身の物語の主人公であるヒロインが、ほとんど文字どおりきれいさっぱりと消え去ってしまうことである。この道の終点とは一心同体化であり、そこでは女性はたとえ良心の呵責を感じながら隠すのであれ、独立した自己というものを持たない。彼女はただ、夫と子どもたちのために、彼らを通してだけ存在するのである。

『マッコールズ』誌の出版人たちによって一九五四年に新しく考え出された概念である「一心同体化」は、精神的な重要性を持った運動として、広告主や聖職者、新聞編集者などが飛びついた。いっとき、それはほとんど国家的目標にまであがめられた。だがすぐに厳しい社会的批判が起こり、「一心同体化」とはもっと大きな人間の目標の——男性にとっての——代替物だという辛辣なジョークが生まれた。女たちは、夫を国や世界におけるパイオニアにならせずに、彼らに家事をやらせているとして非難されたのである。いったいなぜ、政治家や人類学者や物理学者や詩人になる能力のある男性が、ウィークデイの夜や土曜の朝に、社会にとってより大きな仕事を遂行するために余暇を利用するのでなく、皿洗いをしたり、赤ん坊のおむつを替えたりしなければならないのだ？

意味深いことに、批判者たちが腹を立てていたのは、男が「女の世界」に関わるよう求められることについてだけだった。ほとんどの者は、この女の世界とされるものの境界については疑問を抱いていないのだ。かつては女も政治家や詩人や物理学者になる能力や夢を持つと考えられていたことを、誰も憶えてはいないようだった。女にとって一心同体化が真っ赤な嘘であることに気づいた者は、ほとんどいなかった。

一九五四年『マッコールズ』誌のイースター号を見てみよう。そこでは一心同体化という新時代の到来が宣言され、女性が政治的平等のために闘ってそれを勝ち得たり、女性雑誌が「以前は女性には禁じられていたより広い生活領域を切り開くのを助けていた」時代は過ぎ去ったことが謳われていた。新しい生活様式では、「男も女もより若い年齢で結婚する人がどんどん増え、より若い年齢で子どもを持ち、より多くの家族を育てて」、自分の家庭から「最高の満足を得ている」のであり、それは「男性と女性と子どもたちが一体となって作り上げているものであって……女性だけ、男性だけが互いに孤立しているのではなく、家族として共通の経験を共にしているのである」。

こうした生活様式について詳しく述べた写真入りエッセイは、「男の居場所は家庭に」と題されている。そこでは新しいイメージおよび理想像として、灰色のこけら板葺きのスキップフロアの家に住む、三人の子どものいるニュージャージー州の夫婦が取り上げられる。エドとキャロルは「彼らの生活の中心をほぼ完全に子どもたちと家庭とにおいている」。彼らがスーパーマーケットで買い物をしたり、大工仕事をしたり、子どもを着替えさせたり、一緒に朝食の準備をしたりしている様子がのっている。「それからエドはカープール〔自家用車の相乗り〕の仲間に合流して、会社へと向かう」。

夫であるエドは、自宅の配色をどうするか選んだり、内装について重要な決定を下したりする。エドが好きな家事のリストもある。家の周りをぶらつく、何かを作る、ペンキ塗り、家具や敷物やカーテンを選ぶ、食器を拭く、子どもたちに本を読んでやり、寝かしつける、庭仕事、子どもたちに食事をさせ、着替えさせ、入浴させる、PTAの集まりに出席する、料理、妻のために服を買う、食料品の買い物。

エドが嫌いな家事は次のとおり。はたきをかける、掃除機をかける、始めた仕事をやり遂げる、カーテンを吊す、やかんや鍋や皿を洗う、子どもたちのちらかした後片づけをする、雪かきや芝刈り、おむつ交換、ベビーシッターを連れてくる、洗濯物の整理、アイロンかけ。エドはもちろん、こうした家事はやらない。

家族全員のためには、家族の長が必要です。それが意味するのは父親で、母親ではありません。……男の子も女の子も、男女それぞれの性の能力と機能について学び、認識し、尊敬することが必要です。……彼は、子どもを入浴させたり、食べさせたり、慰めたり、遊んだりするのを分担するつもりがあるし、進んでそうしていますが、母親の代理ではありません。彼は、彼が働いている外の世界との接点なのです。もしもその世界に彼が関心を持ち、勇敢で辛抱強く、建設的であるなら、彼はそうした価値を子どもたちに伝えることでしょう。

当時の『マッコールズ』では、何度も苦悩に満ちた編集会議が開かれた。「突然、誰もかもが一心同体化に精神的重要性を求めるようになり、誰もがこの五年間送ってきた生活——家庭の中に逃げ込んで、世界に背を向けるという——から何か神秘的な宗教的運動を生み出すことを私たちに期待しているのですが、私たちには、おそろしく退屈ではないやり方でそれを見せる方法が見つけられませんでした」と、『マッコールズ』の元編集者は回想している。「いつも行き着く先は、素敵、素敵、パパはお庭でバーベキュー、といった感じ。男性をファッションや料理、はては香水の写真のページにも登場させてみましたが、編集者としては窒息しそうな思いでした。

「精神科医による記事でも、全身全霊で子どもたちにかまけているカップルの問題点を明らかにするようなものは、載せることはできませんでした。でも、一心同体について扱うのに、育児記事以外に何ができるでしょう？　父親を母親と一緒に写真におさめることのできるものなら、どんなものでも泣きたいくらいありがたかったです。ときには、男が室内装飾や育児、料理など、かつては女性だけがしていたことをすべてやるようになったら、女性には何が起きるのだろうと思うこともありました。でも、女性が家から出て、職業を持つという記事を載せることはできませんでした。皮肉なのは、私たちがやりたいと思っていたのは女性だけのために編集することではなく、男性と女性の両方のためだったことでした。女性ではなく、人々のために編集したいと思っていたのです」。

しかし、世の中に出て男性に加わることを禁じられた状態で、女性は人間でありうるのだろうか。自立することを禁じられた彼女たちは、ついにはきわめて受動的な依存というイメージに飲み込まれ、家庭内のことについてさえ男性が判断してくれることを望むようになるのだ。一心同体化は家庭内の決まりきった仕事の退屈さにも精神的な満足を与えてくれるという異様な幻想や、アイデンティティの欠如の埋め合わせに宗教的運動を持ち出さねばならないこと自体が、はからずも女性たちの失ったものの大きさとこのイメージの空虚さを示している。男性にも一緒に家事をさせることが、女性が世界を失ったことの埋め合わせになりうるのだろうか。一緒に居間の床に掃除機をかけることが、主婦に何か神秘的な新しい人生の目標を与えるというのだろうか。

一心同体論のピークだった一九五六年、うんざりしていた『マッコールズ』の編集者たちは「逃げ出したお母さん」という小さな記事を掲載した。驚いたことに、その記事は彼らがそれまでに掲載したどの記事よりも多くの読者を獲得した。「それはわたしたちが真実に目覚めた瞬間でした」と、元編集者は語っている。「私たちは突然、三人と半分の子どもたちとともに家にいる女性たちは、誰もが惨めなくらい不幸なのだと気がついたのです」。

だが、その頃までに「職業：主婦」というアメリカ女性の新しいイメージは一つの神話にまで固定化しており、疑問を持たれることも疑問を許すこともないまま、神話によってゆがめられた現実を形作るようになっていた。

一九五〇年代に私が女性雑誌に記事を書き始めた頃には、女性は妻や母親としての感情に訴える場面以外では、政治やアメリカ以外の世界の生活、国家的問題、芸術、科学、思想、冒険、教育ばかりか、自分の住むコミュニティについてさえ関心がないというのは、編集者にとって自明の理であり、ライターたちもそれを人生の不変の事実だと受け止めていた。

女性にとって政治とは、マミー〔アイゼンハワー大統領の夫人〕の衣装であり、ニクソン大統領の家庭生活だった。良心の呵責や義務感からか、『レディズ・ホーム・ジャーナル』が、子どもたちの学校や運動場を改良しようと努める女性たちを描いた「政治における天路歴程」〔Pilgrim's Progress. 一七世紀、バニヤンによって書かれた宗教的寓意物語〕のような連載を掲載したこともあった。しかし、母の愛を通して政治に接近することでさえ本当には女性たちの関心を引くことはないと、この業界では考えられていた。誰もが、そうした読者層のパーセンテージを知っていた。『レッドブック』のある編集者は、原子爆弾の問題を女性のレベルにまで引き下げるための工夫として、夫が船で〔核実験で〕汚染された水域に入っていった妻の感情を描いてみせた。

「女性は理念や問題をそのままでは受けつけない」と、大衆的女性雑誌の編集者である男性たちは意見が一致していた。「女性として理解できるような語り方に翻訳する必要がある」。女性雑誌のライターたちはこれをよくわかっていたので、ある自然分娩の専門家は大手の女性雑誌に、「原爆シェルターの中で出産する方法」という記事を持ち込んだほどだった。「あまりうまく書けていなかったのでね」と、編集者は私に語った。「でなければ、採用したかもしれない」。神話に従えば、女性はその神秘的な女らしさのゆえに、核シェルターの中で出産することの具体的で生物学的な詳細には関心を持つかもしれないが、核爆弾の力が人類を滅ぼしうるという抽象的理念に対してはまったく関心がないというのである。

当然ながら、こうした思い込みは結果的に予言として的中することになる。一九六〇年にある明敏な社会心理学者は私に、三五歳以下のアメリカ女性は政治に関心がないことを疑問の余地なく証明しているように見える、悲しむべき統計を見せてくれた。「この女性たちは選挙権は持っていても、立候補することは夢にも考えないのです」と、彼は言った。「政治的な記事を書いても、彼女たちは読みません。彼女たちが理解できるような問題に翻訳しなければならない——ロマンスや、妊娠、授乳、室内装飾、衣装などです。経済や、あるいは人種問題、公民権についての記事をのせても、彼女たちは一度もそういうことを聞いたことがないのだと思う結果になる」。

おそらく彼女たちは聞いたことがないのだろう。思想というのは、本能的感情のようにそのまま頭に湧き出るものではない。教育や印刷された言葉を通して伝達されるものだ。結婚のために高校やカレッジを退学する新しい若い主婦たちは本を読まないと、心理学調査の結果は告げている。彼女たちが読むのは雑誌だけだ。現在の雑誌は、女性は理念には関心がないという前提に立っている。しかし図書館の合本になった雑誌に戻ってみると、一九三〇年代や四〇年代には、『レディズ・ホーム・ジャーナル』のような大部数の雑誌に、家庭の外の世界についての記事が何百となく掲載されていたのを私は発見した。「宣戦布告に先立つアメリカ外交関係の初めてのインサイド・ストーリー」、ウォルター・リップマンによる「アメリカはこの戦争後、平和を得られるか?」、ハロルド・スタッセンの「真夜中のスターリン」、「中国についてのスティルウェル将軍報告」、ヴィンセント・シーアンによるチェコスロヴァキアの最後の日々にかんする複数の記事、ドイツにおけるユダヤ人の迫害、ニュー・ディール政策、リンカン暗殺についてのカール・サンドバーグの報告、ミシシッピー州についてのフォークナーの作品、そしてマーガレット・サンガーのバース・コントロールのための闘い。

一九五〇年代になると、主婦としての女性に役立つ記事か、女性を主婦として描く記事、あるいはウィンザー公爵夫人やマーガレット王女のように純粋に女性として一体化できるような女性の記事しか、事実上掲載されなくなった。「何か冒険的なことや普通でないことをしたり、自分の力で何かをする女性についての記事があれば、その女性はおそろしく攻撃的か神経症に違いないと思ってしまうのです」と、『レディズ・ホーム・ジャーナル』のある編集者は私に語った。現在では、マーガレット・サンガーの出る幕はないのだ。

一九六〇年に私は、三五歳以下の女性は、故郷に帰って安全な家族経営に逃げようとする青年に対して大都市にとどまって自分の主義のために戦うよう説得する、広告会社で働く元気の良い物語のヒロインには共感できないとする統計を見た。こうした若い主婦たちは、信念に基づいて因習に挑戦する若い牧師にも共感できなかった。だが彼女たちは、一八歳で体が麻痺してしまった若い男性には、苦もなく共感できるのだった。

（「意識を取り戻した僕は、自分が動くことも、話すことさえできないことを発見した。やっと動かせるのは、片方の手の一本の指だけだった」。信仰と精神科医の助けを借りて、「僕は今、できるだけ頑張って生きる意味を見つけようとしている」。）

どの編集者も保証するように、新しい主婦たちが失明や聾、身体の障害、脳性麻痺、麻痺、癌の犠牲者、あるいは死が迫っている人に対しては完全に共感できるということは、何かを物語っているのだろうか。目が見えなかったり、喋れなかったり、動けなかったりする人々についての記事は、「職業：主婦」の時代の女性雑誌では常に見られる定番となっている。それらは際限もなく写実的に、くり返しくり返し語られて、国家や世界、理念、論争、芸術、科学についての記事の代わりとなり、冒険する活発な女性たちについての物語の代わりとなっている。そして犠牲者が男でも女でも子どもでも、生きながらの死の原因が不治の癌であっても進行性の麻痺であっても、主婦の読者は共感できるのである。

これらの雑誌に記事を書いている頃、私はいつも編集者から、「女性を共感させなければならない」ということを思い出させられてきた。ある時私は、ある芸術家について記事を書きたいと思った。そこで私は、彼女の料理や市場での買い物、夫との恋愛、そして赤ん坊のためのベビーベッドに色を塗ったことを書いた。彼女が自分にとっての真剣な仕事である絵を描いて何時間も過ごすことや、それに対する彼女の気持ちについては、割愛せざるを得なかった。ときには本当は主婦ではない女性について書いても大丈夫なこともあったが、それは彼女が主婦らしく聞こえるようにしたり、彼女が家の外の世界で熱中していることや、頭や心の中でひそかに追い求めているヴィジョンにはふれずにすませたりすれば、可能なのだった。一九四九年二月、『レディイズ・ホーム・ジャーナル』は「詩人の台所」という特集で、エドナ・セントヴィンセント・ミレーが料理をしている姿を載せた。「もう、家事が他の仕事よりも劣るといった声を聞くことはないでしょう。現代ばかりかいつの時代でも最大の詩人の一人が単純な家庭の仕事に美を見出せるとすれば、古くからある論争もこれで終わりです」。

女性雑誌の誌面でいつでも歓迎された唯一の「キャリア・ウーマン」は、女優だった。だが、女優のイメージもまた驚くべき変化をとげ、激しい気性や深い内面、精神性と性的な魅力が神秘的に混じり合った複雑な個人から、性的欲望の対象か子どもっぽい顔の花嫁、あるいは主婦へと変わっていった。たとえばグレタ・ガルボやマレーネ・ディートリッヒ、ベティ・デイヴィス、ロザリンド・ラッセル、キャサリン・ヘップバーンを思い浮かべて欲しい。それからマリリン・モンローやデビー・レイノルズ、ブリジット・バルドー、そして「アイ・ラブ・ルーシー」(一九五〇年代に人気のあったテレビ・ドラマで、主婦が主人公)を。

女性雑誌で女優について書く時は、主婦としての彼女について書いた。女優の仕事をしていたり、楽しんだりしている姿を描くことはなかった。もっともその結果、夫や子どもを失う羽目になったり、さもなくば女として失敗だったと認めるのならば別だったが。『レッドブック』(一九五七年六月号)掲載のジュディ・ホリデイのプロフィールでは、どのように「一人の才能ある女性が仕事の中に、それまでの人生で出会ったことのない喜びを見出すようになったか」が述べられている。スクリーン上では、彼女は「成熟した聡明な妻でもうすぐ母親になろうとする女性を暖かみと自信をもって」演じているが、「この役柄は、彼女がこれまで試みてきたこととはまったく似ていない」と、読者は告げられる。彼女は夫と離婚しており、「女として不適格だと強く思っている。……女優としてはほとんど苦労せずに成功を収めてきたが、女としては失敗したというのは、ジュディの人生における残念な皮肉である……」がゆえに、彼女はキャリアに充足感を求めなければならなかったのである。

奇妙なことに、女性に向けてキャリアや家の外での何らかの活動を否定する女らしさの神話が広まるにつれて、家の外で働くアメリカ女性は、三人に一人の割合まで増加していった。確かに三人のうち二人は依然として主婦ではあったが、いったいなぜ、世界のドアがついに全女性に向けて開かれたその瞬間に、この神話は一世紀にわたって女性たちを突き動かしてきたまさにその夢を、否定しなければならなかったのだろうか。

ある朝、女性雑誌編集者のオフィスに座っていた時に、私はその手がかりを見つけた。私より年上のこの女性は、古いイメージが創り出された時代を憶えており、それが置き換えられる様子も見てきた人だった。元気の良いキャリア・ガールという古いイメージを創造したのは主に女性のライターや編集者だったと、彼女は言った。主婦・母親としての女性という新しいイメージを創り出しているのは、男性であるライターや編集者だ。「記事の大半は女性ライターが書いたものだった」と、彼女は昔を懐かしむような口調で言った。「戦争から若者たちが戻ってくると、女性ライターの多くが退場していったの。若い女性は子どもをたくさん産み始め、書くのをやめてしまった。新しい書き手は戦争から帰ってきた男ばかりで、家庭と、居心地の良い家庭生活を夢見てきた人たちだった」。三〇年代の陽気な「キャリア・ガール」型ヒロインの創り手たちは、一人また一人と引退し始めた。四〇年代の終わりには、新しい主婦イメージを用いて書くコツを身につけられないライターたちは、女性雑誌の世界から去っていった。新しい雑誌のプロは男たちと、主婦の図式に合わせて書くことに痛痒を感じない少数の女性だった。他の人々が女性雑誌の舞台裏に集まり始めた。主婦のイメージに合わせて生活するか、そのふりをする、新しい種類の女性ライターがいた。また、新しい種類の女性向け編集者や広告業者は、女性たちの頭や心に届くということには大して関心がなく、広告主の関心にそった品物――家電や洗剤、口紅など――を売り込むことに熱心だった。今日では、これらの雑誌の大半で決定権を持っているのは男性である。女性はきまった定式どおりに事を運んだり、主婦向けの「実用記事」部門を編集したりすることが多いが、新しい主婦イメージを支配する定式それ自体は、男性の頭から生み出されたものである。

同じく四〇年代から五〇年代の間に、男女を問わず真面目なフィクションの書き手も大部数の女性雑誌から姿を消した。実際、質の如何にかかわらずフィクションそのものが他の種類の記事にほぼ取って代わられたのだ。かつてのような論争や理念についての記事はもはやなく、新たに「実用」的な特集が組まれた。ときにはこれらの記事には、シフォン・パイの焼き方や洗濯機を買うこと、あるいはペンキ塗りが居間にもたらす奇跡や、身体を夢の肉体美に変えるための食事や薬や衣装や化粧品について、詩人による芸術性や体験レポーターの正直な感想などがふんだんに盛り込まれることもあった。またときには、精神医学、児童心理学、セックスと結婚、医学における新しい展開といった、非常に洗練された知識が取り上げられることもあった。こうした知識は女性読者の妻・母としてのニーズに訴えかけるものであるが、彼女たちが理解できるようにするためには、それらをかみ砕いて具体的でわかりやすい形で詳述し、具体的にすべきこと／すべきでないことを示しながら、標準的主婦の日常生活の言葉で述べなければならないと考えられていた。どうすればあなたの夫を幸せにできるか、子どものおねしょを解決するにはどうすれば良いか、自宅の薬箱に死の原因になるものが紛れ込まないようにする方法……

だが、ここに奇妙なことがある。これら女性雑誌の記事は、主婦向けの徹底した実用記事であれ、主婦についてのドキュメンタリー・レポートであれ、その限られた範囲の中であっても、女性雑誌のフィクションよりもほとんどつねに質においては優れていたのである。書き方もうまく、より率直で、より洗練されていた。これは知的な読者や困惑した編集者、さらにはライターたち自身が、くり返し気づいていたことだった。「真面目なフィクションの書き手は内面的になりすぎてしまった。彼らはうちの読者には近寄りがたいので、残ったのは定式どおりに書くライターたちだ」と、『レッドブック』のある編集者は語っている。けれども、かつてはナンシー・ヘイルのような真面目な作家やウィリアム・フォークナーでさえ女性雑誌に書いていたのであり、近寄りがたいとは見られていなかった。おそらく新しい女性のイメージが、優れたフィクションには不可欠な内面的正直さや深い認識力、人間の真実の姿を許容しなかったのだろう。

少なくともフィクションには、何らかの人間的目標や夢を追いかける「私」というヒーロー、あるいは女性雑誌ならヒロインが必要である。男の子を追いかける女の子や、ソファの下のほこりの塊を追いかける主婦については、書ける物語の数に限りがある。そこで実用記事が取って代わり、フィクションに必要な内面的正直さや真実の代わりに、壁や口紅の色、オーヴンの正確な温度といった、正直で客観的で具体的、現実的な家庭内の詳細をふんだんに伝えることになる。

今日の女性雑誌から判断すると、女性の生活の具体的な細部の方が、彼女たちの考えや思い、夢よりもずっと興味深いものであるかのように見える。それとも細々したことがらの多さや現実性、小さなできごとについての細心の描写は、アメリカの主婦の上に定着してしまった夢の欠如や思想の真空状態、恐るべき退屈を覆い隠すためのものなのだろうか。

私はまた別な、ほとんど男性に支配されている女性雑誌界で生き残った数少ない女性編集者の一人のオフィスを訪ねた。彼女は、自分も女らしさの神話の創出に荷担したことについて説明してくれた。彼女の回顧によれば、「私たちの多くは精神分析を受けたの。それで、自分自身がキャリア・ウーマンであることを恥ずかしく思うようになった。女らしさを失いかけているんじゃないかと、とても怖かった。女性たちが女としての役割を受け入れる手助けをしようと一生懸命だったのよ」。

たとえ現実の女性編集者が自分のキャリアを諦めることができなかったとしても、そのことは一層、他の女性たちが妻や母親として自己充足するのを「助ける」理由となった。今も編集会議に参加している少数の女性たちは、自身の人生では女らしさの神話に従ってはいない。しかし、女性編集者たちが創出の手助けをしたイメージの力は大きくて、彼女たちの多くが良心の呵責を感じている。そして、もし彼女たちがどこかで恋愛や子どもを諦めた経験があったとしたら、キャリアが問題だったのではないかと思うのである。

ちらかったデスクの向こうで『マドモワゼル』誌のある編集者は、不安そうにこう語った。「我が社で近頃、ゲスト編集者として迎え入れている女子大生たちは、まるで私たちを憐れんでいるように見えるんです。それはたぶん、私たちがキャリア・ウーマンだからなんでしょう。最後の一団とのランチョン・セッションの時に、彼女たちにテーブルの順番に自分のキャリア・プランについて話すよう頼んだのですが、二〇人中、手を上げた者は一人もいませんでした。自分がこの仕事を学ぶためにどれほど頑張ったか、そしてこの仕事を愛してきたかを思い返すと――あの頃の私たちは、全員頭がおかしかったのかしら?」

自分自身でキャリアという道を選択してきた女性編集者たちと対をなすのが新しい種類の女性ライターたちで、彼女らはまるで自身が、漫画みたいな子どものいたずらの世界や並外れた洗濯機やPTAの親の集まりを楽しんでいる「ただの主婦」であるかのようにして書くということを始めたのである。「一二歳の男の子のベッドを来る日も来る日も整え続けていると、エヴェレスト登山でさえばかばかしく簡単なことに見えてくるだろう」と、シャーリー・ジャクソンは書いている(『マッコールルズ』一九五六年四月号)。

成人してからずっと非常に有能な作家で、ベッドメーキングよりはるかに骨の折れる仕事を追求してきたシャーリー・ジャクソンや、劇作家のジーン・カー、詩人のフィリス・マッギンレーらが自分をあたかも主婦であるかのように見せかける時、彼女たちは実際にベッドを整えているのは家政婦やメイドであることを見過ごしているのかもしれないし、そうでないかもしれない。だが彼女たちは暗黙のうちに、自分たちの小説や詩や劇にこめられたヴィジョンや、満足を与えてくれる仕事での頑張りを否定している。彼女たちは、自分が主婦としてではなく、個人として生きてきた人生を否定しているのだ。

こうした主婦ライターたちのうちでも最良の人々は、職人として優れている。そして彼女たちの作品のいくつかは面白い。子どもたちに起こること、一二歳の少年の最初のタバコや、リトル・リーグ、幼稚園のリズム・バンド〔リズム感を養うための打楽器のバンド〕は面白いことが多い。これらは、ただの主婦である女性たちと同様、ライターである女性たちの実生活でも起こることだ。だが、主婦ライターたちについては面白くないこともある——アンクル・トムや「エイモスとアンディ」〔白人が黒人を演じたテレビのコメディ番組で、人種差別的だと批判を受けた〕のように。「笑いなさい」と、主婦ライターたちは本物の主婦に向かって告げる。「もしあなたが、絶望して、空っぽで退屈で、ベッドメーキングや車での送り迎えや皿洗いのような些事にとらわれていると感じるのなら。面白いでしょう？ 私たちは皆、同じ罠にはまっているのよ」。それで本物の主婦たちは、自分たちの夢や絶望感を笑いで消し去ってしまうのだろうか。自分たちの挫かれた能力や制限された生活はジョークだと考えるのだろうか。シャーリー・ジャクソンはベッドを整え、息子を可愛がって笑いかけ――そしてまた別の本を執筆する。ジーン・カーの劇はブロードウェイで上演される。彼女たちにとっては、ジョークは当てはまらないのだ。

新しい主婦ライターの中には、イメージどおりに生きている人もいる。『レッドブック』（一九六〇年六月号）によれば、「母乳育児」についての記事の著者はベティ・アン・カントリーウーマンという名の女性で、「かつては医者になろうと思っていた。けれども、ラドクリフを優等で卒業する直前、彼女はそのような仕事に身を捧げたら、自分が本当に望んでいること、つまり結婚して大家族をつくる道が閉ざされてしまうかもしれないと考えて尻込みした。そこで彼女はイエール大学の看護学部に入学し、若い精神科医と最初のデートで婚約した。今では彼らは二歳から一三歳の六人の子持ちで、カントリーウーマン夫人はインディアナポリスのマタニティ・リーグ〔母乳育児を勧める団体〕で母乳育児のインストラクターをしている」。彼女は次のように語る。

　母親にとって母乳育児は、創造という行為を補完してくれるものになります。満ち足りた感覚が高められ、女性が手に入れたいと望みうる限りの完全さに近い関係に身を置くことが可能になるのです。……けれども、出産したという単純な事実だけでは、この欲求とあこがれを満たすことはできません。……母親らしさとは、生き方なのです。優しい感情や保護的な態度、母性的な女性のすべてを包み込む愛情を通して、女性は完全な自己を表現することが可能になるのです。

　昔から聖なるつとめとされてきた母性こそが完全な生き方と定義されたなら、女性は自分に開かれた世界や未来を拒否しなければならないのだろうか。それともその世界を拒否したことが、彼女たちに母性を完全な生き方とするように強いているのだろうか。神話と現実を隔てる線が溶解すると、現実の女性がイメージにおける亀裂を体現するようになる。見事に全体が「新しい」アメリカ女性に捧げられた『ライフ』誌の一九五六年クリスマス号では、女性雑誌に見るような悪役としてではなくドキュメンタリー的な事実として、典型的な「キャリア・ウーマン——あのフェミニズムによって広められた致命的誤り」が、精神科医の「助け」を求めているのが見られる。彼女は聡明で、高い教育を受け、野心家で、魅力的であり、夫とほぼ同じくらいの稼ぎがある。だが、彼女はここでは「欲求不満」で、仕事によって「男性化」してしまったために、去勢され、不能で受動的な夫は性的に彼女に無関心であるとされている。彼は責任を果たすことを拒否し、台無しにされた男らしさを酒に溺れさせているのだ。

また、不満からPTAで騒ぎを起こす郊外の主婦も登場する。病的なうつ状態にある彼女は子どもたちを痛めつけ、ビジネスの世界で働いている夫をねたんで威圧しようとする。「この妻は、結婚前に働いていたか、少なくとも何らかの知的な仕事につくための教育を受けていたことから、「ただの主婦」である自分を嘆かわしく思っている。……その不機嫌さによって彼女は夫や子どもたちに(そして自分の人生にも)、まるでキャリア・ウーマンのように、さらにときにはそれを上回るほどの、多大なダメージを与えることができるのである」。

そして最後に、対照的な明るさと微笑みとともに登場するのが、自分たちの「違い」

や「独自の女らしさ」、「自分たちの性に本質的に内在する受容性や受動性」を大切に考える新しい主婦・母親たちである。自分自身の美しさや子どもを産み育てる能力に忠実な彼女たちは、「真に女性的な態度を持つ女らしい女性であり、スカートをはくという奇跡のような、神から与えられたすばらしくユニークな能力のゆえに男たちから崇められており、そのことは至るところで示されている」。『ライフ』は、「上流から中流の上の階層が住む郊外という驚くべき一角に、昔ながらの三人から五人の子どものいる家族が再び出現したこと」を喜んで、次のように言う。

最近、「キャリア」に最も適した資格を持つと思われる女性たちの間で、育児や家庭運営にますます価値が置かれるようになっている。思うに……こうした女性たちは、平均よりもより多くの情報に接し、より成熟しているがゆえに、「フェミニズム」のもたらした不利益に最初に気づき、それに抵抗するようになったのかもしれない。……ドレスや装飾におけるのと同様に、思想におけるスタイルもまた、そうしたところからより広い範囲の人々へと浸透していくものである。……この対抗的な流れは、やがて主流の破壊的な流れを駆逐し、結婚を本来あるべき姿に変えてくれるかもしれない。真のパートナー関係においては……男性は男性、女性は女性で、どちらも自分がどちらであるかを静かに、喜んで、安心して確信しており――自分が反対の性の誰かと結婚していることを心から嬉しく思っているのである。

『ルック』誌も、ほぼ同時期に次のように喜んでいた（一九五六年一〇月一六日号）。

アメリカの女性は両性間の戦いに勝利をおさめつつある。ティーンエイジャーのように、彼女は成長をとげ、批判者たちの鼻を明かしつつある。……もはや男の世界への心理的移民としてではなく、アメリカの労働力の三分の一として気楽に働いており、それは「ビッグ・キャリア」を目指すよりも、嫁入り支度をしたり新しい冷凍庫を買ったりするためにである。トップの仕事は、しとやかに男たちにお任せする。この素晴らしい女性はまた、かつてないほど若くして結婚し、より多くの子どもを産み、一九二〇年代や三〇年代の「解放された」女性よりも、見かけも態度もずっと女らしい。鉄鋼労働者の妻も、ジュニア・リーグ〔若い女性たちで構成される文化団体〕の団員たちも、同じように自分で家事をする。……今日では、もし彼女が昔風であることを選び、喜んで庭や大勢の子どもたちの世話をしていれば、かつてないほどの賞賛を受けるのである。

新しいアメリカにおいては、事実がフィクションよりも重視される。『ライフ』や『ルック』の、人生を子どもと家庭に捧げる実在の女性たちのドキュメンタリー風イメージは、理想像、女性のあるべき姿として再生される。これは強力な材料であって、女性雑誌のフィクションのヒロインのように簡単に無視することはできない。神話が強力な場合、それ自身のフィクションが事実となるのだ。それは矛盾するような事実さえ巧みに利用して、文化のあらゆる隅々にまで浸透し、社会批評家でさえ惑わされるようになる。

アドレー・スティーヴンソンは、『ウーマンズ・ホーム・コンパニオン』(一九五五年九月号)に掲載された、一九五五年のスミス・カレッジ卒業式での式辞の中で、「時代の危機」において自分も政治的役割を果たしたいという高学歴女性の望みを一蹴した。現代女性の政治への参加は妻や母としての役割を通してなされると、この民主リベラリズムのスポークスマンは言った。「女性、とりわけ教育ある女性には、われわれ男性や少年に影響を与える独自の機会があります」。唯一の問題は、女性が政治的危機における自分の真の役割は妻・母としてであることに気づかないことなのだ。

多くの女性は、家庭内の差し迫った個別的な問題にどっぷりつかって暮らすようになると、挫折感を抱き、かつて受けた教育によってそれを理解する力や興味を与えられた重大な問題や活発な議論から遠く隔たってしまったように感じます。かつて彼女たちは詩を書いていました。今は、洗濯物のリストです。かつては夜遅くまで芸術や哲学を論じていました。今では疲れ果てて、皿洗いがすむや否や眠ってしまいます。世界が縮小している、視界が狭まって機会が失われたと感じることも多い。彼女たちは、時代の危機の中で自分の役割を果たしたいと望んでいました。だが今、彼女たちのしているのはおむつの洗濯です。

重要なのは、われわれが話しているのがアフリカでも、イスラム、あるいはアジアについてであっても、女性が皆さんほど「恵まれていたことは一度もない」ということです。要するに、結婚と母親という使命はあなたがたを今日の重要な諸問題から遠ざけるどころか、まさにそれらの中心に立ち戻らせているのです。そして、新聞の見出しに登場してニュースになり、重要問題の渦中で生きているためにどの問題が本当に重要なのかを見分けることがまったくできなくなっている連中の大半よりも、無限に深く、より直接的な責任をあなたがたに与えているのです。

女性の政治的仕事とは、「家庭において人生の意味や自由のヴィジョンをかき立てること……夫が、彼の専門である毎日の仕事に価値を見出し、目的を持てるように手助けすること……子どもたちに、人間一人一人のかけがえのなさについて教えること」である。

あなたがたに与えられた妻や母としてのこの任務は、居間で赤ん坊を膝にのせて座っていても、台所で缶切りを手にしていても果たすことができます。もしあなたが賢ければ、何も知らない彼がテレビを見ている間にも、へそくり術を実行に移すことさえできるかもしれません。われわれが直面している危機にかんして、主婦という謙虚な役割の中であなたがたができることはたくさんあると、私は思います。私はあなたがたに、それ以上に優れた使命を望むことはできないでしょう。

このようにして女らしさの神話は女性の問題の本質そのものを再定義した。女性が男性と同じ人としての無限の潜在能力を持った人間と見られていた時には、解決すべき問題とは、何であれ彼女が全潜在能力を実現するのを妨げるものであり、高等教育や政治参加への障壁や、法律や道徳における差別とか偏見だった。だが、女性がその性的役割の点からのみ見られるようになった今では、完全な潜在能力の発揮に対する障壁や世界に完全に参加するのを拒む偏見は、もはや問題ではない。現在の唯一の問題とは、女性が主婦として適応するのを邪魔するようなものなのだ。そのためキャリアは問題であり、教育も問題で、政治的関心も、女性の知性や個人性を認めることでさえ問題である。そして最後に来るのがこの名前のない問題で、それは皿洗いやアイロンかけ、子どもを褒めたり叱ったり以上の「何かもっと」に対する漠然とした定義されない願望なのだ。女性雑誌においては、この問題は髪をブロンドに染めるか、もう一人赤ん坊を産むことによって解決される。「私たちが皆子どもだった頃、どんなに誰もが「何かになりたい」と思っていたか、憶えている?」と、ある若い主婦が『レディズ・ホーム・ジャーナル』(一九六〇年二月号)で語っている。スポック博士の育児書を七年間で六冊、すり切れるまで読んだことを自慢しつつ、彼女は「私は運が良い！　運が良いわ！　**女であって本当に良かった！**」と叫ぶのである。

こうした物語の一つ（「休日」『マドモワゼル』一九四九年八月号）では、やけを起こした若い妻が、医者から週に一日は家から外出するようにと命じられる。彼女は買い物に行き、ドレスを試着して、夫のサムはどれが好きだろうと考えながら鏡を見る。

ギリシャ劇のコロスのように、いつも彼女の頭の後ろにはサムがいた。まるで彼女自身では決まったもの、紛れもなく自分のものだと言えるはっきりしたものがないみたいに。……突然、彼女はプリーツ・スカートとゴア・スカートのどちらを選ぶかが、それほど重要には思えなくなった。彼女は全身が映る鏡の中の自分を眺めた。背が高く、腰のあたりに以前より肉がつき、顔のラインが下がり始めている。彼女は二九歳なのに中年のように感じ、たくさんの年月が過ぎて、もう残り少ないような気がした……でも、それはおかしい。エレンはまだたった三歳なのだ。あの子の将来を先まで考えてやらねばならないし、たぶん、もう一人くらいは子どもも。それは先延ばしすべきことではなかった。

「私に一番近い男性」(『レッドブック』一九四八年一一月号)の若い主婦は、腕によりをかけて準備したディナー・パーティが結局、夫の昇進に役立たなかったことを知って絶望する。(「役に立ったと言ってほしかった。私に何かできるって言ってほしかった……人生は、ピースが一つ欠けたパズルみたいで、そのピースは私で、どこにも自分の居場所を見つけられないの」。)そこで彼女は髪をブロンドに染め、新しい「ブロンドの私」に対して夫がベッドで満足のいく反応を示すと、「自分自身の中で問いに答えが出せたようで、新たな安心を感じた」。

女性雑誌の物語は何度もくり返し、女性が達成感を得られるのは子どもを出産した瞬間だけだと主張する。女性が何度も何度もその行為をくり返したとしても、もはや出産を望めなくなる年齢がくることは認めない。女らしさの神話においては、女性にとって他には創造や未来について夢見る道はないのである。子どもの母親、夫の妻として以外、自分自身についてさえ夢見る道はない。そしてドキュメンタリー風の記事は、この神話のもとで成長し、あの「自分自身の中の問い」さえ抱えていない、新しい若い主婦を再生させる。「アメリカの生活」(『レディズ・ホーム・ジャーナル』一九五九年六月号)に登場するその一人は、こう述べる。「もし彼が、私がある色やあるタイプの服を着るのを望まないのだったら、私もやはりそうしたいとは思いません。つまり彼が望むものが、私も望むものだということです。……私は、対等な結婚なんて信じません」。彼女は一八歳で結婚するために大学進学も就職も諦めたが、まったく後悔はなく、「男の人たちが話している時に、議論に加わろうとしたことは一度もない。どんなことであれ、夫に反論したこともない。……彼女は長い時間、窓の外の雪や雨、最初のクロッカスが徐々に芽生えてくるのを眺めて過ごす。時間つぶしと慰めとして大きいのは……刺繍で、無限の集中力を必要とする金糸や絹糸を使った非常に細かいステッチである」。

女らしさの神話のロジックでは、自分自身の望みを持たず、自分をただ妻と母であるとのみ定義している、そうした女性には何も問題はないことになる。もし問題があるとすれば、それは子どもたちか、夫の問題でしかありえない。結婚カウンセラーに不満を述べるのは、夫の方である(『レッドブック』一九五五年六月号)。「僕の見方では、結婚とは、二人の人間がそれぞれ自分の人生を生きながら、それを一緒にすることです。メアリは、僕らの両方が一つの人生、つまり僕の人生を生きるべきだと考えているみたいなんです」。メアリはシャツや靴下を買うのに彼と一緒に行きたがり、店員に彼のサイズや色について指示する。彼が夜に帰宅すると、誰とどこでランチを食べ、どんな話をしたかを訊ねる。彼が抗議すると、彼女は「でもダーリン、私はあなたの生活を共有したい、あなたのすることすべての一部でありたいだけなの。……結婚式で言われるとおり、二人は一つでありたいのよ……」。夫には、「二人の人間がメアリの言うようなやり方で一つになれる」というのは理屈に合わないと思える。「明らかに滑稽だというのはすぐわかります。その上、僕は好きになれません。僕は、厳密に自分一人の考えや行動が持てないほど別の誰かに縛りつけられることは望んでいません」。

この「ピートの悩み」に対する著名な結婚カウンセラーであるエミリー・マッド博士の回答は、メアリに彼の人生を生きていると感じさせなさい、というものである。ときどき彼女に町に出てこさせて彼の会社の人たちとランチを食べたり、彼女にも彼の好きな仔牛肉の料理を注文したり、過剰なエネルギーのはけ口として水泳のような「健康的に体を動かす活動」を見つけてやったりすること。メアリに自分の人生がないのは、彼女の問題ではないのだ。

ついに主婦の幸福の究極形が、「アメリカの生活」(『レディズ・ホーム・ジャーナル』一九六〇年一〇月号)に紹介されたテキサス州の主婦として登場する。彼女は「淡い水色のサテンのソファに座って、ピクチャー・ウィンドウから通りを見つめている。朝のこの時間(まだやっと九時だ)でも、彼女は頬紅と白粉と口紅をつけ、木綿のドレスはシミ一つなくぱりっとしている」。彼女は誇らしげにこう言う、「一番下の子が学校に行く八時半までには、家中がきれいに片づいて、私は身なりを整え終わっています。ブリッジをしようと、クラブの集まりに行こうと、あるいは家にいて本を読んだり、ベートーヴェンを聴いたり、ただのんびりしようと自由です」。

「ときには彼女は、一時半にブリッジの卓につく前に髪を洗って乾かしたりすることもある。家でブリッジをする日の午前中はとても忙しい。テーブルやカード、点数記録表を出し、新しくコーヒーを淹れ、ランチを用意しなければならないからだ。……冬の間は、週に四日も、朝九時半から午後三時までプレーすることもある。……ジャニスは、息子たちが学校から帰ってくる四時までには、家にいるように気をつけている」。

この新しい若い主婦は、不満を感じてはいない。高校では成績優秀で、一八歳で結婚し、二〇歳で二度目の結婚と妊娠、七年間夢見て細かく計画を立てた家に住んでいる。彼女は、八時半までにすべてを片づける主婦としての自分の能力に誇りを持っている。夫が釣りに行き、息子たちはボーイスカウトで忙しい土曜日には、大がかりな家の掃除をする。(「他に何もすることがないの。ブリッジもないし。私にとっては長い一日です」。)

「「自分の家が好きです」と彼女は言う。……L字型のリビング・ダイニング・ルームの淡いグレーの塗装は五年たっているが、まだ完璧な状態を保っている……。淡い桃色と黄色と水色のダマスク織りの椅子の座面は、八年間使用していてもシミ一つない。「ときどき、自分は受け身すぎる、満足しすぎてると感じるんです」とジャニスは、時計そのものが修理中であっても、いつも身につけている、代々家に伝わる大きなダイヤモンドのついた時計のベルトを見つめながら語る。……彼女の持ち物で気に入っているのは、ピンクのタフタの天蓋がついた四本柱のスプール・ベッド〔柱などの部分が糸巻き状に加工されているベッド〕だ。「あのベッドで寝ていると、エリザベス女王になったような気がするんです」と、彼女は幸せそうに話す。(夫はいびきをかくので、別の部屋で寝ている。)

「自分が恵まれていることにとても感謝しています。素晴らしい夫、試合が好きなハンサムな息子たち、大きくて住み心地の良い家。……自分の健康や神への信仰心、そして車が二台、テレビが二台、暖炉が二つという具合に、物質面でも恵まれていることに感謝しています」。

居心地の悪い思いでこのイメージを見つめながら、私はいくつか問題がある方が、この微笑んでいる空っぽで受け身の女性よりいくぶんかましなのではないかと思う。もしもこれらの女らしさの神話を生きている若い女性たちが幸福なのだとしたら、それですべてが終わりなのだろうか。それともこのイメージの中には、欲求不満よりもっとたちの悪い何かの種が内在しているのだろうか。こうした女性のイメージと人間の現実との間にある食い違いが拡大しつつあるのだろうか。

その兆候として、女性雑誌で性的魅力がますます強調されつつあることについて考えてみよう。床に掃除機をかける主婦が、目にメークをしている——「女性であることの誉れ」。なぜ「職業：主婦」である女性に対して、年を経るごとにますます性的魅力が必要とされていくのか。不自然な性的魅力は、それ自体が一つの疑問符だ——あまりにむきになっていて、かえって怪しい。

別な時代の女性のイメージでは、性を否定し続けるために慎み深さが強く求められた。この新しいイメージにおいては、頭が空っぽであることがますます求められているようで、車が二台、テレビが二台、暖炉が二つと、モノが強調されるようになっている。女性雑誌の全頁は、ビーツやキュウリ、ピーマン、ジャガイモなどの巨大な野菜で埋められ、恋愛事件のように語られている。活字のサイズまで大きくなって、まるで一年生の初等読本のようだ。新しい『マッコールズ』は、あからさまに女性は知恵の足りない、ふわふわの仔猫だという前提に立っているし、熱心に競合している『レディズ・ホーム・ジャーナル』は、一〇代の悩み相談担当にロックンロール歌手のパット・ブーンを起用した。『レッドブック』や他の雑誌は、活字のサイズを大きくしている。活字のサイズは、全雑誌が気を引こうとしている新しい若い女性たちには、一年生並みの頭脳しかないことを意味しているのだろうか。それとも中身のくだらなさを隠そうとしているのだろうか。現在女性の世界として受け入れられている範囲内では、編集者はもはや、ベークド・ポテトを拡大したり、台所をあたかも鏡の間のように描いたりする以外に、大きなことを思いつけないのかもしれない。結局のところ、彼は神話によって大きな企画を立てることを禁じられているのだ。だが、女性雑誌を運営している男たちの中で、自分たちの悩みは、ちっぽけなイメージのもとで女性の頭脳を小さくしてしまっていることが原因かもしれないと、思いつく者はいないのだろうか。

今日、大部数の雑誌はすべて、雑誌同士やテレビと激しく競争しながら広告主が売る商品を購入するであろう女性たちをより多く獲得しようとしつつ、問題を抱えている。こうした猛烈な競争のせいで、イメージを作り出す男たちは女性をただの商品の買い手としか見なくなったのだろうか。彼らは、女性の頭脳から最終的に人間らしい思考を追い出すために競争することを強いられているのだろうか。実際のところは、イメージの作り手たちの悩みは、彼らの作り出すイメージの空っぽさが増すのに直接比例して、大きくなっているように見える。そのイメージが女性の世界を家庭だけに狭め、その役割を主婦だけに限定してきた年月の間に、大部数の女性向け雑誌のうち五誌が発行を停止し、他の雑誌もその瀬戸際にある。

女性雑誌が見せる空っぽで窮屈なイメージに女性たちがしだいに飽きてきていることは、イメージと現実との乖離を示す最も希望の持てる兆候かもしれない。けれども、このイメージを信奉している女性たちの側では、もっと激しい兆候が見られる。一九六〇年に、とくに幸福な若い主婦――というよりは、新しい若いカップル（妻は夫や子どもたちと切り離して考えられていないので）――を対象にしたある雑誌の編集者が、「なぜ若い母たちは罠にかかったと感じるのか」を問う記事を掲載した（『レッドブック』一九六

○年九月号)。売れ行きを伸ばすための宣伝として、彼らはそうした問題を抱えた母親たちに、詳しい話を書いてくれれば五〇〇ドルを出すと呼びかけた。編集者たちは、二万四〇〇〇通の回答を受け取って衝撃を受けた。女性のイメージが、それ自体が罠と見なされるまでに下落したということがありうるだろうか。

主要な女性雑誌の一つでは、ある女性編集者が、アメリカの主婦たちは世界を広げるための何かを必死で求めているのではないかと感じ取り、家庭の外について二、三の知識を誌面に取り入れるよう、何カ月かにわたって男の同僚たちを説得しようとした。「われわれは却下を決めました」と、最終判断を下す立場にある男性は語った。「今の女性たちは完全に思想の世界とは無縁な生活を送っているので、きっと受けつけないでしょう」。無縁にさせたのは誰なのかと問うのは、たぶん的外れなのだろう。おそらくこうしたフランケンシュタインたちは、もはや彼らの創り出した女らしさという怪物を止める力を持っていないのだ。

私もこのイメージの創出に手を貸した。私は、アメリカ女性が一五年にわたりこのイメージに適合しようと努力するのを見守ってきた。だが、私はもうこれ以上、それが持つ恐ろしい意味について自分の知っていることを否定はできない。それは無害なイメージなどではない。それが及ぼしつつある弊害を表す心理学用語はないかもしれない。だが、女性が自分の考えを否定するよう仕向けるイメージに従って生きようとする時、何が起きるだろうか。女性が変化する世界の現実を否定するよう仕向けるイメージにそって大人になる時、何が起きるだろうか。

生活上の細々した具体的なこと、日毎の重労働である料理や掃除、夫や子どもたちの物理的な必要を満たすこと――アメリカ人が開拓者で、アメリカのフロンティアが土地の征服にかかっていた一世紀前ならば、確かに女性の世界はこれらのことがらによって規定されていた。だが、幌馬車隊とともに西に向かった女性たちは、開拓者としての目的を共有してもいた。現在では、アメリカのフロンティアとは頭脳や精神の問題である。愛や子どもや家庭も結構だが、たとえ現在女性向けに書かれている言葉の大半がそう見せかけているとしても、それが全世界なのではない。なぜ女性は、人間の運命全体に自分も関わるのでなく、こうした半分の人生という状況を受け入れなければならないのか。なぜ女性は、かつてのフロンティアでアメリカ女性が夫とともに移動したように現在のフロンティアを求めて動くのではなく、家事を「もっとやりがいのある何か」にするよう努めなければならないのか。

ベークド・ポテトは世界ほどには大きくないし、居間の床に掃除機をかけるのは——メークアップをしていようといまいと——どんな女性であれ、全能力が試されるほどの思考やエネルギーが必要な仕事ではない。女性は人間であって、詰め物をした人形でも、動物でもない。時代を通じて人間は、理念やヴィジョンを持ち、それに合わせて未来を形作ることのできる頭脳の力によって、他の動物と区別されたのだということに気づいてきた。食物やセックスを必要とするのは他の動物と同じだが、愛するのは人間として愛するのであり、過去とは異なる未来を発見し、創造し、形作る時には、それは人間として、人類としてそうしているのである。

まったく不可解なことだ。発見し創造する力を持ち、教育を受けたあれほど多くのアメリカ女性が、なにゆえに家事や子育ての中に「もっと何か」を探すために家庭に戻っていったのだろうか。なぜなら逆説的なことに、元気の良い「新しい女」が「幸福な主婦」に取って代わられたのと同じ一五年間に、人間世界の境界は広がり、世界の変化の速度は速まり、人間の現実のありようそのものが生物学的、物質的制約からますます解放されるようになったのだから。神話は、アメリカ女性が世界とともに成長するのを邪魔しているのだろうか。精神科病院にいる女性が、自分は女王だと信じるために現実を否定しなければならないように、神話は女性に現実を否定するよう強いているのだろうか。この複雑で変化し続ける世界において、女性は神話のせいで、実際に統合失調症にはならないにしても、場違いな人物になってしまう運命にあるのだろうか。

アメリカであらゆる職業がついに女性にも開放された時代に「キャリア・ウーマン」が禁句になってしまったこと、能力ある女性なら誰でも高等教育が受けられるようになったのに、女性が教育を受けることに疑問が持たれ、結婚と出産のために高校やカレッジを中退する女性がどんどん増えていること、現代社会ではその気になれば非常に多くの役割を選ぶことができるのに、女性たちは一つの役割だけに自分を閉じ込めようとしていること、これは奇妙な逆説という以上の現象である。かつて女性が男性と対等になり、独自の人格、自由に自分の能力を伸ばせる一個人となることを妨げていた法的、政治的、経済的、教育的障害がすべて取り除かれた時に、なぜ女性は、一人の人格ではなく、定義上、人間存在の自由や人間の運命に対する発言権を認められない「女性」であると主張する、この新しいイメージを受け入れねばならないのだろうか。

女らしさの神話はあまりにも強力であるために、女性たちはもはや、神話が禁じている欲望や能力が自分にもあるのだということを知ることなく成長していく。だが、何か原因がなければ、そうした神話がほんの短い年月の間に一世紀間の流れを逆転させ、国全体に定着していくことはない。神話に力を与えているのは何なのか。なぜ、女性たちは再び家庭に戻ったのだろうか。

第三章　女性のアイデンティティの危機

過去一〇年にわたり自分と同世代の女性たちにインタビューを行う中で、私は奇妙なことを発見した。成長の途上で、私たちの多くは二一歳より先の自分を見ることができていなかったのだ。私たちは自分の将来について、また女性としての自分自身について、何のイメージも持っていなかった。

一九四二年、スミスのキャンパスでのある静かな春の午後、私自身の将来のヴィジョンをめぐって恐ろしい行き止まりに直面した時のことを思い出す。二、三日前、私は大学院の奨学金を獲得したという知らせを受け取っていた。お祝いを言われている間、興奮したふりをしながらも私は奇妙な居心地の悪さを感じていた。考えたくない問いが存在していたのだ。

「これが本当に自分のなりたいものなの？」その問いは、カレッジの寮の後ろにある日当たりの良い丘で喋ったり勉強したりしている娘たちから、冷たく独りぼっちに私を引き離していた。私は心理学者になろうとしていた。けれども、もし自分で確信が持てないとしたら、私は何になりたいのだろうか。私は未来が迫ってくるのを感じ――その中にまるで自分の姿を思い描けなかった。カレッジより先にいる自分自身のイメージをまったく持っていなかったのだ。私は一七歳の時、中西部の町出身の自信のない娘としてやってきて、世界の広い地平線と精神生活とが目の前に開かれた。自分が何者で、何をしたいかがわかり始めた。今や戻ることはできない。再び故郷に、母や同じ町の女性たちのような、家庭とブリッジと買い物、子どもたち、夫、慈善活動、衣服に縛られた生活に戻ることはできなかった。だが、自分自身の将来を決め、決定的一歩を踏み出す段になると、私は突然、自分が何になりたいのかわからなくなったのである。

私は奨学金を受け取ったが、翌年の春、なじみのないカリフォルニアの別なキャンパスの太陽の下で、再びその問いが浮かび、頭から離れなくなった。私はまた別の奨学金を獲得していて、それは博士号のための研究、専門的心理学者としてのキャリアへと私を縛り付けるだろうものだった。「本当にこれが私のなりたいものなのか？」その決断は、今回は真底私を怯えさせた。私は数日間、他のことは何も考えられないまま、決められない恐怖の中で過ごした。

大した問題ではない、と私は自分に言い聞かせた。その年の私には、愛の他に重要な問題はなかった。私たちはバークレーの丘を散歩し、彼は「僕たちの関係はどうにもなりようがないよ。僕にはきみのような奨学金は得られないもの」と言った。私は自分がそのまま進んで、あの午後のような冷たい孤独という引き返せない道を選ぶと思っていたのだろうか。私は奨学金を返上し、ほっと安堵した。けれども私はその後何年間も、かつては自分の一生の仕事になるだろうと考えた学問について、一語たりとも読むことができなかった。それを失ったことを思い出すのが苦しすぎたのだ。

なぜ自分がそのキャリアを諦めたのか、けっして説明できなかったし、自分でもわからなかった。私はただ現在に生き、これといった計画もないまま、新聞関係の仕事をした。結婚し、子どもを持ち、女らしさの神話に従って郊外の主婦として生活した。だが、あの問いは依然として私を悩ませていた。私は自分の生活に何の目的も感じられず、平安も見出せなかったので、ついにそれに正面から向き合って、私なりの答えを見つけ出すことにした。

一九五九年、スミスの最上級生たちと話した私は、今日の娘たちにとってもこの問いの恐ろしさは減じていないことを発見した。ただ、彼女たちのそれへの答え方は、私の世代が人生の半分をかけてちっとも答えにはならないと気づいたものと同じだった。大半が最上級生である女子学生たちは、カレッジの寮の居間に座って、コーヒーを飲んでいた。それは私が最上級生だった頃のそうした夕方とあまり違っていなかったが、唯一の違いは、左手に指輪をはめている娘の数がずっと多いことだった。私はそばにいた何人かに、今後の計画について訊いてみた。婚約している娘たちは、結婚式とアパート、夫が学校を卒業するまで自分は秘書として働くことについて話した。それ以外の娘たちは、敵意を含んだ沈黙の後、あれかこれかの仕事や、大学院での研究について曖昧な答えを返してきたが、現実的な計画を持っている者は一人もいなかった。翌日、金髪をポニーテールにした娘が私に、自分たちが言ったことを信じたのかと訊いてきた。「どれも本当じゃありません」と彼女は言った。「私たちは、何をしたいかと訊ねられるのが嫌いなんです。誰もわからないから。それについて考えることさえ、嫌いです。すぐに結婚する予定の人たちは運が良いです。将来について考えなくてすむんですもの」。

だがその夜、私が他の学生たちに職業について訊ねている時、暖炉を囲んで静かに座っている婚約中の娘たちの多くもまた、何かに対して怒っているように見えることに気づいていた。「あの人たちは、やり続けないことについては考えたくないんです」と、ポニーテールの情報提供者は言った。「彼女たちは、今後、自分が受けた教育を活用しないとわかっているんです。彼女たちは妻や母親になる。本を読むのは続けるつもりだし、コミュニティに関心を持つわと言うのは簡単です。でも、それは同じことじゃない。本当に続けることにはならないんです。自分はここで止まるんだ、進み続けて教育を活用することはないんだと知るのは、がっかりすることです」。

これと対照するものとして、私は、カレッジを卒業してから一五年たつ、医師の妻であり三人の子の母親である女性がコーヒーを飲みながら話すのを、ニューイングランドにある彼女の家の台所で聞いた。

悲劇だったのは、誰も私たちの目を見て、夫の妻であり子どもたちの母親である以外に、自分の人生をどうしたいか決めなければならないと言ってくれなかったことです。三六歳になるまで、私はそのことについてしっかり考えたことがありませんでした。夫は開業医としてとても忙しく、毎晩私の機嫌をとっている暇はありませんでした。三人の息子たちは一日中、学校です。私は、Rh式血液型不適合があったにもかかわらず、赤ちゃんを産もうとし続けました。二度流産した後、もう止めるべきだと言われました。私自身の成長と進歩は終わったと思いました。子どもの頃の私はいつも、大きくなってカレッジに行くんだ、そして結婚するんだとわかっていましたが、女の子が考えなければならないのはそこまででした。その後は、夫が私の人生を決め、満たしてくれるからです。医者の妻としてとても孤独で、私の人生を満たしてくれないことで子どもたちを叱り続けるようになって初めて、自分で自分の人生を作らなければいけないのだと気がつきました。自分が何になりたいのか、まだこれから決めなくてはなりません。私はまったく進歩を止めてしまったわけではなかった。でも、それについてしっかり考えるのに一〇年かかったのです。

女らしさの神話は女性たちに、アイデンティティについての問いを見ないようにさせ、むしろそうするよう励ます。神話は女性たちに、「私は誰?」という問いには「トムの奥さん……メアリの母親」が答えになると教える。しかし、もしアメリカ女性が、二一歳以降の自分を思い描けないようにさせるこの恐るべき空白を怖がらずに直視していたなら、神話がこれほどの力を及ぼしていたとは考えられない。真実は――どれほどの期間、そうだったのかはわからないが、私の世代でも、今日成長中の娘たちにとっても、それは真実である――アメリカ女性はもはや、自分は誰か、誰になれるか、あるいはなりたいかを告げるための個人的なイメージを持っていないのである。

雑誌やテレビ・コマーシャルの中の公的なイメージは、洗濯機やケーキ・ミックス、防臭剤、洗剤、若返り用のフェイス・クリーム、髪染めなどを売るためにデザインされている。だが、会社がテレビの時間枠と広告枠のために何百万ドルも支出するそのイメージの持つ力は、アメリカ女性がもはや自分は何者なのかを知らないというところから来ている。彼女たちは自分のアイデンティティを見つける手助けをしてくれる新しいイメージを、痛々しいほど必要としているのだ。動機調査の専門家が広告主に言い続けているように、アメリカ女性は自分が何者であるべきかについてまったく自信がないので、自分の生活のあらゆる細部について決断するのに、こうした見栄えの良い公的イメージに頼る。もはや自分の母親からは得られないイメージを、そこに求めるのである。

私の世代の多くは、たとえ母親を愛している場合でも、彼女たちのようになりたいとは思っていなかった。母たちの失望に気づかないわけにはいかなかったからである。母親は私たちにあまりにも密着し、私たちの人生を生きようとし、父の生活を支配し、毎日を買い物か、いろいろな物に憧れて過ごし、どれほどそのために金がかかってもけっして満足する様子がなかった。彼女たちをそうさせていた悲しみや空虚さについて私たちは理解していただろうか、それとも不愉快に思っていただけだろうか。奇妙なことに、娘を愛する母親の多くも――私の母もその一人だった――娘には大人になって自分のようになってほしいと望んではいなかった。私たちには何かもっと別のものが必要だとわかっていたのである。

だが、たとえ母親たちが私たちに教育を身につけるよう励まし、主張し、闘ったとしても、自分たちには開かれていなかったキャリアについて憧れをこめて語ったとしても、母親たちには私たちが何になれるのかというイメージを伝えることはできなかった。彼女たちが私たちに言えるのは、自分の生活はあまりにも空っぽで、家庭に縛り付けられていること、子どもと料理と衣服とブリッジと慈善活動だけでは十分ではないということだけだった。ある母親は娘に向かってはっきりと、「私みたいなただの主婦にはならないで」と言うかもしれない。けれどもその娘は、母親は欲求不満が強すぎて夫や子どもたちの愛情に気づけていないのだと理解し、「お母さんが失敗したとしても、私はうまくやれる、私は女として成功してみせるわ」と思うかもしれず、母の人生から教訓をくみ取ることはないのである。

最近、始めは将来性と才能にあふれてスタートしたのに、突然勉強するのを止めてしまった女子高校生たちに話を聞いている時に、私は女らしさの画一性という問題の持つ新たな次元に目が向くようになった。最初、この少女たちは、女らしさへの適応の典型的コースに従っているだけのように見えた。以前は地質学や詩に興味があったのに、今では関心があるのは人気者になることだけ。男の子たちに好かれるには他の少女たちのようになるのが良いという結論に、彼女たちは達したのだ。もっと詳しく調べてみると、この少女たちは母親たちのようになるのを恐れるあまり、まったく自分自身が見えなくなっていることがわかった。彼女たちは大人になるのを恐れていた。彼女たちは、人気者の女の子の合成されたイメージを逐一そのまま真似しなければならないのだ——母親の中に彼女たちが見ている女らしさに対する恐れから、自分の中にある最良のものを否定してまで。その中の一人の一七歳の少女は、私にこう語った。

他の女の子たちと同じだと感じたくて仕方がないの。新入りで、まだ仲間じゃないっていうこの感じがどうしてもなくならない。立ち上がって部屋を横切らなくちゃならない時でも、まるで初心者か、何だか恐ろしく難しいことをするみたいで、いつまでたってもうまくできない。学校が終わったら毎日地元のたまり場に行って、何時間もそこで座って服や髪型やツイスト〔一九六〇年代はじめに流行したダンス〕の話をするんだけど、それほど興味がないんで、無理してるわ。だけど、皆に私を好きになってもらう方法がわかった――皆のすることをして、同じような服を着て、同じような話をして、人と違うことはしないの。心の中でも人と違わないように、自分を変え始めてる気がする。

前にはよく詩を書いていた。生徒指導室の人は、私には創造的才能があって、クラスのトップになれるし、すごい未来があるって言うの。でも、人気者になるのに必要なのは、そういうことじゃない。女の子にとって大切なのは、人気者になることよ。

今では次々と男の子とデートしてるけど、あの子たちといる時は自分自身じゃないから、とても無理しなくちゃならないの。だから余計に独りぼっちな気がしてしまう。それに、このまま行くとどうなるんだろうと思うと怖い。もうすぐ私の人と違うところは全部消し去られちゃって、主婦向きの女の子になってしまいそう。

大人になることは考えたくない。もし子どもができたら、子どもたちにはずっと年をとらないでいてほしい。もし子どもたちが成長するのを見ていたら、自分も年をとっていくのがわかるし、それはいやなの。うちの母は、夜眠れない、私が何をするか心配で病気になりそうって言うの。私が小さかった頃には母は、他の子たちが一人で道を渡るようになってからもずっと、私には渡らせなかった。

結婚して子どものいる自分は想像できない。自分自身の個性というものが持てないような気がするの。うちの母は、波に洗われてつるつるになった岩みたいだし、空っぽみたい。母は家族のために尽くしすぎて何も残っていなくて、そのお返しを十分もらっていないと私たちのことを恨んでいるの。だけど、ときどき何もないように見える。母は、家を掃除する以外の何の役にも立っていない。母は幸せじゃないし、父を幸せにもしていない。もし母が私たち子どものことを全然かまわなくっても、かまいすぎるのと結果は同じことなんじゃないかな。そのせいで反対のことをしたくなるのよ。私には、これが本当の愛だとは思えない。私が小さかった頃、すっごく興奮して走って行って、逆立ちができるようになったよと教えても、母はちっとも聞いていなかった。

最近、鏡を見ると、母に似てきているのでとっても怖い。身振りや話し方やどんなことでも、自分が母に似ているって気がつくとぎょっとする。似ていないところもたくさんあるけど、この一つの方向で似ているとしたら、結局私も母みたいになるんじゃないかしら。そう思うとぞっとするの。

このように、この一七歳は母親のような女性になることを恐れるあまり、自分自身の中にあるすべてのものや、彼女を違った女性にしたであろうあらゆる機会に背を向けて、「人気のある」少女たちを外側から真似しようとした。そして最後には、自分自身を見失うことでパニックになって、自分の人気にも背を向け、カレッジの奨学金をもたらしてくれたかもしれない、世間一般で言う行儀の良いふるまいにも反抗するようになった。彼女が自分に忠実でありつつ女性として成長するのを助けてくれるようなイメージがないまま、ビート族〔現代の物質文明や社会秩序を否定し、無軌道な行動をとる若者たち。一九六〇年代のアメリカから世界に広まった〕の隔絶した世界に逃げ込んでしまったのである。

これとは別のサウス・カロライナ州のあるカレッジの三年生は、私にこう語った。

私は、いずれ諦めなくてはならないキャリアには関心を持ちたくないんです。私の母は、一二歳のときから新聞記者になりたかったそうで、私は二〇年間、母の挫折感を見てきました。私は世界の出来事に関心を持ちたくありません。自分の家と、素敵な奥さんやお母さんになること以外には、何にも関心を持ちたくないんです。たぶん、教育は不利になるんでしょうね。どんなに勉強のできる男の子でも、家庭ではただの優しい、かわいい女の子を望むものです。でも、ときどき思うことがあるんです、うーんと背伸びして背伸びして、何でも勉強したいことを勉強して、自分を抑えつけたりしなくても良かったら、どんな感じなんだろうって。

彼女の母親も、私たちの母親もほとんど皆が主婦だったが、その多くはキャリアの道をスタートしたか、憧れたか、あるいは諦めたことを後悔した経験があった。彼女たちが私たちに何を語ろうと、目と耳と頭と心を持つ私たちには、彼女たちの生活が何らかの形で空虚だということがわかっていた。私たちは母親のようにはなりたくなかったが、他にどんなモデルがあっただろうか。

成長の過程で唯一私が知っていた他の種類の女性は、年取った独身の高校教師や図書館司書、髪を男のように刈った町で唯一人の女性医師、そしてカレッジの二、三の教授だけだった。これらの女性たちは誰一人として、私が家で知っていたような人生の暖かい中心部で生きてはいなかった。多くは結婚していないか、子どもがいなかった。私は、本当に自分の頭脳を信じ、それを活かしなさいと教えてくれ、自分にも世界に居場所があると感じさせてくれた人たちも含めて、彼女たちのようになるのを恐れた。成長の過程で私は、自分の頭脳を使い、世界で自分の役割を果たし、かつ恋愛し、子どもを持つ女性を、一人も知らなかったのである。

私はこのこと、すなわち個人的イメージの欠如が、長い間アメリカにおける女性の問題の知られざる核心だったと考える。理性に抗い、女性たち自身とはほとんど関係のないような公的イメージが、彼女たちの生活のあまりにも多くを形作る力をふるってきた。もし女性たちがアイデンティティの危機に陥っていなければ、これらのイメージがそれほどの力を持つことはなかったであろう。

何年にもわたって社会学者や心理学者、精神分析医、教育者は、アメリカ女性が直面する奇妙で恐ろしい限界状態——一八歳、二一歳、二五歳、四一歳——の存在に気づいてきた。だが私は、それが何なのかは正しく理解されてこなかったと考える。それは文化的条件づけにおける「不連続」と呼ばれ、女性の「役割をめぐる危機」と呼ばれてきた。その原因は教育にあるとされ、そのせいでアメリカの少女たちは自由で男の子と対等だと思いながら成長する――野球をし、自転車に乗り、幾何学とカレッジの入学試験で勝利をおさめ、遠くのカレッジに行き、仕事をするために世の中に出ていき、ニューヨークかシカゴかサンフランシスコのアパートで一人暮らしをし、世の中で自分の力を試したり発見したりする。こうしたことすべてが少女たちに、自分は男の子と同じように自由で、何でもなりたいものになれるし、することができると思わせるのだと、批判者たちは言ってきた。彼女たちは女性としての役割に向けた準備はしてこなかった。そのため、この役割に適応するよう迫られると、危機が訪れる。今日、二〇代や三〇代の女性に多く見られる情緒面での悩みや神経衰弱は、たいていこの「役割をめぐる危機」が原因だとされる。もし少女たちが女性としての役割にそって教育されていれば、この危機に苦しむことはなかっただろうと、適応を勧める者たちは言う。

　だが、私は彼らは真実の半分しか見ていないと考える。

　もし、ある娘が二一歳で何者になるかを決めなければならないときに直面する恐怖が、たんに成長することに対する恐怖だったらどうだろう——以前には女性は成長することを許されていなかったのだから。もし、ある娘が二一歳で直面する恐怖が、どの道を選ぶか誰にも命じられることなく自分の人生を自分で決める自由、以前の女性たちにはできなかった道を進む自由と必要性に対する恐怖だとしたら、どうだろうか。もし、「女性としての適応」の道を選ぶ女性たち——一八歳で結婚し、次々赤ん坊を産むことや細々した家事によって自分を見失ってしまうことで恐怖を避ける——は、成長すること、自分自身のアイデンティティの問題に直面することをたんに拒否しているのだとしたら、どうだろうか。

私の世代は、女らしさの完成という新しい神話に向けてカレッジからまっしぐらに突進した最初の世代だった。それ以前には、大半の女性が結局は主婦と母親になりはしたが、教育を受ける目的は知的な生活の発見や真理を追求すること、世の中に居場所を得ることにあった。私がカレッジに行った頃にはもう弱まりかけてはいたが、自分たちは「新しい女」になるのだという感覚があった。私たちの世界は家よりもずっと広いものになるはずだった。スミスの私のクラスでは、四〇パーセントの人がキャリアの計画を持っていた。だが、その頃でさえ四年生の一部は、未来についてのあのぞっとするような恐怖に苦しむあまり、ただちに結婚することでその恐怖を免れた何人かを羨んでいた。

その時に私たちが羨んだ女性たちは、現在、四〇歳になってその恐怖を味わっている。「自分がどんな種類の女なのか、はっきりしていたことはありませんでした。カレッジでは私生活にかまけすぎていました。もっと科学や歴史、政治を勉強したかったし、哲学ももっと深めたかった」と、ある人は一五年後の同窓会のアンケートに書いてきた。「いまだにしっかりした土台になるようなものを探しています。カレッジを卒業しておけば良かった、と思います。私はその代わりに結婚してしまったのです」。「もっと深く、もっと創造的な自分自身の生活を作り上げておけば良かった、一九歳で婚約して結婚などしなければ良かった、と思います。一〇〇パーセント私だけを愛してくれる夫も含めて、結婚に理想を求めていたので、そうはいかないのだとわかってショックでした」と、別の六人の子の母親も書いている。

これより若い世代で早く結婚した妻たちの多くは、この孤独な恐怖で苦しんだ経験を持たないできた。彼女たちは、選択の必要はない、将来を見据えて自分の人生をどうしたいか計画を立てる必要はないと考えていた。彼女たちはただ、夫や赤ん坊や新しい家が現れて、人生の残りがどうなるかを決めてくれるまで、じっと受け身で選ばれるのを待てば良かったのである。彼女たちは、自分が何者かを知る前に女としての性的役割にやすやすと移行していった。名前のない問題で最も苦しんでいるのは、こうした女性たちである。

今日の女性たちの抱える問題の核心にあるのは性的なものではなく、アイデンティティの問題――女らしさの神話によって定着させられた成長の停止、または回避――だというのが、私の命題である。ヴィクトリア時代の文化が、女性に対して基本的な性的欲求を認めたり満足させたりするのを許さなかったように、私たちの文化は、人間としての潜在能力を発展させ、完成させたいという基本的な欲求、性別役割のみによっては規定されない欲求を認めたり満足させたりすることを、女性に許してはいないのだ。

最近、生物学者たちは、幼生期の若い芋虫に与えると成長が妨げられて蛾にならない「若さの血清」を発見した。彼らは芋虫のまま生涯を終える。女性たちは女として完成することへの期待感を、心理学的に半分の真実しか含まない言説をふりまく雑誌やテレビ、映画、書籍によって植えつけられ、また女らしさの神話を受容している両親や教師やカウンセラーによって吹き込まれる。それは一種の若さの血清として作用して大半の女性を性的な幼生状態に留めおき、本来は可能であるはずの成熟に達するのを阻止するのである。さらに、女性が成長して完全なアイデンティティを獲得することができないと、彼女の性的充足も深められるどころか妨げられて、事実上、夫や息子を精神的に去勢するようになり、性的抑圧が原因で生じるのと同じような神経症や、まだ神経症とは名付けられていない問題を引き起こすようになることを示す証拠が、しだいに増えつつある。

人類の歴史の中のあらゆる重要な転換点において人間はアイデンティティの危機を経験してきたが、それをくぐり抜けた人々はそれをそうした名では呼ばなかった。心理学や社会学、神学の理論家たちがこの問題を抽出し、名前を与えたのは、ごく最近のことである。だが、それは男の問題と考えられている。それは男性にとっての、成長にともなう危機、自分のアイデンティティを選ぶ危機、優れた精神分析医のエリク・H・エリクソンの言葉では「自分は何者で、何になろうとしているのかをめぐる決断」だと定義されている。

私は、青年期の主要な危機をアイデンティティ危機(identity crisis)と呼んできた。

そうした危機が現われるのはライフサイクルのある特定の時期、すなわち青年が、強い印象を残した幼年期の残存物や予想される成人期への希望の中から、自分にとって中心となるものの見方、方向性、実際に生きて働く統一感を作り出す必要に迫られる、その時期である。青年は、自分で自分の中に見いだす自己イメージと、過敏な自意識が教える他者から審査され期待されている自己イメージとの間に、何らか意味のある共通性を見いださねばならない。……ある青年たちやある時代のある階層においては、こうした危機はごく小さい。しかし別の時代の、別の階層に属する青年たちにとって、この危機は明らかに危険な時期、ある種の「第二の誕生」として際立ち、場合によっては、神経症として蔓延し、あるいは世界観《イデオロギー》=価値観的な動揺として広がることによって、ますます悪化したものとなる[1]。

その意味では、一人の男性の人生におけるアイデンティティの危機とは、人類の成長における再生、もしくは新しい段階の反映であるか、あるいは開始であろう。「人生のある時期、ライフサイクルのある段階において、人は新しい世界観《イデオロギー》=価値観的指針を必要とする。それは、生きてゆくために空気や食べ物を必要とするのと同じである」(邦訳、一部改変」とエリクソンは、若き日のマルティン・ルターの危機に新たな光を当てながら述べている。ルターは、自分自身と西洋の男性の新しいアイデンティティを作り上げるために、中世末にカトリックの修道院を離脱したのである。

とはいえ、アイデンティティの模索はアメリカの思想界においても新しいものではない――もっともどの世代でも、それについて書いている当人にとっては新しいアイデンティティの発見ではあるのだが。アメリカにおいてはその始めから、男性は未来に向かって突き進んで行かねばならないとされており、そのペースはつねに男性のアイデンティティが一カ所にとどまるのを許さないほど速かった。どの世代においても多くの男性が、惨めさや不幸や不安感で苦しんできたが、それは彼らが父親から自分がなりたい男のイメージを得ることができなかったからである。家に立ち還ることのできない青年のアイデンティティの模索は、アメリカの作家たちの主要なテーマとなってきた。そしてアメリカではつねに、男性がこうした成長の苦しみを味わい、自分自身のアイデンティティを探し求め、見出すことが正しく、良いことだと考えられてきた。農場の少年は都会に出、衣類製造業者の息子は医者になり、エイブラハム・リンカンは独学で読むことを身につけた――これらはたんなる立身出世物語以上のものなのだ。それらはアメリカン・ドリームの不可欠の一部だった。多くの人にとっての問題は、彼らの選択した道の妨げとなる金のなさであり、人種や肌の色、階級だった――もし自由に選択できるなら、何になりたいかではなかったのである。

今日でも青年は非常に早くから、自分が何になりたいかを決めなければならないことを学ぶ。もしも中学でも高校でも大学でも決められなければ、二五歳か三〇歳までには何とかしなければならず、でなければ途方に暮れることになる。だが、このアイデンティティの模索は現在ではより大きな問題と見られるようになっている。なぜなら、私たちの文化の中に――自分の父親や他の男性から――この模索の助けになるようなイメージを見つけ出すことができない少年が、どんどん増えているからである。かつてのフロンティアは征服ずみとなり、新しいフロンティアの分野がどこなのかははっきりしていない。今日のアメリカでは、追い求めるに値するどんな男のイメージも不足し、彼らの人間としての能力を真に実現するための目的も不足しているために、アイデンティティの危機に苦しむ青年がますます多くなっている。

だが、なぜ理論家たちは、これと同じアイデンティティの危機を女性には認めてこなかったのだろう。古くからの慣習と新しい女らしさの神話のせいで、女性は成長にともなって自分が何者かを発見することも、人間としてのアイデンティティを選択することも期待されていない。解剖学が女性の宿命だと、女らしさについての理論家は言う。女性のアイデンティティは生物学的に決まっているのだ、と。

だが、そうだろうか。自分自身にこう問いかける女性はどんどん増えている。昏睡状態から覚めたかのように、彼女たちは「私はどこにいるの？……ここで何をしているの？」と問いかける。女性の歴史の中で初めて、女性たちは自分の人生におけるアイデンティティの危機に気づきつつあるが、この危機は何世代も前に始まり、後の世代になるにつれてより悪化してきたものである。そして、彼女たちかその娘たちが見知らぬ角を曲がって、今実に多くの女性たちが必死に求めている新しいイメージを自分自身や自分の人生について作り上げるまでは、この危機は終わることはないのだ。

一人の女性の人生を超えて続いているという意味で、私はこれは女性たちの成長にともなう危機だと考える――女らしさと呼ばれてきた未熟さから、完全な人間としてのアイデンティティに至る転換点なのだ。女性たちは、それが始まった一〇〇年前にもこのアイデンティティの危機で苦しまねばならなかったし、今日もまた、ともかく完全な人間になるためには苦しまねばならないのである。

第四章　情熱的な旅

一世紀前、女性たちを情熱的な旅、あの中傷され、誤解された家出の旅へと赴かせたのは、新しいアイデンティティへの欲求だった。

近年では、フェミニズムに対して歴史の中の下卑たジョークの一つとして笑いものにすること、女性が高等教育を受ける権利やキャリア、選挙権のために闘った古いタイプのフェミニストたちをくすくす笑いながら憐れむことが好まれる。今では彼女たちは、男になりたがったペニス羨望の神経症的犠牲者だったとされている。女性も男性と対等に社会における主要な仕事や決定に参加する自由を求めて闘う中で、彼女たちは女性としての本質そのものを否定したが、それは性的な受動性や男性の支配を受け入れること、そして慈愛に満ちた母であることを通してこそ達成されるものだとされていた。

だが、もし私が間違っていなければ、それ以来女性たちに起きたことの多くについての手がかりとなるのは、この最初の旅なのである。これらの女性たちに新しいアイデンティティを求めて家を出るよう仕向けたり、家にとどまりつつも、それ以上の何かを痛切に求めさせたりした情熱の実態を認識しようとしてこなかったことは、現代心理学の奇妙な盲点の一つである。彼女たちの行動は反逆であり、当時定められていたような女性のアイデンティティに対する激しい否定だった。あの情熱的なフェミニストたちに女性のための新しい道筋を作り出させたのは、新しいアイデンティティに対する欲求だった。その道筋のあるものは予想外に厳しく、あるものは行き止まりで、あるものは間違っていたかもしれないが、女性のための新しい道筋への欲求は本物だった。

アイデンティティの問題は、当時の女性にとっては新しい、真に新しいものだった。フェミニストたちは、女性の進化の最先端に立つパイオニアだった。彼女たちは、女性も人間だと証明しなければならなかった。必要とあらば暴力に訴えても、前世紀の理想の女性を表していた装飾的なドレスデン製の磁器の人形を打ち壊さなければならなかった。女性が男性と対等な人間になるのに必要な権利のために闘いを始めるその前に、まず女性は受け身で空っぽの鏡でも、フリルだらけで役に立たない装飾でも、何も考えない動物でも、自分自身の存在について発言することができず、他人の思うままに扱われるモノでもないと、証明しなければならなかったのだ。

女性は変化しない、子どもっぽい、女性の居場所は家庭だと、彼女たちは言われてきた。だが、男性は変化しており、居場所は世界で、その世界は広がりつつあった。女性は取り残されていた。解剖学が女性の宿命であり、赤ん坊を一人産むことで死ぬか、あるいは一二人の子どもを産みながら三五歳まで生きているかしている間に、男性は、彼の解剖学的構造の一部で他のどの動物も持っていないもの、すなわち頭脳を使って、自分の運命を支配していたのである。

女性にも頭脳はあった。女性もまた、成長したいという人間としての欲求を持っていた。だが、生活の糧を得、前進させる仕事はもはや家庭では行われず、女性は世間を理解したりそこで働いたりする訓練を受けていなかった。家庭に閉じ込められ、子どもたちに混じって自分も子どもであり、受動的で、自分の存在のどの部分も自身では管理できない女性は、男性を喜ばせることによってのみ生存できた。それを作るのに自分はまったく関与していない男の世界の中で、彼女は完全に彼の庇護に依存していた。彼女には、成長して人間としての単純な問い、「私は誰？　私は何を望んでいるの？」を発することができなかったのだ。

たとえ男が彼女を子どもとして、人形やお飾りとして愛したとしても、たとえ彼女にルビーやサテン、ヴェルヴェットを贈ってくれたとしても、たとえ家の中で暖かく、子どもたちと一緒に安全だったとしても、彼女は何かそれ以上のものを欲しいとは思わなかったのだろうか。その当時、女性は男によって完全に客体として定義され、けっして「私」という主体となることがなかったために、セックスの行為においてさえ、それを楽しんだり参加したりすることを期待されてはいなかった。俗に言うとおり、「男は女から喜びを得た……自分のやり方で彼女を使った」のである。まだ存命中か、ごく最近亡くなった世代の女性たちにとっては、解放と完全な人間としての権利が重要であったあまり、彼女たちのうちのある者は暴力に訴えて牢に入れられたり、そのために死んだりさえしたが、これは、それほど理解に苦しむことだろうか。そして人間として成長する権利のために、一部の女性たちは自分の性を否定し、男性を愛し愛されること、子どもを産むことを拒否したのである。

フェミニストの運動の情熱と熱気をもたらしたのが、男嫌いで辛辣でセックスに飢えた独身女性たちであるとか、男の器官を羨むあまり、すべての男からそれを奪い去るか、滅ぼしたいと願い、たんに女として愛する力がなかったために権利を要求しただけの、男を去勢しようとする、性を持たない非女性たちだとするのは歴史の歪曲である。だが、不思議なことにこれまで問題にされてこなかった。メアリ・ウルストンクラフト、アンジェリナ・グリムケ、アーネスティン・ローズ、マーガレット・フラー、エリザベス・ケイディ・スタントン、ジュリア・ワード・ハウ、マーガレット・サンガーはすべて、男を愛し、愛され、結婚した。その多くは、情熱が知性と同様に女性の側には禁じられていた時代にあって、女性が人間として完全な段階まで成長する機会を求める闘いにおけるのと同じくらい、恋人や夫との関係においても情熱的だったように見える。けれどもし彼女たちや、スーザン・アンソニーのように運命か苦い経験から結婚に背を向けた女性たちが、男性との関係においてではなく個人として自分自身を完成させる機会のために闘ったのだとしたら、それは愛への欲求と同じくらい本物で燃えるような欲求からだった。(「女性が必要としているのは」と、マーガレット・フラーは言った。「女として行動したり支配したりすることではなく、一つの本性として成長すること、一つの知性として認識すること、一つの魂として自由に生きること、そして彼女に与えられたそうした力を邪魔されることなく開花させることなのです」。)

フェミニストたちは、完全で自由な人間として一つのモデル、一つのイメージ、一つのヴィジョンしか持っていなかった。それは男性である。なぜならごく最近まで、能力を十全に発揮し、開拓し創造し発見し、未来の世代のために新しい道筋を描いていくのに必要な自由と教育を得ていたのは、男性しかいなかったからだ(男性全員ではなかったが)。社会にとって重要な決定を下す自由である選挙権を持っていたのも、男性だけだった。男性だけが愛し、愛を楽しみ、自分たちの信じる神の目から見て何が善で何が悪かを決める自由を持っていた。女性たちは、男性になりたくてこうした自由を望んだのだろうか。それとも、彼女たちもまた人間だったから、それらを望んだのだろうか。

フェミニズムとはつまりそういうことだったのだということを、ヘンリック・イプセンは象徴的に理解していた。一八七九年、戯曲「人形の家」の中で、女性はたんに人間なのだと述べた時、彼は文学に新しい風を吹き込んだ。あのヴィクトリア時代にあって、ヨーロッパやアメリカの何千人もの中流階級の女性たちが、ノーラの中に自分を見た。そしておよそ一世紀後の一九六〇年、テレビでこの劇を見た何百万人ものアメリカの主婦たちもまた、ノーラが次のように語る時、そこに自分自身を見た。

あなたは、いつだってやさしかったわ。でも、あたしたちの家は、ただの遊び部屋だっただけよ。あたしは、あなたの人形妻だったのよ、実家で、パパの人形っ子だったように。それに子供たちが、今度はあたしの人形だった。あたしはあなたが遊んでくれると、うれしかったわ、あたしが遊んでやると、子供たちが喜ぶように。それがあたしたちの結婚だったのよ、トルヴァル。……

どうしてあたしに、子供を教育する資格があって？……それより、もっと、先にしなくちゃならないことがあるのよ。自分を教育しなくちゃ。それを手伝ってもらうなんて、あなたはそういう人じゃないのよ。あたし独りでやらなくちゃならないことね。だから、あなたと別れるのよ。……自分のことや、世の中のことを知ろうというんですもの、それには独りきりにならなくちゃ。だから、もうこれ以上、ここにいるわけにはいかないのよ。……

〔原千代海訳『イプセン　人形の家』岩波文庫、一九九六年による〕

ショックを受けた夫はノーラに、女性の「いちばん神聖な義務」は夫と子どもに対する義務であることを思い出させようとし、「お前は何よりまず妻で、母親だ」と言う。

それに対してノーラは、次のように答える。

あたしは、何よりもまず人間よ、あなたと同じくらいにね、――少なくとも、そうなるように努めようとしているわ。そりゃ世間の人たちは、あなたに賛成するでしょう、トルヴァル、それに、本で言っているのも、そういうことよ。でも、あたしは、もう、世間の人の言うことや、本に書いてあることには信用がおけないの。自分自身でよく考えて、物事をはっきりさせるようにしなくちゃ。……〔同前〕

女性は「権利」のために闘うことで半世紀を過ごし、次の半世紀は本当にそれが欲しかったのだろうかと自問しながら過ごしたというのは、私たちの時代の常套句になっている。「権利」とは、それらが獲得されてから後に大人になった人たちにとっては退屈に聞こえる。しかし、フェミニストたちはノーラのように、人間として生きたり愛したりできるようになる前に、それらの権利を得る必要があった。当時においても、また現在でさえ、あえて自分が知っている唯一の安全地帯を離れる――家庭や夫に背を向けてノーラのような探索を始めようとする女性は、けっして多くはなかった。だが、当時も今も、主婦として生きることが空しすぎて、もはや夫や子どもたちの愛を嬉しいと思うこともできないと思った女性は非常に多かったはずである。

そのうちの何人か――そして、人類の半分には完全な人間になる権利が与えられていないことに気づいた少数の男性も――は、女性が拘束されている状況を変えることに取りかかった。一八四八年、ニューヨーク州セネカ・フォールズでの最初の女性の権利大会では、そうした状況が、男性に対する女性の不満として次のように列挙された。

男性は女性に対し、その成立に女性がまったく発言権を持たなかった法律に従うよう強制してきた。……男性は、結婚している女性を、法的に見て市民として死んだ者として扱ってきた。男性は女性から、たとえ女性自身が稼いだ賃金であっても、すべての財産権を取り上げてきた……結婚の誓約において、女性は夫に従うことを約束させられ、あらゆる意思決定において彼が彼女の主人となる――法が夫に対し、妻の自由を奪い、罰を与える力を認めているのだ。……男性は女性に対し、男性にとっては最も名誉あるとされる富や名声に至るすべての道を閉ざしている。神学や医学、あるいは法律の教師となった女性は知られていない。男性は女性が完全な教育を受けるための機関に入ることを拒否し、すべての大学は女性に対して閉ざされてきた。……男性は世間に向けて男と女で異なる道徳律を設けることで誤った一般的感覚を生み出し、そのために女性であれば社会から排除されるような道徳的不正が男性ではたんに許容されるばかりでなく、取るに足りないことと見なされている。男性はエホバの神の大権を簒奪し、女性の行動範囲を定めるのは彼女自身の意識と彼女の神であるのに、自分にその権利があると主張してきた。男性は可能な限りのあらゆる方法で、女性の自分自身の力に対する自信を砕き、自尊心を低め、女性が進んで依存的で卑屈な生活を送るように仕向けてきた。

一世紀前、フェミニストたちが廃止しようとしたのは、女性のありよう――当時も今も「女らしい」とされている状態――をもたらしているこれらの状況だった

アメリカで女性解放に向けての闘いが独立戦争の直後に始まり、奴隷解放運動の進展とともにさかんになって行ったのは、けっして偶然ではない(1)。独立運動のスポークスマンだったトマス・ペインは、一七七五年という早い時期に女性の地位について批判した

一人であり、「最も幸福だと考えられている国々においてさえ、女性たちは自分の持ち物を思いどおりに処分することを許されず、法によって自由と意思を奪われ、自分の意見を持てない奴隷である……」と述べた。独立戦争期には、メアリ・ウルストンクラフトがイギリスでのフェミニズム運動の先頭に立つより一〇年ほど前に、ジュディス・サージェント・マレー〔劇作家、詩人〕というアメリカ女性が、女性には新しい目標を思い描き、それに到達することによって成長するために知識が必要だと述べている。一八三七年にはマウント・ホリヨーク・カレッジが女性に男性と対等な教育を授ける最初の機関として開校したが、同じ年にアメリカの女性たちは初めての奴隷制反対全国集会をニューヨークで開催した。セネカ・フォールズで正式に女性の権利運動を立ち上げた女性たちが互いに知り合ったのは、ロンドンでの奴隷制反対集会で入場を断られた時だった。廊下に閉め出されてカーテンの後ろに立っていた時、新婚旅行中だったエリザベス・スタントンと、五人の子の落ち着いた母親であるルクレシア・モットは、解放される必要があるのは奴隷だけではないと決意したのである。

いつの時代にも、世界のどこででも、人間の自由への要求が盛り上がった際には、女性もその分け前を獲得してきた。フランス革命を闘ったのも、アメリカの奴隷を解放したのも、ロシアの皇帝を倒したのも、インドから英国人を追い出したのも、性別の問題ではなかった。しかし人間の自由という観念が男性の精神を動かす時には、女性の精神もまた動かされるのである。セネカ・フォールズで表明された所感は、独立宣言から直接引用されたものだった。

人間をめぐる出来事の過程で、人間のある一部の集団が、地上の人々の間でそれまでとは異なる地位を占めることが必要となる時……われわれは以下を自明の真理であると考える。すなわち、すべての男性と女性は生まれながらに平等である。

フェミニズムは、下卑たジョークなどではなかった。フェミニストによる革命は単純に、女性の進歩が人間としての能力のずっと手前で留められていたために、闘わざるをえなかったものなのだ。「女性の力は、家庭での役割のみで使い尽くされるものではありません」と、セオドア・パーカー牧師は一八五三年、ボストンでの説教で述べた。「人類の半分に対し、そのエネルギーを家政婦、妻、母の役割のみで消費させるのは、神がお創りになった最も貴重な素材の恐るべき浪費です」。そして、満ち足りた性生活のために男女両性が解放されるには女性の平等が必要だという考えもまた、色鮮やかで、ときには危険な一本の糸のようにフェミニズム運動の歴史を貫いていた。(2) なぜなら女性の地位の低さは、同時に結婚や愛、男と女のあらゆる関係をも貶めていたからである。ロバート・デイル・オーウェンは、性革命の後では、「他の不正な占有とともに性の占有も消え失せ、女性は一つの徳、一つの恋愛、一人による所有に縛られることはなくなるだろう」と述べた。(3)

この革命を始めた女性や男性たちは、「少なからぬ誤解やゆがめられた報道や嘲り」に遭うことを予期していたし、実際にそうなった。アメリカで最初に公然と女性の権利について語った人たち——スコットランド貴族の娘のファニー・ライトと、ユダヤ教ラビの娘のアーネスティン・ローズ——はそれぞれ、「不信心な赤毛の娼婦」と「売春婦よりも千倍も劣る女」と呼ばれた。セネカ・フォールズでの宣言は新聞や聖職者の間に、「革命」「女たちの反乱」「ペティコートによる支配」「神への冒瀆」といった激しい非難を巻き起こしたため、気の弱い支持者は署名を撤回したほどだった。女性の弁護士や牧師や医者が大急ぎで夫に赤ん坊をプレゼントする間、法廷での審理や教会での説教や外科手術が中断されるといった空想上の話が、「フリー・ラヴ」や「合法的姦通」についての扇情的な記事と競い合っていた。

一歩歩みを進めるごとにフェミニストたちは、彼女たちは神から与えられた女性の天性を冒瀆しているという考え方と闘わなければならなかった。聖職者たちは女性の権利集会に割って入り、聖書をかざして聖句を引用してみせた。「聖パウロは言われた……すべての女の主人は男である」……「教会では女は黙っていよ。語ることは許されていないからである」……「もし何かを知りたいのならば、家において夫に訊ねよ。女が教会の中で口を開くのは恥ずべきことである」……「私は女が教えたり、男から権威を奪うことを許さない。女は黙していなければならない。なぜならはじめに創られたのはアダムで、イヴはその次だったからである」……「聖パウロは言われた、同様に汝妻たちよ、自身の夫に従え」……

女性に平等な権利を与えれば、「公的生活における混乱と争いから女性を尻込みさせるだけでなく、不適格にもしている、より穏やかで優しい性質」が台無しになるだろうと、一八六六年、ニュージャージー州選出のある上院議員は信心深げに唱えた。「女には、より高尚で聖なるつとめがある。それは内に引っ込んで、将来の男たちの人格を作ることだ。女のつとめは家庭にあり、男たちが生きるための戦いから帰宅した時に、優しい言葉と愛情によってその激情を鎮めることであって、女自身が競争に参加して火に油を注ぐことではない」。

「彼女らは自分たちを無性化しただけでは満足せず、この国のすべての女を無性化したいと望んでいるらしい」と、既婚女性の財産と所得に対する権利を認めよという最初の請願が出された時、それに反対したニューヨーク州のある議員は言った。「神は種族の代表として男を創り」、その後、「男の脇腹から女を創るための材料を取り」、女を男のそばに戻して、婚姻において「一つの肉、一つの存在」になるようにされたのだからと、議会はさっさと請願を否決した。「法の制定を認めるよりもさらに高いところにある力が、男と女は対等であってはならないと命じられたのだ(4)」。

これらの女性たちを「自然に背いた怪物」とする神話が依拠していたのは、神によって定められた女性の従属性を破壊することは、家庭を破壊し男を奴隷にすることだという信念であった。そうした神話は、人間家族のうちの新しい一部分を平等に近づけようとする、あらゆる種類の革命の際に生じてくる。フェミニストは人間ではなく火を吐く人食い鬼だというイメージは、神に対する反抗として表現されようと、性的倒錯という近代的用語で表されようと、黒人を原始的な動物としたり、あるいは組合加入者を無政府主義者としたりするステレオタイプと似ていなくもない。性的な言葉遣いに隠されているのは、フェミニズム運動は革命だったという事実である。いかなる革命もそうであるように、確かに行き過ぎはあったが、フェミニストたちの行き過ぎた行為は、それ自体が革命の必要性を証明するものだった。それらは女性の生活の屈辱的な現実、優しげな礼儀作法のかげに隠された無力な従属状態が、一皮むけば女性を男性の軽蔑の対象としており、そのため女性自身も自分を軽蔑していることから来ており、それを激しく拒絶しようとするものだったのだ。明らかにそうした軽蔑と自己卑下は、それらをもたらした状況よりももっと取り除くことが難しかった。

もちろん、女性たちは男性を羨んでいた。初期のフェミニストたちの一部は髪を短く切り、ブルーマーをはいて、男のようになろうとした。彼女たちの見てきた母親たちの生活や、自分たち自身の経験から、これらの情熱的な女性たちには一般的な女性のイメージを拒否するだけの理由があった。ある者は結婚や母になることさえ拒否した。だが、古い女らしさのイメージに背を向け、自分たち自身とすべての女性を解放しようと闘う中で、彼女たちの一部は異なる種類の女性になった。彼女たちは、完全な人間になったのである。

現在では、ルーシー・ストーンの名を聞いて思い浮かべるのは、ズボンをはき、傘を振り回す、男をものともしないじゃじゃ馬である。彼女に恋した男性が、自分と結婚するよう説得するまでには長い時間を要し、彼女の方でも彼を愛し、長い一生を通して彼に愛されたが、彼女が彼の姓を名乗ることはなかった。彼女が生まれた時、優しい母親は「おやまあ！　女の子で残念だわ。女の人生はとてもつらいもの」と叫んだ。その子が生まれる二、三時間前、一八一八年のマサチューセッツ州西部の農場でこの母親は、八頭の牛の乳搾りをした。突然の雷雨で、働き手は全員、畑の方に出ていたからだ。収穫した干し草を守る方が、出産間近の母親の安全を考えることよりも重要だったのである。この優しくて疲れた母は農家の際限のない労働を担いながら九人の子どもを産んだが、ルーシー・ストーンは、「私たちの家にはただ一つの意思しかなく、それは父のものだった」ということを知りつつ大きくなった。

女の子に生まれることが、聖書が言い、母が言うように地位の低いことを意味するのだとしたら、彼女はそれに反抗した。教会の集まりで手を挙げても、いつもいつも無視された時に反抗した。教会での裁縫の会で、神学校を通してある青年を援助するためにシャツを縫っていた時、彼女はメアリ・ライオン〔マウント・ホリヨーク・カレッジの創立者〕が女子教育について語るのを聞いた。そこで彼女はシャツをそのままに放っておいて、一六歳の時から週に一ドルで学校で教え始め、九年間その稼ぎをためた結果、ついに自分でカレッジの費用をまかなえるまでになった。彼女は、「奴隷のためばかりでなく、他のところで苦しんでいる人間のために訴え」られるよう、自分を訓練したいと願っていた。「とくに私は、自分と同じ性の地位向上のために働きたいのです」。だが、彼女が最初の「普通コース」卒業生の一人となったオベリンでは、彼女は公衆の前で話す練習をこっそり森の中で行わなければならなかった。オベリンにおいてさえ、娘たちは公衆の前で話すことを禁じられていたからだ。

男たちの衣類を洗濯し、彼らの部屋を整え、食卓で給仕をし、彼らの演説に耳を傾けるが、彼女たち自身は公的な集まりではうやうやしく黙ったままでいるオベリンの「共学女子学生たち」は、知的な母親と夫に従うことをわきまえた妻になるべく、仕込まれつつあるのだ。(5)

外見上、ルーシー・ストーンは小柄な女性で、荒れ狂う暴徒でさえ鎮めることができそうな、優しく鈴を転がすような声をしていた。彼女は、土曜と日曜には奴隷制廃止協会の活動家として奴隷制廃止について講演し、週の残りは独自に女性の権利のために活動した――棍棒で彼女を脅したり、頭めがけて祈禱書や卵を投げつけたり、一度などは、真冬に窓からホースを突き出して氷のような水をかけたりする男たちに立ち向かい、味方に引き入れて行ったのだ。

　ある町では、大柄で男のようで、ブーツをはいて葉巻をふかし、騎兵のように口汚くののしる女性が講演にやって来たと、いつもながらの知らせが流布された。この怪物の話を聞こうと集まったレディたちは、小柄で優美で、首のところに白いレースのフリルのついた黒いサテンの服を着たルーシー・ストーンを見て驚いた。「女性らしい優雅さのお手本……朝のようにすがすがしくてきれいだった[6]」。

　彼女の声は奴隷制支持の勢力を大いに悩ませたので、『ボストン・ポスト』は、「婚姻のキスでルーシー・ストーンの口を閉じさせる」男には、「賞賛のトランペットが鳴り響くだろう」と約束する無礼な詩を掲載したほどだった。当のルーシー・ストーンは、「結婚は女にとっての奴隷状態」だと感じていた。ヘンリー・ブラックウェルがシンシナティからマサチューセッツまで彼女を追いかけて行き(「彼女は生まれつきの機関車だ」と、彼は嘆いていた)、「結婚では女と男のどちらの優越性も拒否する」と誓い、手紙に「私はナイアガラであなたに出会い、あなたの足元に座っていた。暗い水を見下ろす渦の傍で私が感じていた、情熱的だが共有されることも満たされることもない憧れを、あなたはけっして知ることも理解することもないでしょう」と書き、公の場で女性の権利を支持する演説を行った後でも、さらには彼女が彼を愛していることを認めて、「独り身の生活の空しさについて、私が知らないことであなたが教えられそうなことは、ほとんどありません」と書いた後になっても、彼と結婚するという決断をめぐって彼女は強烈な偏頭痛を経験したのだった。

二人の結婚にあたっては、トーマス・ヒギンソン牧師は「勇ましいルーシーが村の花嫁のように泣いた」と報告している。牧師はまた、「私は結婚式を執りおこなう度に、男と女が一つになり、その一つとはつまり夫の方であるという制度の不公平さを改めて感じずにはいない」とも述べた。そして彼は、他のカップルたちが真似できるよう、ルーシー・ストーンとヘンリー・ブラックウェルが結婚式の誓いの前に一緒に作り上げた契約を新聞社に送った。

われわれは、公的に夫と妻の関係を結ぶことによって互いに対する愛情を認める一方、……われわれの側におけるこの行為は、妻を独立した理性ある存在と認めることを拒み、夫には有害で不自然な優越性を与える現今の婚姻法を正当と認めるものでも、進んで従うと誓うものでもないと宣言することを、義務であると考える。(7)

ルーシー・ストーンと、その友人であるきれいなアントワネット・ブラウン牧師(後にヘンリーの兄弟と結婚した)、マーガレット・フラー、アンジェリナ・グリムケ、アビー・ケリー・フォスター——彼女たち全員が早い時期の結婚には抵抗し、実際、自分たちの始めた奴隷制廃止と女性の権利のための闘いの中で、母親たちは知ることのなかった女性としてのアイデンティティを見出すようになるまでは、結婚しなかった。スーザン・アンソニーやエリザベス・ブラックウェルのような何人かは、一度も結婚することはなかった。ルーシー・ストーンは、妻になることは、たんなる象徴的意味合い以上に個人として死ぬことだという恐れから、自分の姓を使い続けた。法律に記された「保護／包摂された女性(femme couverte)」として知られる概念によれば、結婚と同時に

「女性の存在そのもの、あるいは法的実存」が停止される。「結婚した女性にとって、新しい自己とは彼女の優越者、彼女の伴侶、彼女の主人なのだ」。

もしもフェミニストたちが、当時でさえ敵から言われたように「失望した女たち」だったとしたら、そうした状況下で生きていたほとんどすべての女性には失望するだけの理由があったからである。ルーシー・ストーンは一八五五年、彼女の生涯でも最も感動的なものの一つであるスピーチの中で、次のように述べた。

> 記憶にある限り最も幼い頃から、私はずっと失望した女でした。兄弟たちと一緒に知識の源に手を伸ばそうとすると、「お前にはふさわしくない、女では駄目だ」と叱られました……教育でも、結婚でも、宗教でも、あらゆることにおいて失望させられることが女の運命です。すべての女性の心の中にあるこの失望を深めていって、これ以上女性がそれに甘んじないようにすることが、私の一生の仕事になるでしょう。[8]

ルーシー・ストーンは存命中に、ほとんどすべての州の女性にかんする法律が抜本的に変わり、女子にも高校の入学が認められ、全米のカレッジの三分の二の門が開かれるのを見た。彼女の夫と娘のアリス・ストーン・ブラックウェルは、ルーシーが一八九三年に亡くなった後、女性参政権のための未完の闘いに生涯を捧げた。その情熱的な旅の終わり頃には、ルーシーは女に生まれて良かったと言えるようになっていた。七〇歳の誕生日の前日、彼女は娘に宛てて次のように書いた。

私が自分が生まれてきたことを、そしてたくさんの助けが必要な時に手を貸せたことを、どれほど嬉しく思っているか、母はきっと見てくれているし、わかっていると信じています。ああ、お母さん！　お母さんの人生はつらいものでした。同じように女性のつらい生活を味わい、耐えなければならない娘を産んだことを残念がっていました。……でも、私は自分が生まれたことを心から嬉しく思っています。(9)

ある人々や歴史の中のある時代においては、自由への情熱は、性愛へのおなじみの情熱と同じくらい、あるいはそれ以上に強いものだった。女性解放のために闘った女性たちの多くにとってこのことは、もう一つの情熱の強さをいかに説かれようとも、自明のことだったようだ。ほとんどの夫や父親のしかめ面や嘲りにもかかわらず、面と向かっての罵倒でないまでも、「女らしくない」ふるまいに向けられる敵意にもかかわらず、フェミニストたちはその闘いを続けた。彼女たち自身も、その道を一歩歩むごとに魂を覗き込むような疑いに苦しめられた。友人たちはメアリ・ライオンに宛てて、女性のためのカレッジを開校する資金集めに、緑色のヴェルヴェットのバッグを提げてニューイングランド中を旅してまわることは、レディにふさわしくないと書いてきた。「私がどんな悪いことをしていると言うのですか？」と、彼女は訊ねた。「私は、付き添いなしで乗合馬車や車に乗ります。……この空っぽの上品ぶり、中身のない上品さに私の心はムカムカし、魂が痛みます。私は大きな仕事をしているのであり、止めることはできません」。

愛らしいアンジェリナ・グリムケは、冗談のつもりで提案されたことを承諾し、奴隷制反対請願についてマサチューセッツ州議会で話すために登壇した時、気を失うのではないかと思った。これまで州議会に登壇した女性は、彼女が初めてだった。ある牧師からの手紙は、次のように彼女の女らしからざる行動を非難した。

現在、広範囲にわたる持続的な害を及ぼすことで女性の特性を脅かしている危険について、皆さまの注意を促したいと思います。……女性の力は依存することにあり、それは神が女性を守るために与えられた弱さを自覚することから来るものです。……しかし、女性が公的な改革者として、男性の地位と声音とを身につけるならば……その特性は自然に反するものになります。ブドウの強さと美しさは支柱と棚によりかかって房を半ば隠すことにあるわけですが、もしも楡の木のような独立性と他の上に影を投げかける性質を身につけようとすれば、たんに実を結ばなくなるだけでなく、塵の中に倒れて恥と不名誉にまみれることになるでしょう(10)。

じっとしていられない気持ちや不満以上のものが、彼女に「恥ずかしさのあまり黙っている」ことを拒否させ、ニューイングランド地方の主婦たちをして、冬の夕方に二マイル、四マイル、六マイル、八マイルと歩いて彼女の話を聴きに来させた。

アメリカの女性たちが奴隷解放の闘いと気持ちの上で一体化したことが、彼女たち自身の反乱を無意識のうちに誘発したと断言できるかどうかはわからない。だが、奴隷解放のために組織化し、請願し、発言する中で、アメリカ女性が自分たち自身を解放する方法を学んだことは、否定しようのない事実である。南部では、奴隷制によって女性は家庭にとどめられており、教育も、開拓者たちの働きも、社会における学校をめぐる闘いも経験していなかったため、女らしさの古いイメージがそのまま力を保っており、フェミニストはほとんどいなかった。北部では、地下鉄道（奴隷の北への逃亡を助けた地下組織）に関わったり、それ以外の方法で奴隷解放のために働いた女性たちは、二度と元には戻らなかった。フェミニズムはまた、幌馬車隊とともに西に向かい、フロンティアでは女性は最初からほとんど対等だった。（ワイオミングは、女性に参政権を認めた最初の州だった。）個人的に見ればフェミニストたちは、当時のすべての女性よりも男を羨んだり憎んだりする理由が多いわけでも少ないわけでもないように見える。だが、彼女たちには自尊心と勇気と強さがあった。男を愛したにせよ憎んだにせよ、自身の人生において男から逃げたにせよ屈辱を味わったにせよ、彼女たちは女性と一体化していた。女性を貶める状況を受け入れた女性たちは、自分にもすべての女性にも軽蔑を感じていた。そうした状況に対して闘ったフェミニストたちは、女性への軽蔑から自分を解放したために、さほど男を羨む理由がなかったのである。

あの第一回女性の権利大会への呼びかけは、すでに奴隷制廃止運動家として社会変革に関わっていた一人の教育ある女性が、小さな町で主婦の単調な仕事と孤立という現実に直面したことから生まれた。現代の郊外に住む、六人の子を持つ大卒女性と同じように、エリザベス・ケイディ・スタントンは夫に従ってセネカ・フォールズの小さな町に引っ越し、パン焼きや料理、裁縫、洗濯、赤ん坊の世話というせわしない生活を送っていた。奴隷制廃止運動の指導者である夫は、仕事で家を空けることが多かった。彼女は次のように書いている。

私は今や、大半の女性が孤立した所帯の中で闘わねばならない現実的な困難を理解した。また生活の主要な部分を召使いや子どもたちとの接触のみで過ごす中では、女性として最良の発達を遂げられないことも理解した。……女性への割り当てに対して感じていた全般的な不満……そして大半の女性に見られる疲れて不安そうな表情は、何か積極的な対策を講じなければならないという強い気持ちを抱かせた。……何をすべきか、どこから始めるかはわからなかった――私が唯一思いついたのは、抗議と話し合いのための公的集まりだった(11)。

彼女はいくつかの新聞にたった一度通知をのせただけだったが、それまで他のどんな生き方も知らなかった主婦や娘たちが、半径五〇マイル以内の各地から馬車に乗って彼女の話を聴きに集まった。

それぞれの社会的、心理的ルーツはどれほど異なっていても、初期の頃もその後も、女性の権利のための闘いを率いた女性全員には、当時としては通常以上の教育によって培われた、通常以上の知性という共通点があった。そうでなければ、彼女たちの思いがどのようであれ、女性の劣位を正当化していた偏見を看破し、それに反対する声を言葉にすることはできなかったであろう。メアリ・ウルストンクラフトは独学の後、当時人権について説いていたイギリスの哲学者たちの仲間に加わって勉強した。マーガレット・フラーは父親から六カ国語で古典を読むことを教えられ、エマーソンを囲む超越主義者集団の仲間に入った。エリザベス・ケイディ・スタントンの父は裁判官で、娘に当時としては最高の教育を受けさせたばかりか、それを補うために自分の裁判を傍聴させた。ユダヤ教のラビの娘だったアーネスティン・ローズは、女性は男性に劣るとする自らの宗教の教義に反抗し、偉大なユートピア主義哲学者のロバート・オーウェンの「自由思想」から自分で学んだ。彼女はまた、自分が愛した男性と結婚するために、因習的な宗教上の慣習に逆らった。女性の権利への闘いが最も厳しかった時代に、彼女はつねに女性の敵は男性ではないと主張していた。「私たちは男性その人と闘うのではなく、悪しき原則と闘っているだけです」。

これらの女性たちは、じゃじゃ馬ではなかった。ジュリア・ワード・ハウはニューヨークの上流人士の賢く美しい娘で、興味を持ったあらゆる分野について熱心に勉強し、匿名で「リパブリック賛歌」を作詞した。名前を出さなかったのは、夫が彼女の人生は自分と六人の子どもたちに捧げられるべきだと信じる人だったからである。彼女は一八六八年まで参政権運動にはまったく関わっていなかったが、この年、ルーシー・ストーンに会った。「彼女は長い間、私が想像して嫌っていた人の一人だった。彼女のきれいな女らしい顔を見、真剣な声を聴いた時、私が嫌っていたものは、馬鹿げて無意味な偽りの情報によって呼び起こされた、ただの幻だったのだと感じた。……「私はあなたの味方です」と言うしかなかった(12)」。

そうしたじゃじゃ馬神話が皮肉なのは、フェミニストたちのいわゆる行き過ぎた行為は彼女たちの無力さから生じていたことだ。女性にはどんな権利もなく、いかなる権利にも値しないと見なされている時に、彼女たちは自分で何ができただろうか。最初は、話すこと以外には何もできないように見えた。彼女たちは一八四八年以降、毎年女性の権利大会を開いた。小さな町でも、全国規模や州単位の大きな大会を何度も何度も――オハイオ、ペンシルヴァニア、インディアナ、マサチューセッツで。彼女たちは、自分が持っていない権利について最後の審判の日までも話し続けることができた。だが、投票権さえ持っていない状態で、どうすれば彼女たち自身の稼ぎを自分で管理したり、離婚に際して子どもたちを引き取ったりすることを、議員たちに認めさせられるだろうか。自分の自由になる金を持っていないばかりか、自分の財産に対する権利さえない状態で、どうすれば投票権を得るためのキャンペーンに寄付したり、組織したりできるだろうか。

そうした完全な依存状態が女性にもたらす、どう思われるかに対する感じやすさそのものが、彼女たちがその上品な監獄から抜け出るための一歩一歩を苦痛に満ちたものにした。彼女たちが自分たちの力でできる範囲で状況を変えようとした時でさえ、嘲りの対象となった。当時の「レディたち」が着ていたばかばかしいほど着心地の悪いドレスは、彼女たちの束縛の象徴だった。満足に息もできないほどきつく締め上げたコルセットに、半ダースものスカートやペティコートは重さが四、五キロもあり、長すぎて道路からごみを巻き上げるほどだった。フェミニストたちが男性からズボンを取り上げるという幻想は、部分的には「ブルーマー」ドレスから来ていた――チュニックに膝丈のスカートと足首までの長さのパンタロンの組み合わせである。エリザベス・スタントンは最初、家事をするのに楽だというので、今日の若い女性がショートパンツやスラックスをはくのと同じように、喜んでそれを着ていた。だが、フェミニストたちが解放の象徴として公然とブルーマー・ドレスを着るようになると、新聞の編集者や街角でぶらつく男たちや少年たちから浴びせられる無礼なジョークは、彼女たちの女らしい感受性にとって耐えがたいものだった。「私たちはより大きな自由を得るためにこのドレスを着たけれど、精神的な束縛に比べたら、肉体的な自由が何ほどのものでしょう」と、エリザベス・スタントンは言い、自分の「ブルーマー」ドレスを廃棄した。ルーシー・ストーンのように大半は、女性らしい理由から着るのをやめた。非常に小柄できれいなブルーマー夫人自身を除けば、あまりそれが似合う人はいなかったのである。

それでも、男性の頭にも女性の頭にも、彼女たち自身の頭の中にもある、あの上品ぶった無力さは克服されねばならなかった。既婚女性の財産所有権を求めて請願しようとした時には、二回に一回は当の既婚女性たちから、自分には夫がいるから守ってくれる法律などは必要ないと高びしゃに言われ、面前でドアをぴしゃりと閉められさえした。

スーザン・アンソニーとその配下の女性班長たちが一〇週で六〇〇〇の署名を集めた時には、ニューヨーク州議会の下院は大笑いしながらそれを受け取った。そして下院は冷やかしとして、レディたちはつねに食卓では「一番おいしい一口」をもらい、乗り物では一番良い席、ベッドではどちらの側に寝るかを決めているのだから、「紳士たちが被害者になっている何らかの不平等や抑圧があれば」述べるようにと勧告した。しかしながら、夫と妻の双方が署名した請願でなければ、議会は「是正措置」は行わないであろう。「そのような場合には、議会は両者に対し、夫がペティコートを着、妻がズボンをはくことができるよう、衣服を交換することを認める法律を申請するよう勧告する」。

驚くべきは、フェミニストたちがそもそも何かを獲得できたということ――苦々しい思いをためこんだじゃじゃ馬ではなく、自分たちが歴史を作っていることを知って、ますます熱心さを増していく女性たちでいられたことだ。エリザベス・スタントンには苦々しさよりも元気さがあり、四〇代になっても赤ん坊を産みながら、スーザン・アンソニーへの手紙にこれが本当に最後になるだろうし、お楽しみは始まったばかりだと書いた――「勇気を出して、スーザン、私たちが花の盛りになるのは五〇代よ」。痛々しいほど不安定で自分の外見を強く意識していたスーザン・アンソニーは――男たちによる扱いが原因ではなく（彼女には複数の求婚者がいた）、美人の姉と、娘の斜視を悲劇として扱った母親のせいだった――、一九世紀のすべてのフェミニスト指導者の中で、唯一の神話に似た人物だった。彼女は、他の仲間たちが結婚し出産し始めると裏切られたと感じた。だが、好戦的ではあったものの、彼女は猫を抱いた意地悪なオールドミスではなかった。一人で町から町へと旅をし、集会のお知らせを釘で打ち付け、オーガナイザーとロビイストと講演者としての才能を最大限に発揮して、より広い世界へとどんどん歩を進めて行った。

そうした女性たちは自分が生きている間に、女性の劣位性を正当化していた女らしさのイメージを変化させていった。ある集会で男たちが、ぬかるみでは抱え上げられて乗り物に乗せてもらわなければならないほど無力な女に投票権を預けるなんてと嘲っていた時、ソジャーナ・トゥルースという名の誇り高いフェミニストが、黒い腕を挙げた。

私の腕を見てください！　私は耕したり、植えたり、収穫したりしてきました……私は女じゃないですか？　私は男と同じくらい働くことも、食べることもできるし――食べ物が手に入る時にはね――鞭打ちにも耐えてきた……私は一三人の子を産み、そのほとんどが奴隷として売られるのを見てきたし、私が母親としての悲しみで大声で泣いていた時には、イエス様以外に誰も助けてはくれなかった──私は女じゃないんですか？

空っぽの上品ぶりというイメージは、赤レンガの工場で働く何千人もの女性たちによっても切り崩された。ローウェル繊維工場の女工たちは、女は劣っていると考えられた結果である、男工よりさらに悪い、恐るべき労働条件を変えるために闘った。だが、工場で一日一二時間から一三時間働いた後、さらに家事をしなければならなかった彼女たちは、情熱的な旅を率いることはできなかった。指導的立場のフェミニストの大半は中流階級で、その動機は、自分自身を教育したいという思いと、あの空っぽのイメージを打ち砕きたいという思いとが組み合わさったものだった。

彼女たちを駆り立てたものは何だったろうか。「溜まりに溜まった私のエネルギーを、何か新しい方法で発散しなければ」と、南北戦争に看護婦として志願することを決心したルイーザ・メイ・オルコットは日記に書いた。「新しい世界への、とても興味深い旅。わくわくする光景や音に満ちた、新しい冒険、私がやっているのは偉大な仕事だという感じがどんどん強くなる。私はお祈りを唱えて、テントで白く覆われ、愛国心に満ちていて、でもすでに血で赤く染まった野原を駆け回った。厳粛な時間だったが、そこで生きられることが嬉しい」。

彼女たちに活動を続けさせたものは何だったろうか。女性の医師になるという前例のない大それた決心をしたエリザベス・ブラックウェルは、孤独で、自分自身への疑いに苦しめられつつも、くすくす笑い——それに試すような誘い——を無視して、解剖実習に臨んだ。彼女は生殖器官の解剖を見学する権利のために闘ったが、レディらしくないと考えて卒業式の行進には参加しないことに決めた。同僚の医師たちからさえ忌避された彼女は、次のように書いた。

私は医師であると同時に女だ……今では、なぜこの生き方がこれまではなされなかったのかがわかる。高い目的以外には何の支援もなく、ありとあらゆる社会的な抵抗に逆らって生きることは大変だ……ときどきは、ちょっとした気晴らしが必要だろう。人生全体が真面目すぎる。(13)

一世紀にわたる闘いの過程で、女性が権利を得たら腹いせに男を支配しようとするだろうという神話が嘘であることを、現実が証明していった。平等な教育を受ける権利、公の場で語り、財産を所有する権利、仕事や専門職に就いて自分の稼ぎを管理する権利を得ていくにつれ、フェミニストたちにとって、男性に対して敵意を感じる理由は減少していった。だが、まだもう一つ、闘いが残されていた。ブリンマー・カレッジの素晴らしい初代〔実際は二代目〕学長であるM・キャリー・トマスは、一九〇八年にこう述べた。

女性は世界の半分ですが、一世紀前までは……女性は薄明かりの人生、切り離された半分の人生を生きていて、男性が影のように外を歩くのを見ていたのです。世界は男性のものでした。法律は男の法律、政府は男の政府、国は男の国でした。今では女性は高等教育や経済的自立の権利を獲得しました。教育と家庭の外での仕事の結果として、当然次にやって来るのは国家の市民になる権利です。私たちはここまで来ましたが、さらに先に行かねばなりません。後戻りすることはできないのです。(14)

問題は、女性の権利運動がほとんど上品すぎるものになってしまったことだった。けれども投票権がなくては、女性はどの政党からも真面目に相手にしてもらえない。エリザベス・スタントンの娘で、イギリス人と結婚して寡婦となったハリエット・ブラッチが一九〇七年に帰国した時、母が彼女を育てながら参加していた運動が、マンネリ化してつまらないお茶会になってしまっているのを発見した。彼女はイギリスで、同じような行き詰まりの中で問題をドラマティックなものにするために女性たちが用いた戦術を見てきていた。公開の集会で話者にヤジを飛ばしたり、警官をわざと挑発したり、留置所でハンガー・ストライキをしたり――ガンディがインドで用いたような、あるいは現在の合州国で、法廷戦術では人種隔離を打破できなかった時にフリーダム・ライダーズ〔南部での人種隔離バスに抗議した非暴力運動の参加者たち〕が用いているような、劇的な非暴力の抵抗である。アメリカのフェミニストたちは、より長い間その運動を非難されてきたイギリスの仲間たちほどには、極端な手段に訴える必要に迫られたことはなかった。だが、彼女たちも投票権の問題を劇的なものに仕立て上げ、性的な問題以上に強烈な反対運動を起こさせることはした。

一九世紀には奴隷解放の闘いが女性解放の闘いに火をつけたように、二〇世紀にその役を担ったのは、ジェーン・アダムズとハル・ハウスの社会改革運動と、労働組合運動の活用、そして工場での耐えがたい労働条件に抗議する大規模なストライキだった。週六ドルという僅かな賃金で夜の一〇時まで働き、喋ったり笑ったり歌ったりすれば罰金をとられていたトライアングル・シャツウェスト工場の女工たちにとっては、平等は教育や選挙権以上の問題だった。彼女たちは恐ろしく寒くてひもじい数カ月の間、ピケ・ラインを張り通し、何十人もが警官の棍棒で殴られ、囚人護送車で引っ張って行かれた。新しいフェミニストたちは彼女たちの母親らが地下鉄道を手助けしたように、ストライキ女工の保釈金と食糧のために寄付をつのった。

「女らしさを救え」「家庭を救え」といった叫びの背後には、改革を主張する女たちが選挙権を得たら何をする気かと考えておじけづく政治的利益集団の影響が見て取れた。女たちは結局のところ、すべての酒場を閉鎖しようとするだろう。酒造業者だけでなく、他の事業関係者、とりわけ子どもや女性の低賃金労働に依存している者たちも、ワシントンで公然と女性に参政権を与える憲法改正に反対するロビー活動を行った。「どうやら買収しにくそうで、より戦闘的で、下水の管理から児童労働の廃止、さらに最悪なことに政治の「浄化」といった、しゃくに障る改革に熱心な女性たちが有権者に加わった場合、利益集団の男たちには、彼女らをコントロールできるか明らかに自信がなかったのである(15)」。また南部の議員たちは、女性参政権は黒人女性をも意味するのだと指摘した。

参政権のための最後の闘いは二〇世紀になって、しだいに数を増していた大学で教育を受けた女性たちによって担われた。それを率いたのはキャリー・チャップマン・キャットで、アイオワ州の大草原に生まれ、アイオワ州立大学で教育を受けた教師にして新聞記者であり、成功したエンジニアの夫は断固として彼女の闘いを支援した。後に女性党と名乗るようになるグループは、ホワイトハウスの周辺でピケを張ることで、くり返し新聞の見出しに登場した。第一次世界大戦勃発後には、ホワイトハウスの柵に鎖で自分の体を縛りつけた女性たちをめぐって、ヒステリックな大騒ぎが起きた。警察や裁判所でひどい扱いを受けた彼女たちは、拘置所でハンガー・ストライキを行い、ついには強制給餌によって苦しめられるに至った。これらの女性の多くはクエーカー教徒で平和主義者だった。だがフェミニストの大半は、女性の権利のためのキャンペーンを続けつつも、戦争を支持した。彼女たちは誰も、今日でも流布しているじゃじゃ馬フェミニストという神話には責任がないが、この神話はルーシー・ストーンの時代から現在まで、女性が家庭から出るのに反対したい者がいる時にはつねに、くり返し登場してきたのである。

この最後の闘いにおいてアメリカ女性は五〇年間にわたり、男性有権者に向けた国民投票を求めるキャンペーンを五六回、議会が有権者に参政権修正案を提示するよう求めるキャンペーンを四八〇回、州の党大会で女性参政権を綱領に含めるよう求めるキャンペーンを二七七回、大統領選の党大会で女性参政権を含む綱領を採択するよう求めるキャンペーンを三〇回、一九回の連邦議会で一九回連続のキャンペーンを行った(16)。これらのすべての行進、演説、請願、会合、州議会議員や連邦議会議員へのロビーイングは、誰かが組織しなければならなかった。新しいフェミニストはもはや一握りの献身的な女性たちではなく、夫も子どももいて家庭のある何千人、何万人ものアメリカ女性が、できる限りの時間をこの大義のためにつぎ込んだ。今日あるフェミニストについての不愉快なイメージは、フェミニストたち自身には似ておらず、むしろ利害関係者によって広められたものであり、彼らは州から州へと議員たちにロビーイングをし、ビジネス上や政治上の敗北をちらつかせて脅し、票を買収し、ときには票を盗むことを、三六の州が修正案を批准するまで行い、さらにその後も続けたのである。

この闘いを闘った人々は、空疎な紙の上の権利以上のものを獲得した。何世紀にもわたって女性を貶めてきた軽蔑や自己卑下の影を払いのけたのである。その喜びと興奮、闘いから得た個人的褒美がどんなものだったか、イギリスのフェミニストであるアイダ・アレクサ・ロス・ワイリーが鮮やかに描写している。

驚いたことに女性は、X脚で、しかも何世紀にもわたって上品な女性の脚については口にすることさえできなかったにもかかわらず、いざという時には平均的なロンドンの巡査よりも速く走れることがわかった。彼女たちは少し練習しただけで、狙いを外さずに聖職者の目に熟した野菜を命中させられるようになり、その鋭い機知はスコットランド・ヤードをきりきり舞いさせて、とても馬鹿っぽく見せるのに成功した。彼女たちの即席で組織を作る力や、秘密厳守と忠誠の能力、階級や既存の秩序を偶像破壊的に無視する態度は、関係者すべてにとっての啓示だったが、とりわけ彼女たち自身にとってそうだった。……

私が顎への左ストレートを食らわせて、私たちが戦闘的な会合を開いていた劇場のオーケストラ席に大柄な警官をぶち込んだ日は、私自身が大人になった日だった。……私はもともと天才ではなかったから、この出来事でそうなれたわけでもないけれど、それでもおかげで自由になり、思う存分自分らしさを出せるようになった。……

荒々しく、ときには危険な冒険に満ちた二年間、私は精力的で幸福で、心のバランスのとれた女性たちと共に働き、闘った。彼女たちはくすくすとではなく大声で笑い、よちよちとではなく自由に歩き回り、ガンディも顔負けの断食に耐えた後、笑ってふざけながら拘置所から出てくるのだった。私は硬い床の上で、高齢の公爵夫人と、でっぷりしたコックと、若い売り子の間にはさまって眠った。私たちは疲れたり、傷ついたり、恐ろしく感じることも多かった。けれど、それまで一度もなかったくらい満足してもいた。一度も知らなかった生きる喜びを共に味わっていたのだ。私が共に闘った人たちの大半は、妻であり母親だった。そして、彼女たちの家庭生活には奇妙なことが起こったのだ。夫たちは夜、新しくいそいそとした様子で家に帰ってきた。……子どもたちはと言えば、可哀相なかわいいお母さんを好きだから我慢するという態度から、感嘆で目を見張るというふうに急速に変化した。

母親は忙しすぎて、彼らのことをときどきしか気にかけなかったため、子どもたちは窒息しそうな母の愛から解放されて、彼女が好きだということに気づいたのである。彼女は偉大な運動家であり、勇気の持ち主だった。……闘いの外にいた女性たち――残念ながら大多数がそうだった――で、普通以上に「良い子」で来た人たちは、羨ましさから来る意地の悪い怒りをこめて闘士たちを憎んだ[17]……

女性たちは本当にフェミニズムに対する反発から家庭に戻ったのだろうか。事実は、一九二〇年以降に生まれた女性たちにとっては、フェミニズムは死んだ歴史だったということだ。アメリカでの活発な運動としてのそれは、最後の権利である参政権の獲得をもって終わった。一九三〇年代から四〇年代には、女性の権利のために闘ったようなタイプの女性は、依然として人権や自由に関心を持っていた――黒人や、抑圧された労働者、フランコのスペインやヒトラーのドイツにおける犠牲者などへの関心だ。だが、女性の権利に大きな関心を持つ者はいなかった。すべてが獲得ずみだったからだ。にもかかわらず、じゃじゃ馬神話は生き続けた。少しでも自立性や主導権を発揮した女性たちは「ルーシー・ストーン」と呼ばれた。「フェミニスト」は「キャリア・ウーマン」と同様に汚らわしい言葉になった。フェミニストたちは女性の古いイメージを打ち砕いたが、依然として残る敵意や偏見、差別を消し去ることはできなかった。また彼女たちは、もはや女性を男性に劣る者、依存的で受動的、思考や決断のできない者とは見なさない状況のもとで成長したなら、女性たちはどうなるのかについての新しいイメージを描いてみせることもできなかった。

フェミニストたちがあの屈辱的な「中身のない上品さ」の原因を取り除こうとしていた時期に成長した少女たちの大半は、女性についてのイメージを、依然としてそれに囚われていた母親から得ていた。これらの母親たちこそ、おそらくじゃじゃ馬神話の本当のモデルだったろう。軽侮と自己卑下の影は、優しい主婦を威圧的なガミガミ女へと変身させるとともに、その娘たちの一部を怒りっぽい男性のコピーへと変身させた。ビジネスや専門職に進出した最初の女性たちは、変わり種と考えられていた。新たに得た自由の中で落ち着かない彼女たちの一部は、やっと獲得した独立を失わないため、再び母親たちのように罠にかからないために、人に感じよく優しくしたり、愛したり、子どもを持ったりすることを恐れた。彼女たちによって神話は補強された。

だが、フェミニストたちが獲得した権利とともに成長した娘たちは、中身のない上品さという古いイメージに戻ることはできなかったし、おばや母たちのように怒りっぽい男性のコピーになる理由も、男を愛するのを恐れる理由も持たなかった。彼女たちは我知らず、女性のアイデンティティにおける転換点にさしかかっていたのである。彼女たちは真の意味で古いイメージを卒業し、ついに自由に何になりたいかを選べるところまで来た。だが、彼女たちに示された選択はどんなものだったか。向こうのコーナーには、激しい気性で男勝りのフェミニストやキャリア・ウーマン――愛もなく、独りぼっち。こちらのコーナーには、優しい妻であり母親――夫に愛され護られて、母を敬愛する子どもたちに囲まれている。祖母たちが始めた情熱的な旅を続けた娘たちも多数いたものの、他の何千人もの女性はその旅から脱落していった――間違った選択の犠牲として。

もちろん、彼女たちの選択の理由は女らしさの神話よりももっと複雑だった。何世代にもわたって纏足《てんそく》によって足を縛られてきた中国の女性は、どうやってついに自分たちは走れることを発見したのだろうか。最初に纏足をほどいた女性たちは、痛みのあまり、歩いたり走ったりはおろか、立つことさえ恐れたに違いない。歩けばあるくほど、足は痛まなくなっていった。だが、もしも一世代の中国の少女たちが纏足をしないますっかり大人になる前に、医者たちが彼女たちの痛みや苦しみを助けたいと考えて、もう一度纏足するように勧めたとしたらどうだったろう。教師たちも、纏足の足で歩くのが女らしく、男に愛されたいと思うならそれが唯一の歩き方だと教えたとしたら？　学者たちも、子どもたちから遠くまで歩いて行けなければ、その方が良い母親になれるだろうと言ったとしたら？　そして行商人たちも、歩けない女性の方がよく小間物を買ってくれると知って、走ることの危険性と纏足の喜びについての作り話を広めたとしたら？　そうしたら中国の小さな女の子たちの多くは、しっかりと纏足をしたいと思い、けっして歩いたり走ったりしたいと願うことなく成長するのだろうか。

歴史がアメリカ女性にもたらした本当の悪い冗談とは、人々が安っぽくフロイトを気取って、死せるフェミニストたちを笑いものにすることではない。それはフロイト的思考が生きた女性たちにもたらした悪い冗談であり、フェミニストたちの記憶を歪めて女らしさの神話の中のじゃじゃ馬という幻影を作り出し、ただの妻や母親以上のものになりたいという願いそのものを枯れさせてしまったことである。神話によってアイデンティティの危機を回避するよう仕向けられ、性的充足の名のもとにアイデンティティそのものから逃げることを許されて、女性たちはまたしても栄光ある女らしさという古いイメージのうちに足を縛られて生きている。そしてそれはぴかぴかした新しい衣装をまとってはいるが、何世紀にもわたって女性を拘束し続け、フェミニストたちが反乱を起こしたのと同じ、古いイメージなのである。

第五章　ジークムント・フロイトの性的唯我論

それはジークムント・フロイトから始まったと言うのは、半分誤りだろう。アメリカでは、それは一九四〇年代になるまで本当には始まらなかったのだから。また、それは始まりというよりは終わらないようにしたのだった。古くからの偏見――女は人間以下の動物で、男のように思考することはできず、たんに子を産み、男に仕えるために生まれてきたという偏見――は結局のところ、闘うフェミニストたちによっても、科学や教育によっても、さらには民主主義の精神によっても簡単には一掃されなかった。それらの偏見はただ一九四〇年代になって、フロイトにかこつけて再び登場したのだ。女らしさの神話は、フロイトの思想から力を得ていた。なぜならフロイトから生まれた観念が、女性と女性について研究した者たちに、彼女らの母親たちの欲求不満、父親や兄弟や夫たちの憤懣や無能力、さらには彼女ら自身の感情や人生において可能な選択について、誤った理解をもたらしたからである。今日まで実に多くのアメリカ女性を罠にかけてきたのは、明白な事実になるまで固定化されたフロイトの観念なのだ。

現代の女性にとってこの新しい神話に疑問を呈するのは、古い時代の偏見よりもずっと難しい。その理由の一部は、この神話を広めているのがまさに偏見の主要な敵であると想定されている教育者や社会科学者たちだからであり、また一部は、フロイト思想の性質自体が文字どおり疑問を寄せ付けないからである。自分自身が分析医ではない、教育のあるアメリカ女性が、どうしてフロイトの真理に疑問を投げかけようなどと思えるだろうか。彼女は、フロイトが思考における無意識の作用を発見したことは、人類の知の探究における偉大な大発見の一つだったことを知っている。その発見の上に築かれた科学が、多くの悩める男女を救ってきたことも知っている。何年も精神分析の訓練を受けてはじめて、フロイトの真理の意味を理解できるようになると教えられてきた。さらに、人間の頭脳がどのように真理を理解するのに抵抗するかということさえ知っているかもしれない。そのような彼女が、どうして分析医だけが踏むことを許される聖なる領域に踏み入ってみようなどと思えるだろうか。

フロイトの発見の基本的な天才性や、彼が私たちの文化に対して行った貢献を疑うことは誰にもできない。また私は、フロイト派や反フロイト派によって今日実施されている精神分析の有効性を疑っているのでもない。だが私は、女としての自分自身の経験と、記者として得た他の女性たちについての知識とから、女らしさについてのフロイトの理論を今日の女性に当てはめることには大いに疑問を抱いている。私が問いたいのは療法としてのフロイト理論の適用ではなく、それが大衆的雑誌やいわゆる専門家の意見や解釈を通してアメリカ女性の生活に浸透していることについてなのだ。私は、女性についてのフロイト理論の多くは時代遅れで、現代アメリカの女性が真実を知る上での障碍となっており、広く見られる名前のない問題の主要な原因であると考えている。

ここには多くの逆説が存在している。フロイトの超自我という概念は、子どもが大人になるのを妨げる「かくあるべき」の専制や過去の専制から、人間が解放されるのを助けてきた。けれどもフロイトの思想は新たな超自我の創出を手助けすることで、教育ある現代アメリカの女性を無力化してきた――新たな「かくあるべき」の専制が女性を古いイメージに縛りつけ、選択と成長を禁じ、個人としてのアイデンティティを持つことを否定しているのである。

性的満足を達成するためには抑圧的な道徳から自由になることだと強調するフロイトの心理学は、女性解放のイデオロギーの一部だった。アメリカにおける「解放された女」のイメージとして根強いのは、一九二〇年代のフラッパーである。面倒な髪を短く刈り上げ、膝をあらわにし、グリニッチ・ヴィレッジかシカゴのノースサイド近くのスタジオに住んで新しい自由さを誇示し、車を運転し、酒を飲んで煙草を吸い、性の冒険を楽しむ――あるいは、その話をする。けれども今日では、フロイト自身の生涯とは遠くかけ離れた理由から、フロイトの思想はアメリカにおける性的反革命の側のイデオロギー上の防護壁となっている。因習的な女らしさのイメージに新たな権威を付与した女性の性的性質についてのフロイトの定義がなかったならば、何世代もの教育を受けた元気なアメリカ女性たちが、自分は誰で、何をなしうるかという目覚め始めた意識からあれほどやすやすと方向転換しただろうとは、私には思えないのだ。

フロイトが女性――つまり、ヴィクトリア時代のウィーンにおいて彼の患者だった中流階級の女性たち――において観察したある現象を言い表すために作り出した「ペニス羨望」という概念に、一九四〇年代のこの国は、文字どおりアメリカ女性にかんするあらゆる悪しきことを説明してくれるものとして飛びついた。女らしさが危機に瀕しているという教義を説き、自立とアイデンティティへと向かうアメリカ女性の運動を反転させようとした者の多くは、フロイトの原典については何も知らなかった。それに飛びついた人々の多く――少数の精神分析医ではなく、それを通俗的に広めた多数の人々、社会学者、教育者、広告業界の仕掛け人、雑誌記者、児童の専門家、結婚カウンセラー、聖職者、カクテル・パーティで物知りぶりたがる人々――は、フロイト自身がペニス羨望によって何を意味していたかを知っていたはずはない。もしフロイトがあのヴィクトリア時代の女性たちについて実際に何を述べていたかを知りさえすれば、女性性についての彼の理論を今日の女性に当てはめることの誤りに気づくはずである。そしてまた、彼がなぜそのような書き方をしたかを知れば、その大部分は時代遅れであり、フロイトの時代にはまだ知られていなかったが、現在ではすべての社会科学者の思想の一部となっている知識によって反証されていることがわかるはずなのだ。

広く承認されているように、フロイトは人間の性格における重要な問題についての非常に洞察力に富んだ正確な観察者だ。だが、そうした問題について述べたり解釈したりするにあたっては、彼は自分の属する文化に囚われていた。私たちの文化のために新しい枠組みを創造しつつも、彼自身の文化の枠組みからは逃れることができなかった。彼って持っている文化的過程についての知識を持つことはできなかったのだ。

近年、科学的知識に対する私たちの接し方全体を変化させた物理学者の相対性理論は、社会科学者の言う相対性よりもずっと堅固で、それだけに理解しやすい。それはスローガンではなく、真理についての基本的な言明であって、いかなる社会科学者も自分の属する文化の牢獄から完全に自由になることはできないし、自分の時代の科学的枠組みの中で観察したものを解釈することしかできない。これはたとえ偉大な革新家であっても当てはまる。彼らは、自分たちの革命的な観察結果を、その時代までの科学の歩みによって定められた言語や分類法へと翻訳せざるをえない。新たな分類法を生み出すような発見でさえ、それを生み出した人の立ち位置によって左右されるのである。

私たち自身の時代では社会科学者の枠組みの一部となっている他の文化についての知識や文化的相対性の理解は、フロイトには未知のものだった。フロイトが生物学的で本能的で不変と信じたものの多くは、現代の研究によって特定の文化的要因のもたらした結果であると証明されている。(1) フロイトが人間の普遍的性質の特徴として述べたものの多くは、たんに一九世紀末ヨーロッパの中流階級の男女の特徴にすぎなかったのだ。

例えば、神経症の性的原因についてのフロイトの理論は、彼が最初に観察した患者の多くがヒステリーを患っていたという事実から来ている——そしてそれらの症例では、彼は性的抑圧が病因であることを発見した。教義に忠実なフロイト派は、依然としてすべての神経症には性的原因があると信じると告白しており、患者の中に無意識の性的記憶を探し求め、彼らが聞きとったものを性的シンボルへと翻訳することによって、何とか自分の求めるものを発見し続けている。

だが事実としては、フロイトが観察したようなヒステリーの症例は今日では非常にまれになっている。明らかにフロイトの時代には、文化的偽善主義によって性は無理矢理抑圧されていた。(一部の社会理論家は、当時の衰退しつつあるオーストリア帝国ではなく他の関心事がなかったことが、フロイトの患者たちの性に対する思い込みの原因ではないかとさえ考えている。(2))明らかに、フロイトの属する文化が性を否定していたという事実が、彼の関心をそれに集中させた。そして彼は、成長のあらゆる段階を性に関連させて描くことで彼の理論を発展させ、自分が観察したあらゆる現象を性的分類法に当てはめたのである。

あらゆる心理学的現象を性的用語に翻訳するとともに、成人後の人格のあらゆる問題点を子ども期の性的固着の結果と見ようとするフロイトの試みは、部分的には医学における彼自身の背景と、当時の科学思想に内在的な因果関係へのアプローチに由来していた。心理学的現象をそれ独自の用語によって処理することに対して彼が抱いていたためらいは、人間行動についての科学者を悩ますことの多い気後れと同じものだった。無意識の心というこれまで探査されたことのない国に入っていくにあたっては、解剖学的器官に関係した生理学的用語を用いて何かを述べることができれば、その方がより安心で、堅固で、本当らしく、科学的に見えたのである。彼の伝記を書いたアーネスト・ジョーンズが述べているように、彼は「脳外科学の安全性にしがみつこうと必死で努力」した。[3] 実のところ、心理学的現象を見たり描写したりする彼の能力は非常に生き生きとしていたので、彼の概念に与えられた名前が生理学や哲学、あるいは文学から借りてきたものであっても——ペニス羨望、自我、エディプス・コンプレックス——それらは具体的な肉体的現実性を有しているように見えた。ジョーンズが言うように、心理学的事実は「彼にとって、冶金家にとっての金属と同様に本物で具体的なもの」だったのである。[4] この能力は、彼の概念が彼ほどには深く考えない人々によって受け継がれていくにつれて大きな混乱の源となっていった。

フロイト理論の上部構造全体は、ヴィクトリア時代の科学的思考の特徴である厳密な決定論のもとに成り立っている。今日では決定論は、心理学的だけでなく物理的プロセスや現象も含めた、原因と結果についてのより複雑な見方によって置き換えられている。この新しい見方では、行動科学者は心理学的出来事を説明したり、現実らしく見せかけたりするために、生理学から用語を借りてくる必要はない。性的現象は、例えばシェイクスピアが『ハムレット』を書いたという現象とまさに同じ程度に現実なのであって、それは性的用語に還元することで正確に「説明」できるようなものではない。フロイトその人でさえ、彼自身の決定論的、生理学的青写真によって説明することはできない。もっともフロイトの伝記作者は、彼の天才、「知識に対する天与の情熱」は、元をたどれば三歳になる以前の、寝室で母親と父親の間で行われていることに対する飽くなき性的好奇心から来ているとしているのだが。(5)

今日では、生物学者や社会科学者、およびしだいに多くの精神分析医が、人の成長に対する欲求や衝動は、性と同じように基本的な人間の根源的欲求であると見ている。フロイトが性的発達の用語を用いて描写した「口唇」期と「肛門」期――子どもは最初、口を用いて母親の乳房から、次に排泄行動から性的喜びを得る――は、今では人間の成長の諸段階であり、性だけでなく文化的状況や親の態度によって影響を受けると考えられている。歯が生えてくると、口は吸うだけでなく噛むことができるようになる。筋肉と脳も成長し、子どもはコントロールしたり、何かを上手にしたり、理解したりできるようになる。そして五歳、二五歳、あるいは五〇歳でも、成長し学びたいという彼の欲求は、性的欲求と同様に、彼を取り巻く文化によって満たされ、拒否され、抑圧され、萎縮させられ、かき立てられ、あるいは水を差されるのである。

現代の児童の専門家は、初期段階での母子関係における問題は、しばしば食べることをめぐって、後には排泄のしつけをめぐって顕在化することが多いというフロイトの観察を認めている。だが近年のアメリカでは、子どもの「摂食問題」は顕著に減少している。子どもの本能的発達が変化したのだろうか。もしも定義上口唇期が本能的なものなら、それはありえない。それとも文化によって、食べることが幼児期の問題の焦点ではなくなったのだろうか――アメリカでは子育てにおける寛容さが強調されることで、あるいはたんに私たちの豊かな社会では、食物が以前のように母親の不安の種ではなくなったという事実によってそうなったのか。私たちの文化に対するフロイトその人の影響によって、教育のある両親は排泄のしつけについても、葛藤を生じさせるようなプレッシャーをかけないよう気をつけていることが多い。今日ではそうした葛藤がより起こりやすいのは、子どもが話したり読んだりすることを学ぶ時である。(6)

一九四〇年代にアメリカの社会科学者や精神分析医は、すでに文化についてしだいに意識するようになり、それに照らしてフロイトの概念を再解釈し始めていた。だが奇妙なことに、このことは彼らが女性性についてのフロイトの理論をそのままアメリカ女性に当てはめることの妨げにはならなかったのである。

事実は、フロイトにとって女性は、今日のマディソン・アヴェニュー〔アメリカの広告業の中心地〕の雑誌編集者にとって以上に、奇妙で劣等な、人間以下の種だったということである。彼は女性は子どもっぽい人形で、男に愛されることと、男を愛し、男の要求に応えることによってのみ存在すると見ていた。それは人類が何世紀にもわたって太陽を、地球の周りを回る光り輝く物体とのみ見ていたのと同種の無意識の唯我論だった。フロイトは、彼の文化の中に埋め込まれたこの態度とともに大人になった――ヴィクトリア時代のヨーロッパ文化だけでなく、日々の祈りの中で男は「神よ、私を女になされなかったことを感謝します」と言い、それに従って女は「神よ、御心のままに私をお創りくださったことを感謝します」と祈るような、ユダヤ人の文化でもあった。

フロイトの母は、二倍も年の離れた男のきれいで従順な妻だった。父親は、専制的な権威をもって家族を支配したが、それはユダヤ人が迫害され、父たちが外の世界で権威を確立することがほとんどできなかった何世紀もの間に、ユダヤ人家族における伝統となったものだった。母は長男であるジークムントを熱愛し、彼は偉大になるべき神秘的な運命のもとにあると考えた。彼女は、あたかも彼のすべての望みを叶えるためだけに存在しているかのようだった。同様に彼女が望みを叶えようとしていた父親に対して彼が抱いた性的な嫉妬の記憶が、彼のエディプス・コンプレックス理論の基盤となった。母や姉妹と同様に妻にとっても、彼の必要、欲望、望みは、家中の者がその周りを回るべき太陽だった。彼の姉妹が練習するピアノの音が彼の勉強の邪魔になった時には、「ピアノが消え失せた」と、娘のアンナ・フロイトは何年も後に回想している。「そしてそれとともに、彼の姉妹たちが音楽家になるすべての機会もまた」。

フロイトはこうした態度を問題と考えなかったし、女性にとっての何らかの問題の原因とも思わなかった。男に支配されるのは女の天性であり、男を羨むのは女の病気だった。フロイトが四年間の婚約期間中(一八八二〜八六年)に将来の妻マルタに送った手紙は、ノーラが人間を気取ることを叱る『人形の家』のトルヴァルのような、優しいが保護者ぶった調子で書かれていた。フロイトはウィーンの研究室で人間の脳の秘密について研究を始めており、彼の「かわいい子」であるマルタは、彼が連れ去りに来るまでの四年間、彼女の母の保護下で待つことになっていた。これらの書簡からは、彼女はもう子どもではなく、かといってまだ主婦でもなかったのに、彼が彼女のアイデンティティを子どものような主婦として定義していたことが見て取れる。

テーブルと椅子、ベッド、鏡、幸せな二人に時間の経過を知らせる時計、一時間の楽しい昼寝のための安楽椅子、床をきれいに保って主婦を助けてくれる敷物、食器棚にはきれいなリボンで束ねたリネン類、最新流行のドレスと造花で飾った帽子、壁の絵画、日常使いのグラスとワイン用やお祝いの時用のグラス、皿や鉢……それに裁縫用の台と心地の良いランプ、そしてすべてはきちんと整理されていなければならない。さもないと、家具の一つ一つについて心を砕いてきた主婦は、いらいらすることになるだろう。こちらの品は、真面目な仕事ぶりによって家政がよく管理されていることを示す証拠だし、あちらの品は、美を感じる心や、忘れたくない親しい友、かつて訪れた町、思い出したくなる時間を示すものだ。……われわれはそうした小さな物たちに心を奪われていていいのだろうか。もちろん、ためらうことなく。……

そう、僕は知っている、きみがどんなに可愛いか、一軒の家を天国に変えることができるか、僕が関心を持つ事に一緒に興味を持ってくれるか、どれほど骨身を惜しまず働いても朗らかでいてくれるかを。僕は、家のことはきみの望むままに任せたいと思うし、きみは優しい愛情と、女性が軽蔑されることの多いあらゆる弱さを克服することで、僕に応えてくれるだろう。僕の仕事が許す限り、僕らは一緒に本を読んで勉強しよう。僕はきみに、女の子がまだ将来の伴侶や彼の職業をよく知らない間は興味を持てないようなことについても手ほどきをしてあげよう……(7)

一八八五年七月五日には、彼は彼女がまだエリーゼとつきあいを続けていることを叱っている。この友人は明らかに、男についての見方が上品とは言えなかったようなのだ。

自分はもう大人だから、この関係が害になることはないときみが思うからって何になるというのだ。……きみは弱すぎるから、僕は誤りを正さずにはいられない。

僕たちのどちらかがすることは、もう一方の責任でもあるのだからね。きみは僕の大切な可愛い人で、たとえきみが間違いを犯しても、それが変わるわけではない。……でも、可愛い子よ、きみにはこういうことは全部、わかっているよね[8]……

フロイトの女性についての科学理論の中には、騎士道と恩着せがましさが混じり合ったヴィクトリア時代的な態度が見られる。それは、彼が一八八三年一一月五日に書いた、ジョン・スチュワート・ミルの「女性解放と女性問題全般」についての見解を嘲笑する手紙にはっきりと現れている。

彼の著作のどこにも、女は男とは異なる――劣ったとは言わないでおこう、むしろ正反対だろう――生き物だということが書かれていない。彼は女性の抑圧と黒人の抑圧とが似ていると見ているのだ。男がその手にキスし、その愛のためには何でもしようと思う娘なら、参政権や法的能力などなくても、男を正しい道に進ませることができるだろうに。女を男とまるで同じ生存競争に送り込もうというような考えは、まったくうまく行くはずがない。たとえば、もし僕が僕の優しい可愛い子が競争相手だと考えたなら、一七カ月前にも言ったように、僕はきみが好きだし、どうか喧嘩からは身を引いて、家庭での静かで競争などない仕事に戻ってほしいと告げて終わりだろう。保護を必要としていながら、結局は勝利をおさめる女性の柔和な性質が育て方を変えることですべて押さえつけられてしまい、女も男と同じようにパンを稼げるようになることはあるかもしれない。また、そうなった時には、世界が僕たちに与えてくれる最も喜ばしいもの——理想の女らしさ——が消え去ってしまったと悼むことも、正しいとはされないかもしれない。僕は、法律や教育におけるあらゆる改革の動きは、男が社会で何らかの地位を得られるようになる年齢よりもずっと前に、自然はすでに美と魅力と優しさによって女の運命を決定しているという事実を前にして、崩れ去るだろうと信じている。これまで女性には許されなかったもので、法や習慣が与えられるものはたくさんあっても、女性の地位は間違いなく現状のままだろう。それは、若い日には崇拝される恋人、成熟期には愛される妻であることだ。(9)

よく知られているように、フロイトの理論はすべて彼自身についての鋭く、終わることのない精神分析に基づいており、彼のすべての理論の中心にはセクシュアリティがある。それゆえに、彼自身のセクシュアリティにかんするある種のパラドクスが重要だと思われる。多くの学者が指摘しているように、彼の著作では成人後のセクシュアリティの発現よりも幼児期のそれの方にずっと多くの注意が払われている。フロイトの主要な伝記作者であるジョーンズは、彼はその当時としても例外的なほど慎み深く、ピューリタン的、道徳的だったと指摘している。実生活においては、彼は比較的性への関心は薄かった。若い日の崇拝の対象である母親と、一六歳の時のジゼルという名の少女との純粋に空想の中だけのロマンス、そして二六歳でのマルタとの婚約だけである。二人ともウィーンにいた九カ月間は、彼女の方が明らかに落ち着かず、彼を怖がっていたために、あまり幸せなものではなかった。だが、安心できる距離をおいて離れていた四年間には、九〇〇通のラブレターという「大いなる情熱」が存在した。結婚後、その情熱は速やかに消え去ったようだが、フロイトの伝記作者たちは、婚外に性的満足を求めるには、彼は厳格な道徳家でありすぎたとしている。成人後の彼が可能なかぎりの激しい情熱と憎しみとを注いだ唯一の女性は、二人の婚約時代初期のマルタだけだった。それ以降、そうした感情の対象は男性になった。フロイトを敬愛する伝記作者であるジョーンズは、

「この点にかんしてフロイトが標準から逸脱していたこと、および精神的バイセクシュアルだと自分で公言していることは、彼の理論的見解にある程度影響を及ぼしていたかもしれない」と述べている。(10)

それほど敬虔ではない伝記作者たち、そしてジョーンズその人も、フロイトの理論を彼自身の生涯という観点から見てみると、至るところにセックスを見てとるピューリタン的なオールドミスを思い起こさせると指摘している。(11) 興味深いことに、彼の従順な主婦《ハウスフラウ》に対するフロイトの主な不満は、マルタが十分に「従順」ではないということだった――それでいて、彼女は自分といる時には「くつろいで」いないし、「戦友」にもなりえないと、矛盾していて興味深いことを言っている。

だが、やがてフロイトも気づいて苦しむように、彼女は心の内では従順ではなく、簡単に鋳型にはめられるのを良しとしない芯の強い性格だった。彼女の人格は十分に発達し、よく統合されていて、精神分析医が「正常」という最高の賛辞を贈るに値するようなものだった。(12)

フロイトの「彼女を彼の完全さのイメージの型にはめこもうとする、けっして成就することのない意図」が垣間見えるのは、彼女に宛てて「生まれてまだ一週間の、とても若い恋人になって、意地悪さを全部すぐに消し去」らねばならないと書くような時である。だがその後、彼は自分自身を責めて、次のように書く。

愛する人は人形ではなく、良き同志として、厳しい主人の知恵が行き詰まった時にも、思慮深い言葉を発することができるようでなければならない。だが私は、彼女が私の意見がはっきりわかるまでは自分の意見を控えるよう、その率直さを押しつぶそうとしてきたのだ。(13)

ジョーンズが指摘しているように、フロイトは彼女が主要なテスト——「彼その人、彼の意見、感情、意図との完全な一体化」——に合格しなかったことで苦しんだ。「彼女に彼の「刻印」が押されているのを感じられなければ、彼女は本当に彼のものではなかったのだ」。フロイトは、「もし他人の中に矯正すべきものを何も見つけられなければ、退屈だとさえ認めていた」。そしてジョーンズは再度、フロイトの愛は「非常に好ましい条件のもとでしか解き放たれ、表現されなかった。……マルタはおそらく彼女の支配的な恋人を恐れ、よくあるように沈黙の中に逃げ込もうとした」と強調している。[14]

そこで結局、彼は次のように書き送った。「僕は自分の要求を撤回するよ。きみにそうなってほしいと願ったような戦友はいらない。僕には、一人で戦えるだけの強さがある。……きみには僕の大切な、可愛い愛人でいてほしい[15]」。こうして明らかに、「彼の生涯でそうした感情［愛と憎しみ］が一人の女性に集中した唯一の時期」は終わった。[16]

結婚生活は世間並みのものだったが、あの情熱はもうなかった。ジョーンズは、このように描写している。

これほど成功した結婚はほとんどなかったろう。マルタはもちろん、優秀な妻であり母親であった。彼女は見事な管理人――召使いを辞めさせずにずっと雇っておける希有なタイプの女性――だったが、けっして人間よりも物の方を優先するような種類の主婦《ハウスフラウ》ではなかった。夫にとっての快適さと便利とが、つねに最優先だった。……彼女には、世間一般以上に彼の想像力のさまよえる飛翔について行くことは期待できなかった。[17]

彼女は、最も甘いユダヤ人の母親と同じように彼の物理的な必要を満たすために献身しており、「パパ」の都合に合わせて、厳格なスケジュールのもとに毎回の食事を準備した。だが彼女は、対等な人間として彼の人生を共に生きることを夢見たことはなかった。フロイトの方でも、彼が亡くなったりした場合に、とくに教育の面で彼女が子どもたちのふさわしい保護者になれると考えてはいなかった。彼は、彼女を劇場に呼ぶのを忘れていたという夢について回想している。「重要でないことは忘れるのも許されることを意味している」というのが、彼の連想分析だった。(18)

フロイトの頃の文化では自明のこととされていた女性の無制限の従属や、そもそも独立した行動や個人としてのアイデンティティを得る機会が欠けていたことは、しばしば妻の側にはあの不安と抑圧を、そして夫の側にはあの苛立ちをもたらしたものと見え、フロイトの結婚でもそれが特徴となっている。ジョーンズが要約しているように、女性に対するフロイトの態度は「おそらく古くさいと言えるだろうが、それは個人的な要因によるよりも、彼を取り巻く社会的環境や彼が育った時代から来ているとする方がわかりやすいだろう」。

その問題についての彼の知的意見がどうであれ、著作や書簡の中には彼の感情的態度を示すものが多く見られる。彼が男性を神の創造物の支配者と見ていたと言うのは、もちろん言い過ぎだろう。彼の性格の中には、尊大さや優越感は少しも見られなかったからである。しかし彼が、女性の主要な役割は男の必要や安らぎのために世話をする天使であることだという女性観を持っていたと述べても、不当ではないだろう。彼の手紙や愛の対象の選択からは、彼の頭にあったのはただ一種類の性的対象、優しく女らしい女性だったことは明らかである。……

フロイトが女性の心理は男性のそれよりも謎めいていると気づいていたことは、ほぼ間違いない。彼はあるとき、マリー・ボナパルトにこう言った。「いまだかつて答えの出たことのない大きな問題、そして私も、女性の精神についての三〇年に及ぶ研究をもってしてもまだ答えの出せない問題とは、女性は何を望んでいるのか、というものです(19)」。

ジョーンズはまた、次のように述べている。

フロイトは、別なタイプの女性、より知的で、おそらくは男っぽい性格の女性にも関心を持っていた。そうした女性たちは優れた才能の持ち主だったが、男の友人たちに付随する形で彼の人生に何度か登場した。だが、彼が彼女たちにエロティックな魅力を感じることはなかった。[20]

こうした女性たちの中には、彼の義理の妹で、マルタよりずっと知的で自立的だったミンナ・ベルナイスや、それより後になるが、女性の分析医や精神分析運動の支持者だったマリー・ボナパルト、ジョーン・リヴィエール、ルウ・アンドレアス＝ザロメが含まれる。だが、彼を偶像視する者であれ、敵視する伝記作者であれ、彼が一度でも婚外に性的満足を求めたことがあると疑う者はいない。したがって、セックスは彼の人間としての情熱とは完全に切り離されていたのであり、それらは長い生涯のうち後年の多産な時期に彼の思考を通して、そしてそれより程度は劣るが、男性や、彼が自分と同等で、したがって「男性的」と見なした女性たちとの友情を通して表現されたのである。彼は

かつて、「私はいつも、誰かを自分を基準に理解できないと気味悪く感じる」と言っている。(21)

フロイトの理論ではセックスが重要であるにもかかわらず、彼の言葉からは性行為は彼にとって下劣なものに映っていたという印象を受ける。もしも男から見て女性そのものがそれほど下劣だったとしたら、どうしてそれ以外のセックスの見方がありえただろうか。もちろん、彼の理論ではそう言ってはいない。フロイトにとっては、母親もしくは姉妹との近親姦という考えが、男性に「性行為を、体を堕落させ汚すというだけでない下劣な何かと見る」ようにさせていたのだ。(22)いずれにせよ、フロイトにとって女性の劣位は自明のことであり――それが女性性についての彼の理論へのカギとなる。フロイト理論では、女性の人格の原動力となっているのはペニスへの羨望であり、それが原因で女性は、「男の子から見て、また後にはおそらくは男性から見てそうであるように」、自分の目にも非常に劣ったものと感じられ、その結果、正常な女性性においては夫のペニスを欲するようになるのだが、この望みは、彼女が息子を産むことでペニスを所有するようになるまでは、本当には叶えられることはない。要するに、彼女はたんなる

「欠けたところのある男《オム・マンケ》」、何かを欠いた男にすぎないのだ。著名な精神分析医のクララ・トンプソンが述べているように、「フロイトはけっして女性に対するヴィクトリア時代的な態度から自由になることはなかった。彼は、ヴィクトリア時代の限られた展望と生活とを、女であるという運命の避けがたい一部として受容していた。……彼の考え全体の中でも最も基本的な観念である去勢コンプレックスとペニス羨望は、女は男よりも生物学的に劣っているという前提に立つ仮説である[23]」。

フロイトは、ペニス羨望という概念で何を意味していたのだろうか。なぜなら、フロイトは当時の文化から自由でなかったと気づいている人々でさえ、彼がそこで観察したものを正しく報告していたことについては疑問を抱いていないからだ。フロイトは、彼がペニス羨望と呼んだ現象をあのヴィクトリア時代のウィーン中流階級の女性たちに例外なく見出したために、それを女性性にかんする彼の理論全体の基盤としたのである。「女性の心理学」という講義の中で、彼はこう述べている。

男の子の場合には、女性の性器を見て、自分が非常に誇りにしている器官がすべての女の体にもついているわけではないことを知った時、去勢コンプレックスが形成されます……そしてそれ以降、彼は去勢不安の影響を受けるようになり、それがその後の発達の最も強い原動力となります。同様に女の子における去勢コンプレックスも、異性の生殖器官を目にすることから始まります。女の子はただちにその違いに気づくとともに、その重要性にも気がつきます。女の子は自分が非常に損をしていると感じ、多くは自分にもあんなものが欲しいと言ってペニス羨望のとりこになります。それは彼女の発達と性格形成に拭い難い痕跡を残し、最も良好な場合でも、非常な精神的エネルギーを費やすことなしには克服されないのです。女の子が自分にはペニスがないという事実を認めることは、その欠落を気軽に受け止めるという意味ではありません。それどころか、女の子は長い間、それに似たものが欲しいという望みに執着し、途方もない年数にわたってその可能性を信じ続けるのです。そして現実を知ることで、この望みの実現は不可能だと諦めるようになったずっと後でも、それは無意識の中でずっと続き、相当なエネルギー量を保っていることが、分析によって証明されています。つまり、これほど熱望するペニスを得たいという欲望が、成人した女性を分析に来させる動機と関連している可能性があり、彼女がいかにも分析から期待しそうなもの、たとえば知的な職業に携わる能力なども、こ

の抑圧された望みが昇華されて姿を変えたものと判明することが多いのです。(24)

「自分が去勢されていることの発見は、女の子の人生における転換点です」と、フロイトは続ける。「女の子は、はるかに良いものを持って生まれた男の子との比較にがっかりし、自己愛を傷つけられます」。同じ理由で男の目から見た女の価値が低いように、彼女の母も、すべての女性も、女の子の目には価値が劣って見えるようになる。ここから行き着くのは、完全な性の禁止と神経症か、あるいは「ファルス的」活動(すなわち「通常男の特徴とされるような活動」)を諦めるのを拒否する「男性性コンプレックス」か、あるいは「正常な女性性」で、そこでは女の子自身の活動への衝動は抑圧され、そのペニス願望は父親へと向かう。「しかし、女性としての状況が確立されるのは、ペニスへの願望が子どもへの願望によって置き換えられるようになってからで――子どもがペニスの役割を果たすのです」。彼女が人形で遊んでいた時、それは能動性であって受動性ではなかったため、「真の女性性の表現ではなかったのです」。ペニス願望という「最も強い女性としての願望」が真の充足を見出すのは、「子どもが小さな男の子で、求めていたペニスを備えている時」のみであり、「母親は息子に、自分の中では抑制せざるをえなかったあらゆる野心を移し替え、彼女のうちに残る男性性コンプレックスのすべてを満足させることを、息子に期待できるのです(25)」。

だが、彼女の生来の欠陥とその結果であるペニス羨望はあまりに克服が難しいために、女性の超自我――彼女の意識や理想――はけっして男性の超自我のように完全に形成されることがない。「女性はわずかな正義の感覚しか持っておらず、これは明らかに女性の精神生活においては羨望が支配的であることと関係しています」。同じ理由から、社会に対する女性の関心は男性の場合よりも弱く、「本能を昇華させる能力も劣っています」。最後にフロイトは、「分析の仕事の中でくり返し受ける印象」――女性性に固有の不完全さのゆえに、精神分析でさえ大して女性の役には立たないという印象――について述べずにはいられなかった。

三〇歳頃の男性は若々しく、言うなれば発達が完成していないように見え、われわれは、分析によって開かれた発達の可能性を彼がうまく役立てるだろうと期待できます。ところが同じ年頃の女性は、精神的なかたくなさと変わることの難しさによってわれわれを動揺させることが多いのです。……彼女には、それ以上の発達の道が開かれていません。まるですべての過程がすでに完了していて、未来に向けて影響を与えようにも受けつけないかのようなのです。実際、女らしさへの困難な発達の過程で、その人のあらゆる可能性が使い果たされてしまったかのように……われわれが彼女の神経症的葛藤を解決し、苦しみを取り除くのに成功した場合でさえ、そうなのです[26]。

彼が報告していたのは、本当はどういうことなのだろうか。フロイトが生物学的と信じていたものの多くは文化的反応であったという、私たちの新しい知識に照らしてフロイトの他の概念が再解釈されてきたように「ペニス羨望」を解釈するならば、見えてくるのはたんに、ヴィクトリア時代の文化には女が男を羨まねばならない理由がたくさんあったということであり、それは実際、フェミニストたちが闘ったのと同じ状況だったのだ。もしも、男たちが楽しんでいるような自由や地位や楽しみを拒否されているある女性がこれらのものを得られたらと密かに願ったとしたら、夢の中で彼女は手っ取り早く、自分が男だったらと願い、男たちをはっきりと女から区別しているもの——ペニス——を持つ自分を思い描いたかもしれない。もちろん、彼女は自分の羨望や怒りを隠し、子どもや人形、玩具を演じることを学ばねばならなかった。彼女の運命は、男を魅了することにかかっていたからだ。だがその裏で、それは依然としてずきずきと痛み、愛を求める彼女を狂おしくさせた。もしも彼女が密かに自分自身を軽蔑しており、自分とはまったく違ったものとして男を羨んでいたなら、彼女が愛の仕草をすべてやってみせたり、奴隷じみた崇拝の念さえ抱いたりしたとしても、はたして自由で喜びに満ちた愛を感じることはできただろうか。女の男への羨望や自分自身に対する軽蔑を、たんに自分の性的奇形を受け入れることを拒否しているという説明で片づけることはできない――女は生まれつき男よりも劣っていると考えるのでない限り。もしそう考えるなら、平等になりたいという彼女の願いは、当然、神経症ということになる。

今では認められているように、フロイトは男性の場合でさえ、エゴもしくは自己の成長、「支配し管理したい、あるいは環境と自己実現的関係を築きたいという衝動」に対して適切な関心を払ったことはなかった。(27) フロイトの偏見から自分を解放し、成長したいという人間の持つ欲求について他の行動科学者とともに研究するようになった分析医たちは、これは人間の基本的欲求であり、いかなる次元でもそれが阻害されることは精神的トラブルの原因になると考えるようになっている。性的なものは、人間の潜在的可能性の中の一つの次元にすぎない。フロイトは、あらゆる神経症には性的なものが根源にあると考えたことを思い出さねばならない。彼は、女性を男性との性的関係という観点からしか見ていなかった。だが、彼が性的問題を見ていた女性たちのすべてには、妨げられた成長という非常に深刻な問題、完全な人間としてのアイデンティティにまで達しない成長——未熟で不完全な自己という問題があったに違いない。当時の社会は、教育と自立をはっきりと拒否することによって、女性たちが潜在能力を十分に実現したり、彼女たちの成長を促したかもしれない関心や理想を追求し達成したりすることを妨げた。フロイトはこうした欠乏について報告しているものの、それらを「ペニス羨望」の代償と説明することしかできなかった。彼は男性に対する女性の羨望を、性的な病としてのみ見ていた。彼は、男と対等になりたいと密かに切望する女性たちは、男の対象物になることを喜ばないだろうと見ており、この点では事実を述べていたように見える。しかし彼が平等を求める女性の思いを「ペニス羨望」と切り捨てる時、彼はただたんに、女性が彼のペニスを身につけることがないのと同様に、女はけっして男と対等にはなれないという、自分の考えを述べていたにすぎないのではないだろうか。

フロイトは社会を変えることには関心がなかったが、男性と女性を社会に適合させる手助けをすることには関心があった。そこで彼は、ある中年の独身女性の症例について述べている。一五年にわたり人生で何かの役割を引き受けることを妨げてきた複合的症状から、彼女を解放するのに成功したというのである。これらの症状から解放された彼女は、「けっして小さくない才能を開花させ、手遅れになる前に人生から若干の評価や楽しみと成功を引き出そうと、活動の渦の中に飛び込んだ」。だが、自分にはどんな場所も用意されていないとわかった時、彼女のすべての試みは終わりを告げた。彼女はもはや神経症の症状に後戻りすることはできなかったので、事故を起こすようになり、足首や足、手を捻挫した。これらについても分析されてしまうと、「事故の代わりに彼女は同じような状況で、カタルや咽頭痛、インフルエンザのような状態、あるいはリューマチ様の腫脹など、ちょっとした病気にかかるようになり、ついには何も活動しない生活に引きこもると心を決めたことで、すべての交渉が終わりとなった(28)」。

たとえフロイトや彼の同時代人が、女は神によって与えられ、取り消すことのできない天性のゆえに劣っていると考えていたとしても、今日では科学がそのような見方を正しいとは認めない。今では私たちは、そうした劣等性は女性に教育が与えられなかったり、家庭に閉じ込められたりしたことが原因だと知っている。女性の対等な知性が科学によって証明され、純粋な筋力以外のあらゆる分野で女性には対等な能力があることが立証された今日では、明白に女性の天性の劣等性を根拠にしたような理論は、偽善的であると同時にばかばかしく見えるだろう。しかし、今日では時を超えた性の真実という仮面によって手の込んだ偽装がなされてはいるものの、女性についてのフロイト理論の根底には今もそれが残っているのである。

フロイトの追随者たちは女性をフロイトが定義したイメージ――劣っていて子どもっぽく、無力で、男の受け身の対象物になることに適応しない限り、幸福にはなれないというイメージ――どおりにしか見ることができなかったため、彼らは女性からその抑圧された羨望、対等になりたいという神経症的欲望を取り除く手助けをしたいと願った。彼らは、女性が生まれつきの劣等性を確認することで女としての性的充足を見出すのを助けようとしたのである。

だが、その劣等性を規定していた社会の方は、フロイトがペニス羨望と呼ぶ状態の原因と治療法とをフロイトの追随者たちが二〇世紀のアメリカにそっくり移植した頃までには、根本から変化していた。文化的過程と人間の成長についての私たちの新しい知識に照らして見れば、ヴィクトリア時代の女性たちには拒否されていた権利や自由や教育によって成長した女性たちは、フロイトが治療しようとした女性たちとは異なっているはずだと思うだろう。彼女たちには、男を羨むべき理由はそれほどないと思うのではないか。だが、アメリカ女性に向けてフロイトは奇妙にも文字どおりのやり方で解釈されたため、ペニス羨望はそれ独自で不思議な生命を得て、あたかもその現象が観察された女性たちからは独立して存在するかのようになってしまった。女性についてのフロイトのヴィクトリア時代的なイメージの方が、それが適用された二〇世紀の女性たちよりも本物らしくなったのだ。アメリカでは女性性についてのフロイト理論があまりに文字どおりにとらえられたため、今日の女性たちもヴィクトリア時代の女性たちと何ら変わりはないと考えられた。一世紀前、男性に比べて人生で女性に課せられていた現実の不公平は、たんにペニス羨望を合理化するものとして片づけられた。そして、当時の女性に比べて今日の女性に開かれた現実の機会は、ペニス羨望の名の下に封じられてしまったのである。

フロイト理論が文字どおりに当てはめられた例として、精神分析医のマリニア・ファーナムと社会学者のフェルディナンド・ランドバーグによる『現代の女性――失われた性』に以下のような一節がある。これは雑誌や結婚講座でうんざりするほど引き合いに出された結果、そこで言われていることの大半は、現代の常識、受容された真理と化したのである。彼らはフェミニズムとペニス羨望を同一視して、こう断定している。

フェミニズムは、その政治的計画と社会的計画の多く(すべてではない)が外見的には正しいように見えても、核心部分においては深刻な病気である。……今日の女性たちの訓練と発達が主に目指すところは……まさに性的喜びを得るのに必要な特性を弱める働きをしている。その特性とは、感受性と受動性、恐れたり恨んだりせずに依存状態を喜んで受け入れることであり、性的生活の最終目標――妊娠に向けての深い内面性と準備である。……

女の生体に備わった力では、男が成功するための手段によって幸福感を得ることはできない。……フェミニストが女性たちを子どもの養育という女の道から外れさせ、偉業達成という本質的に男のものである道を進ませようとしたのは、誤りであった。……

したがって、ここから見えてくる心理社会的法則とは、次のとおりである。女性は教育を受ければ受けるほど、多かれ少なかれ重症の性的不調に陥る可能性が大きくなる。ある集団の女性たちの性的不調の度が大きいほど、彼女たちが産む子どもの数は少なくなる。……運命は彼女たちに対し、マクベス夫人がしつこく求めた願いを叶えたのだ。彼女たちは、出産という問題についてのみならず、喜びの感情においても性を失ったのである。(29)

このようにフロイトを広めた人々は、フロイト自身が気づいていない女性に対する因習的偏見の中心部分を、エセ科学的なセメントの中にさらに深く埋め込んだのである。フロイトは、たった一つの事実から膨大な量の推論を引き出すという自身の傾向についてよく自覚していた——実り多く創造的な方法ではあったが、その一つの事実の意味するところが誤って解釈されたとしたら、両刃の剣ともなりえた。フロイトは、一九〇九年にユングに宛ててこう書いている。

私の死後、私の犯した誤りが聖遺物のように崇拝されるかもしれないというあなたの推測は、非常に私を面白がらせました。しかし、私はそうは思いません。反対に、私の後継者たちはできる限り大急ぎで、私が遺したものの中の安全無害ではな

いものをすべて廃棄しようとすると思います。(30)

だが、こと女性という主題にかんしては、フロイトの後継者たちは彼の誤りを増大させただけでなく、現実の女性たちについての彼らの観察をフロイトの理論枠組みに当てはめようと悪戦苦闘する中で、フロイト自身は開かれたままにしていた問いを閉じてしまったのである。たとえばヘレーネ・ドイチュは、一九四四年に二巻の決定版『女性の心理学――精神分析的解釈』を出版したが、女性のあらゆる問題の原因をペニス羨望そのものに求めることはできていない。そこで彼女がしたのはフロイトでさえ賢明でないと思ったであろうことだった。たんに性的な領域だけでなく生活のあらゆる領域において、「女性性」を「受動性」と、「男性性」を「能動性」と同一視したのである。

女性の地位が外界の影響の下にあることは十分認識しているが、それでも私はあえて、「女性―受動的」「男性―能動的」という根本的なアイデンティティは、あらゆる文化と民族において多様な形態と多様な量的比率を持ちつつ姿を現していると言いたい。

女性はしばしばこの特性に対し、それが自然によって与えられ、しかもそこからある種の利点を得ているにもかかわらず抵抗し、自分自身の性質に完全に満足してはいないことを示唆するような多くの行動様式を取る……こうした不満の表現がそれを改善しようとする試みと組み合わされた結果、女性の「男性性コンプレックス」が生まれる[31]。

ドイチュ博士が洗練させた「男性性コンプレックス」とは、「女性の去勢コンプレックス」から直接派生するものである。すなわち、依然として解剖学は宿命であり、女は依然として「欠けたところのある男《オム・マンケ》」なのだ。もちろん、ドイチュ博士はついでに「しかし女の子にかんしては、環境が彼女の攻撃性や活動を禁じるような影響を及ぼす」と述べてもいる。したがって、ペニス羨望と不完全な女の解剖学的構造と社会とは、「すべてが一緒に働いて女性性を生み出しているようだ[32]」。

しかし、「正常な」女性性が達成されるのは、その女性が最終的に自分自身の活動目標や自身の「オリジナリティ」をすべて放棄し、夫、もしくは息子の活動や目標に一体化し、それらを通して自分を満足させる限りにおいてである。このプロセスは性の介在しないやり方へと昇華することも可能だ——たとえば、男性の上司の発見のために基礎的な調査を行う女性のように。父親のためにその生涯を捧げる娘もまた、満足すべき女性的「昇華」を行っている。ただ、平等を基盤とした彼女自身の、あるいは自発的な活動だけが、「男性性コンプレックス」という非難に値するのである。この優秀なフロイトの女弟子が断定的に述べるところでは、一九四四年までのアメリカにおいてさまざまな分野で自分たち自身の活動によって著名となった女性たちは、女性としての充足を犠牲にしてそうなった。彼女は一人も名前をあげてはいないが、彼女たちは全員「男性性コンプレックス」にかかっていたというのである。

精神分析医ではない少女や女性が、一九四〇年代に突然、あらゆる洗練された思想の伝達者たちからあふれ出すようになったこうした不吉な見解を、どうして話半分に受け止めることができただろうか。

フロイト理論が二世代にわたって教育あるアメリカ女性を洗脳するために利用されたやり方は、精神分析界の陰謀の一部だったと示唆するのは、ばかげているだろう。それをもたらしたのは、善意でフロイトを広めようとする人やうっかり理論を歪めてしまった人、正統派の帰依者や時の流行に乗り遅れまいとする者たち、悩みで苦しむ人や治った人や悩みから利益を得た人であり、そして何よりも、その特定の時期のアメリカ人に特有の力とニーズとが一致したことであった。実際には、女性性の充足についてのフロイト理論がアメリカ文化の中に額面どおりに受容されたことは、多くのアメリカの精神分析医が女性患者に見ていることをフロイト理論に適合させようと個人レヴェルで悪戦苦闘したことと、悲喜劇的なコントラストをなしていた。理論では、精神分析によって女性たちが「男との張り合い」や「ペニス羨望」から解放されれば、妻や母として自分自身を充足させられるようになるはずだった。だが、ことはそれほど簡単ではなかった。「なぜアメリカ女性はこんなに不満なのか、私にはわからない」と、ウェストチェスターのある分析医は主張した。「どういうわけか、アメリカ女性からペニス羨望を根絶するのは非常に難しいようだ」。

フロイト自身のウィーンの精神分析研究所で訓練を受けた最後の弟子の一人である、ニューヨークのある分析医は、私にこう語った。

二〇年にわたりアメリカ女性を分析してきて、女性性についてのフロイトの理論を患者たちの精神生活に当てはめる時、私は何度となく、自分のやりたくないやり方でそれをしていると気づきました。要するにペニス羨望は存在しない、という結論に達してしまったのです。私は、性的にも性器にかんしても完全に自己表現ができていて、それでいて成熟せず、統合も充足もしていない女性たちを見てきました。ある女性患者を二年近く診察してきて、ようやく彼女の本当の問題に気づいたのです――彼女にとって、主婦であり母であるだけでは十分ではなかった、ということです。ある日、彼女は教壇に立っている夢を見ました。私には、この主婦の夢に現れた強い願いをペニス羨望だと片づけることはできませんでした。それは、大人としての自己実現を求める彼女自身の欲求の現れだったのです。私は彼女に言いました、「私にはこの夢を分析で片づけることはできません。あなた自身が、何かをしなくてはならないのです」。

この男性はまた、東部の一流大学の大学院のクラスで若い分析医たちに、「もし患者が本に書かれていることに合致しなければ、本を捨てて患者の話に耳を傾けなさい」と教えてもいる。

だが多くの分析医は患者に向かって本を投げつけ、分析医の寝椅子に身を横たえたことがなく、読んだり聞いたりしたことしか知らない女性たちまでが、フロイトの理論を事実として受け入れるようになった。アメリカ女性の間に広く高まりつつある欲求不満は女性のセクシュアリティの問題ではないらしいということは、今日に至るまで大衆文化の中には浸透していない。確かに一部の分析医は患者に合わせて理論の方を大幅に修正したり、完全に捨て去りさえした――だが、こうした事実が広まって大衆が知るところとなることは一度もなかった。フロイトの受容は一九四〇年代末にきわめて急速かつ完全に行われたため、一〇年以上にわたって誰一人として、教育あるアメリカ女性が競って家庭に帰ろうとしたことに疑問を持とうとしなかった。明らかに何かがおかしいというのでついに疑問が発せられるようになった時には、それらの問いは完全にフロイトの枠組みの中で発せられたために、ただ一つの答えしか考えられなかった。教育、自由、権利は女性にとって有害だ、というのである。

アメリカでフロイトの教義が無批判に受容された少なくとも一部の原因は、それが客観的現実についての不快な問いからの救いを与えてくれたことにある。大恐慌と戦争の後、フロイト心理学は人間行動についての科学以上のもの、悩みに対するセラピー以上のものとなった。すべてを包み込むアメリカのイデオロギー、新しい宗教となったのである。それは、神や国旗や銀行口座だけではもはや十分ではないと感じる人々——それでいて、黒人へのリンチや強制収容所、インドやアフリカの飢えた子どもたちに対して責任を感じるのには疲れた多くの人にとって、思想や目的の空白を埋めてくれるものだった。それは、原子爆弾やマッカーシーなどの問題、ステーキの味や車やカラーテレビや裏庭のプールを楽しめなくするかもしれない心をかき乱すすべての問題から目をそらすための、便利な逃げ道を与えてくれた。より広い世界における厄介な問いを抑え込み、私たち自身の個人的楽しみを追い求めることに許しを与えてくれた。そして、もしこの新しい心理学的宗教——それはセックスを徳とし、私的な悪徳からすべての罪を取り除き、思考や精神の抱く高い向上心には疑いを投げかける——が男性よりも女性に対してより破壊的な個人的影響を及ぼしたとしても、誰もそうなることを計画したわけではなかった。

長い間、それ自身の科学としての劣等感にとりつかれ、人間の複雑さを迷路の中のネズミの単純で計測可能な行動に還元できるという幻想を与える小ぎれいな実験室での実験に夢中になっていた心理学は、生命を与える十字軍へと姿を変え、アメリカの思想的不毛の地を席巻した。フロイトは魂の指導者であり、彼の理論はバイブルだった。そのすべてが、どれほど刺激的で現実的で重要だったことか。その神秘的な複雑さも、退屈したアメリカ人にとっては魅力の一部だった。そして、もしもその一部が不可解で理解できないままだったとしても、誰が自分には理解できないと認めようとしただろう。フロイト派、ユング派、アドラー派の分析医たちがウィーンやベルリンから逃げてきてアメリカは精神分析運動の中心となり、さらに新しい学派も、増大するアメリカ人の神経症、およびドルの上に繁栄することになった。

だが、女らしさの神話に主として責任があるのは、開業医によるセラピーとしての精神分析ではなかった。それを創り出したのは、マスメディアにおけるライターや編集者、広告会社の動機調査員、そして彼らの背後にいてカレッジや大学でフロイト思想を広め、翻訳した人々である。フロイトと似非フロイト的理論は、細かい火山灰のようにあらゆるところに入り込んだ。社会学、人類学、教育学、さらには歴史学や文学でさえ、フロイト思想に浸透され、姿を変えられた。女らしさの神話の最も熱心な伝道者は機能主義者たちで、彼らは「結婚・家庭生活教育」という自分たちの新しい学科を立ち上げるために、わかりやすく書き直されたフロイトを大急ぎで詰め込んだ。結婚についての機能主義コースはアメリカのカレッジの女子学生たちに、どのように女性の「役割を演じるか」を教え込んだ――古くさい役割が新しい科学となったのだ。カレッジの外での関連した動き――親教育、児童学習グループ、出産前の母親学級や精神衛生教育――が新しい心理学的超自我を全土に拡散させ、教育ある若い妻たちの娯楽だったブリッジやカナスタ〔トランプ・ゲームの一種〕に取って代わった。そしてこのフロイトの超自我は、次第に数を増してくる若くて影響を受けやすいアメリカ女性に対し、超自我が果たすとフロイトが言ったとおりの働きをした――過去を持続させたのである。

人類は、けっして完全には現在だけに生きることはない。超自我のイデオロギーは過去、民族と民衆の伝統を持続させ、それらは現在と新しい展開からはゆっくりとしか影響を受けないのであり、それらは超自我を通して作用している限り、経済的条件とはまったく無関係に人生において重要な役割を演じるのである。(33)

フロイト理論によって科学的宗教にまで高められた女らしさの神話は、女性に対して単一で、過保護的で、人生を制限し未来を否定する調べを鳴り響かせた。野球をし、ベビーシッターをし、幾何学をマスターしつつ大きくなった少女たち――ほぼ十分に自立しており、核爆弾時代の諸問題に対処するのにほぼ十分なほどに知識もある――は、現代の最も進んだ思想家たちから、家に帰り、あたかもヴィクトリア時代の偏見によって人形の家に縛りつけられたノーラのような人生を送るようにと言われた。そして、彼女たち自身が科学の権威――今では人類学、社会学、心理学もその権威を共有している――に対して抱いていた敬意と畏怖のために、女らしさの神話について疑問を口にすることができなかったのである。

第六章　機能主義的フリーズ、女らしさの主張、マーガレット・ミード

アメリカの社会科学は、女性の人生を制限していた古い偏見を打破するのではなく、それらに新たな権威を与えただけだった。奇妙な循環プロセスを経て、女性を解放するための有力な武器になるはずだった心理学や人類学や社会学の洞察は、どういうわけか互いを相殺しあい、女性を古い偏見のど真中に囲い込むことになった。

過去二〇年間、フロイト思想の触媒的効果によって、精神分析医、人類学者、社会学者、社会心理学者、および他の行動科学の研究者たちは、多くの大学のセンターでの専門家セミナーや財団の支援を受けた会議で出会ってきた。こうした異花受精は彼らすべてを花開かせるように見えたが、そこから誕生したのはある奇妙な雑種だった。精神分

析医が、「口唇期的」、「肛門期的」性格のようなフロイトの概念を、人類学から借用した見方である、フロイトのウィーンでも文化的過程が作用していたはずだという意識に照らして解釈し直すようになった一方で、人類学者の方は、出かけた南洋の島々で部族の性格を「口唇期」や「肛門期」の表にそのまま当てはめて図表化するようになった。「民族誌フィールドワーカーのための心理学的ヒント」で武装した人類学者たちは、自分たちが探していたものを見つけることが多かった。マーガレット・ミードをはじめ、文化と性格の分野のパイオニアとなった人々は、フロイト理論の翻訳や取捨選択によって文化的バイアスを取り除くのではなく、彼ら自身が行った人類学的な観察結果をフロイトの分類法に当てはめることで、さらに誤りを大きくした。しかしこれらのいずれも、アメリカの社会科学者たちが同時期に示した機能主義と呼ばれる異常さがなければ、女性たちにあれほどのフリーズ効果をもたらしはしなかったかもしれない。

主として文化人類学と社会学に中心を置き、家庭生活教育という応用分野において極端にまで達した機能主義は、生物学から借りてきた考え方で諸制度があたかも筋肉や骨であるかのように社会組織体の「構造」や「機能」について研究することで、社会科学をより「科学的」にしようとする試みとして始まった。制度をそれが自身の社会の中で果たしている機能のみを通して研究することによって、社会科学者たちは非科学的な価値判断を避けられると意図していた。実際には、機能主義は科学的運動というよりも、むしろ科学的言葉遊びだった。「その機能は○○である」は、しばしば「その機能は○○でなければならない」へと翻訳された。社会科学者たちは、分析医たちがフロイトにかこつけた彼らの偏見に気づいていなかったのと同様に、機能主義の名を借りた自分たち自身の偏見に気づいてはいなかった。「女性役割」という総称に絶対的な意味と神聖な価値を付与することで、機能主義はアメリカ女性を一種の深いフリーズ状態に置いた――まるで白馬の王子様が起こしに来てくれるのを待つ眠れる森の美女のように。その間も、魔法の円の外側では世界は動き続けていたというのに。

社会科学者たちは男女を問わず、機能主義の名の下にアメリカ女性の周りにこの拷問に近いほど窮屈な円を描くと同時に、ある種の態度を共有していたように見える。それを私は「女らしさの主張」と呼ぶことにしよう。もしも男らしさの主張なるものがあるとすれば――それは、男を羨んで男になりたがり、自分が女であることを否定して、いかなる男よりも男らしくなろうとする女性たちを言い表すために、機能主義者が精神分析の概念から借りてきたものだった――それと対になるものが今日、男性からも女性からも行われている女らしさの主張の中に見られる。彼らは女性の実際のありようを否定し、かつてありえないほどに「女性であること」に重きを置こうとするのである。女らしさの主張が最もストレートに現れるのは、単純に、男性との真の平等を想定することに内在する危険から女性を守るための手段としてである。だが一体なぜ、社会科学者が神のごとく人を操る優越性を持って、成長することの苦しみから女性を護ることを彼自身――あるいは彼女自身――のつとめとせねばならないのだろうか？

保護しようとすることで、女性を閉め出すドアの音が聞こえなくなることが多い。保護主義には、たとえ科学の名において提示される場合でも、本物の偏見が隠されていることが多いものである。もしも、物理学者になりたいと微分積分を勉強しているノーラに向かって、旧式な祖父が顔をしかめ、「女の居場所は家庭だ」と呟いたとしても、ノーラは我慢できずに笑って、「おじいちゃん、今は一九六三年よ」と答えるだろう。しかし彼女は、パイプをくゆらせる洗練された社会学の教授、あるいはマーガレット・ミードの著書、あるいは女性のセクシュアリティについての権威ある二巻本の参考図書が同じことを告げる時には、笑わない。機能主義やフロイトの心理学、そして文化人類学の複雑で神秘的な用語は、それらがおじいちゃん以上のたいした根拠もなくそう言っているという事実を、彼女に見えなくさせているのだ。

そこで我らのノーラは、一八七〇年に書かれたヴィクトリア女王の次のような書簡を読んだなら、微笑むだろう。「女王は、この「女性の権利」とそれに付随するあらゆる恐怖という、気違いじみて邪悪な愚行の阻止に加わるために話したり書いたりできる人物すべてから、是非協力を得たいと思う。わが哀れな弱い性は、女らしい感情や特質を意識することをまるで忘れて、これに引き寄せられている。……女王はこの問題に立腹のあまり、自分を抑えることができないほどである。神は、男と女を違うものとして創造された――であるなら、それぞれをそれぞれの地位にとどまらせようではないか」。

だが、ノーラは『現代人のための結婚』の中の次のような箇所を読むと、微笑むことはしない。

両性は相補的である。針を動かし、私が時を知ることができるようにするのは、私の時計の仕事である。それではこの仕事は、時計の側《ケース》よりも重要なのだろうか？……どちらがより優れているとか、劣っているということはない。どちらもが、それぞれの機能によって評価されなければならない。これらは一緒になって一つの機能的ユニットを形成しているのだ。そのことは男と女についても言える——両性は一緒になって一つの機能的ユニットを形成するのである。どちらか片方だけでは、ある意味不完全である。男女は相補的なのだ。……男と女が同一の職業に就いたり、共通の働きを行ったりすると、相補的な関係が破壊される可能性がある。(1)

この本は一九四二年に出版された。娘たちは過去二〇年間、カレッジの教科書としてそれを学んできた。社会学、あるいは「結婚と家庭生活」、あるいは「生活の調和」といった見せかけの下で、彼女たちには以下のような類いの助言が与えられている。

しかしながら、われわれは現実世界に住んでいるという事実は残る。それは現在と直近の未来からなる世界だが、そこには過去の手が重く置かれており、伝統が依然として支配し、理論家よりも道徳の方が強い影響を及ぼす世界であり……そこでは大半の男性と女性は結婚し、大半の既婚女性は主婦となるような世界である。もしも伝統や道徳が根本的に変化したら何ができるだろうかとか、二〇〇〇年にはどうなっているだろうなどと話すのは、頭の体操としては面白いかもしれないが、今日の若い人々が人生の不可避な物事に適応したり、彼らの結婚をより高い満足の域まで高めたりするための助けにはならない(2)。

もちろん、この「人生の不可避な物事への適応」は、今では人生の状況が急速に変化しつつあることを――そして、二〇歳でそんなふうに適応した娘たちは二〇〇〇年になってもまだ生きているだろうという事実を、否定している。この機能主義者はとりわけ「男性と女性の差異」について、それらが現在あるままの状態に「適応」する以外には、いかなる形であれ、それについて考えようとすることに対しては、すべて警告を発する。そしてもしも私たちのノーラのように、ある女性がキャリアについて考えたりすると、彼は指を振って次のように警告するのだ。

歴史上初めて、多数の若いアメリカ女性がこれらの問いに直面させられている。自ら望んで、一生独身でキャリアを追求することに備えるべきか。それとも、腰掛け的に仕事をし、結婚と同時にそれを辞めて、主婦と母親としての責任を引き受けるべきか。それとも、主婦業とキャリアの両立を試みるべきか。……既婚女性の大多数は、専業主婦だ。……

もしも女性が、結婚ではなくキャリアを通して適切に自分を表現できるのであれば、それも良いだろう。しかしながら多くの若い女性は、自己表現のためのいかなる手段も、いかなる機会も与えてくれない仕事がたくさんあるという事実を見落としている。その上彼女たちは、表現するに値する何か特殊なものを持っているのは、男性でも少数派であるように、少数の女性たちだけだということに気がついていない。(3)

こうしてノーラは、もしもキャリアを選んだら、同時に独身を選ぶことになるのだという愉快な印象を与えられることになる。もし彼女が結婚とキャリアの両立について何らかの幻想を持っていたとしても、機能主義者は次のように彼女に忠告する。

同時に二つの仕事をうまくやれる……個人がどれだけいるだろうか。多くはない。例外的な人物はやれるだろうが、並みの人間にはできない。結婚や家事とそれ以外のキャリアとを両立させるという問題は、とくに難しい。二つの仕事が要求することは性質が異なるからである。前者に成功するには自己否定が必要だが、後者は自己の強化が求められる。前者が求めるのは協力で、後者は競争だ。……もしも夫と妻が互いに補い合うならば、同じ機能が重なり合う場合よりも、幸せになれる機会は多くなる(4)……

そして万が一、ノーラがキャリアへの野心を諦めることに疑いを持ったとしたら、彼女には次のような慰めのための合理的説明が与えられる。

有能な主婦である女性には、教育、室内装飾、料理、栄養学、消費、心理学、生理学、社会関係、地域の資源、衣類、家庭用機器、住宅、衛生、その他多くのことがらについて知識が必要とされる。……彼女は、特定の病気の専門家というよりは、どんな病気でも診てくれる開業医のようなものだ。……

家事を自分の仕事と決めた若い女性は、劣等感を抱く必要はない。……ある人々が言うように、「男が外で仕事をできるのは、女が家を守っているからだ」と言っても良いだろう。男が稼ぐことに特化しているから、女は賃仕事の必要性から解放されて、家事という非常に重要なことに自由に時間を使えるのだと言うこともできるだろう。あるいは、稼ぎ手と主婦が一緒になることで、何ものにも負けない相補的な組み合わせとなるのだと言うこともできるだろう。(5)

この結婚教科書は、同種の本の中で最も巧妙なものというわけではない。ここでの機能主義的議論が本当の一連の科学的事実に基づいていないことは、火を見るより明らかである。(「これが実情であり、だからこれはそうあるべきなのだ」と言うのは、とても科学的とは言えない。)だが、社会学者自身が「機能主義者」と自称していようといまいと、これがこの時期のアメリカの社会学全体に普及するに至った機能主義の本質なのだ。いわゆる機能主義的家族コースの「ロール・プレイング・レッスン」など恥ずかしくてできないというカレッジでは、若い女性たちにタルコット・パーソンズの権威ある「合州国の社会構造における性別役割の分析」が課題として割り当てられた。そこでは女性には「主婦」役割以外の選択肢はまったく考慮されておらず、「家庭的であること」と「魅力」と「良き伴侶であること」の強調の度合いが異なるだけだった。

もしも大人の男性が社会的に承認された職業について「パンを稼いで」いないにもかかわらず、真に自尊心を持ち、世間の目からも尊敬される地位を得ているとすれば、それはきわめて例外的なケースだと言っても、おそらく言い過ぎではあるまい。……女性の役割の場合は、根本的に異なる。……女性の基本的地位とは夫の妻であり、彼の子どもたちの母親であることである⑹……

非常に尊敬される社会学者であり、機能主義の指導的理論家であるパーソンズは、こうした「性別役割の分離」が緊張の原因となることを、洞察力と正確さをもって述べている。彼は、主婦役割の「家庭的」側面が「重要性において減少し、活力ある人物にとってほとんどフルタイムの職業とは言えないまでになっている」こと、「魅力」型は「不可避的に比較的若い年齢と結びついており」、したがって「年齢を重ねるにつれて適応問題から深刻な緊張をもたらす」こと、「良き伴侶」型——そこには芸術や地域での福祉活動の「人文学的」涵養も含まれる——は「完全な制度的位置づけのないことで悩む。……この方向において完全に満足すべき適応をやりとげるのは、最も強いイニシアティヴと知性の持ち主だけである」ことを指摘する。また、「大人の女性の役割には、神経症的行動の形で広く発現することを予測するに足るだけの緊張や不安定さが存在する」と述べてもいる。だが、パーソンズは次のように警告する。

もちろん、成人女性にとって、男性のパターンをなぞり、自分と同じ階級の男たちと直接競合するような職業上の達成が望める分野でキャリアを追求しようとすることは可能である。しかしながら、伝統的な家庭的パターンからの女性の解放が非常に進んだにもかかわらず、こうした方向に突き進んだ女性はごく一部に限られていることは注目に値する。また、その一般化は、家族の構造の著しい変更があって初めて可能となるだろうことも明らかである。

男性と女性の真の平等は「機能的」ではないであろう。現状維持が可能なのは、妻や母親が家事専業である場合に限られるか、彼女に夫と対等な地位を与えるかもしれない「キャリア」ではなく、せいぜいのところ「ちょっとした仕事」を持つ場合である。このようにパーソンズは、機能主義者の主要な関心事である社会構造を現状のままに保つという観点から、性別による分離は「機能的」であるとしている。

厳密な機会均等は、いかなる家族の建設的な団結とも両立しえないことは明らかである。……既婚女性が家庭の外で雇われている場合も、その大半は、彼女たちの階級の男たちがいる地位と直接に競合することのない仕事である。われわれの社会では女性たちの関心も、女性に向けられる評価の基準も、はるかに個人の身を飾ることの方に向いているのである。……こうした差異は、われわれの階級構造における家族の団結を維持することと機能的に関連しているとされる。(7)

著名な女性社会学者のミラ・コマロフスキーによる、私たちの社会で女の子がどのように「女性の役割を演じる」ことを学ぶかについての機能主義的分析は実際素晴らしいものだが、その彼女でさえ、機能主義が課す現状への適応という窮屈な型から逃れることはできていない。なぜなら、他の選択肢を考えることなしに、探究の場を所与の社会システムの中でのある制度の機能に限定すれば、そのシステムのあらゆる不平等や不公平を合理化する説明だけが無限に生み出されることになるからだ。社会科学者たちが、自分たち自身の機能は個人がそのシステムの中で自分の「役割」に「適応」するのを助けることだと誤解するようになったのは、驚くに値しない。

大多数の人が社会における自分の位置にうまく適応し、彼らに期待される役割を果たしているからこそ、社会秩序は機能することができる。……両性の育てられ方の違いが……成人後のそれぞれの役割と関係していることは明らかである。未来の主婦は家庭内での彼女の役割に向けて訓練するが、少年は、家庭の外でもっと独立性を認められ、「新聞配達」をしたり、夏休みのバイトをしたりすることで自分の役割の準備をする。一家の稼ぎ手にとっては、独立性や支配、攻撃性、競争力が役に立つ(8)。

この社会学者が見るところ、女の子たちの「伝統的育てられ方」が持つリスクとは、「独立心や内面的才能、そして人生が彼女に要求する程度の自己主張を」——妻という役割の範囲内で——「発達させられない」可能性があることである。そこで、機能主義的な警告が続く。

たとえ親の一人が、女性役割のある種の因習的特性は無価値だと正しくも［ママ］考えたとしても、娘をその時代に認められている慣習から離れすぎるように仕向けると、リスクを生むことになる。……娘たちに経済的緊急事態や現代生活の家族としての責任が生じた場合に備えて、両親は手段を講じておかねばならないが――まさにこうした手段が大望を目覚めさせ、今日定義されているような女性役割のある種の特徴とは対立する気質を発達させるかもしれない。カレッジ卒の主婦を彼女の家族やコミュニティのための文化的パン種とするはずのまさにその教育が、彼女の中に主婦業の他の局面に対して失望を感じるような関心を発達させるかもしれない。……私たちは、現在の女らしさの定義にまたしても逆行するような関心や能力を目覚めさせる危険を冒しているのである。(9)

続いて彼女は、最近あった、社会学者志望のある娘のケースを紹介する。彼女が婚約している兵士は、妻が働くことを望んでいなかった。娘自身も、社会学で良い仕事が見つからないようにと望んでいた。

満足のいく仕事でなければ、最終的に将来の夫の希望に従いやすくなるだろうと、彼女は感じていたのだ。国が訓練を受けた働き手を必要としていることや、彼女自身の将来の不確実性、現在の関心にもかかわらず、彼女はお定まりの仕事を選んだ。その決断が賢明だったかどうかは、未来にならなければわからない。もし婚約者が前線から帰還し、結婚が行われ、彼が彼女の助けがなくても家族を養うことができ、挫折した彼女の希望がブーメランのように戻ってこなければ、彼女が自分の決断を後悔することはないだろう。……

歴史上の現在の時点では、最も適応のうまい娘とはおそらく、学校で良い成績をとれるだけの賢さはあるが、オールAをとるほど優秀ではない人物だろう……能力はあるが、女性にとってそれほど新しい領域においてではなく、自分の足で立って生活費を稼ぐことはできるが、男性と競合するほどの稼ぎではなく、何かの仕事をうまくやる力はある(結婚しなかったり、何かの事情で働かなければならなかった場合に)が、自分の幸せのために必要とするほど仕事と一体化はしていない、そういう女性だろう。(10)

こうして女らしさの文化的定義に適応するという名の下に――その定義をこの優秀な社会学者は自身では信じていない（先ほどの「正しくも」という言葉が彼女の本心を示している）――彼女は結局、引き続きアメリカ女性を幼児化するのを是認する結果に終わっているのだ。ただし、その予期せざる結果として、「娘役割から配偶者役割への移行が、彼女にとっては息子の場合よりも難しく」なることは認めている。

本質的に、女性の方がより「幼児的」なままで自分で決断を下せず、行動や態度を起こしたり方向を決めたりするのに片方、または両方の親により依存しており、親により密着しているために彼らから離れたり、親の反対に立ち向かったりするのが難しく……あるいは感情面で解放されていないことを示すその他の指標が見られる――そうであるほど、女性は男性の場合よりも、後に形成する家族に第一に忠実であるべきという文化的規範に適合するのが、より難しいと感じるかもしれない。もちろん、男性よりも庇護されてきたことのもたらす唯一の効果として女性に全面的な依存性が生じ、それがやがて夫へと移行し、依然として多くの家父長的特徴を持つ家族の中での妻の役割をいっそう進んで受容させるようになることもありうる。[11]

彼女はいくつかの研究で、実際にカレッジの女子学生たちは男子よりも幼児的で、両親に依存していて結びつきが強く、男子がやるように独り立ちを学ぶことで成熟することもないことを示す証拠を見つけている。だが、だからと言って――二〇冊の精神医学書の中に――夫の両親よりも妻の両親との間で義理の親子関係についての問題が生じやすいという証拠を見つけることはできていない。明らかに、機能主義者がアメリカの娘たちの意図的な幼児化を安心して問題にできるのは、そうした証拠が見つかった場合のみなのに！

機能主義はアメリカの社会学者にとっての安直な言い訳だった。彼らはものごとを「あるがままに」述べていたに違いないが、そうすることで事実から理論を構築し、より深い真実を探るという責任を免れていたのである。彼らはまた、（アカデミックな世界でも、アメリカ全体と同様に議論が歓迎されない時代にあって）議論を呼ぶことが必至の問いや答えを編み出す必要性をも免れていた。彼らは現在が無限に続くと想定し、過去とは異なる未来が訪れる可能性を否定することを自分たちの議論の基礎とした。当然、彼らの議論が有効なのは未来が変化しない間だけだった。C・P・スノウが指摘しているように、科学と科学者は未来を考える。機能主義の旗の下の社会学者たちは、きわめて硬直的に現在だけを見ていたために未来を否定した。彼らの理論は過去の偏見を強化し、実際に変化を阻止したのである。

社会学者たち自身も最近では、機能主義は本当は何も言っておらず、どちらかというと「恥ずかしい」ものだったという結論に達している。たとえばキングスレー・デイヴィスは、一九五九年のアメリカ社会学会での会長講演「社会学と人類学の特別な方法としての機能主義的分析の神話」でこう述べている。

> これまで三〇年以上にわたって、社会学者や人類学者の間で「機能主義的分析」について議論されてきた。……過去においてはいかに戦略的に意味があったとしても、今ではそれは科学の進歩を支えるよりも妨げるものになっている。……機能主義は完全に静止状態の社会を措定しているがゆえに社会の変化を扱うことができないという主張は、確かに正しい。[12]……

不幸なことに、機能主義的分析の対象となった女性たちはそれによって甚大な影響を被った。女性にとっての大きな変化の時期、女性がその変化を切り抜けるのに教育や科学や社会科学が助けにならねばならなかった時期に、機能主義は女性にとって「今あるもの」、もしくは「過去そうだったもの」を「そうあらねばならないもの」に変えてしまったのだ。女らしさの主張を言い立て、機能主義の名の下に、あるいはどのような個人的もしくは知的理由が合わさったためであれ、女であることをこれ以上ないほどに強調した人々は、女性に対して未来へのドアを閉ざしたのである。すべてが適応へと関心が向けられる中で、一つの真実が忘れられていた。女性は、その十全な能力よりも劣った状態に適応させられてきたということである。機能主義者たちは「解剖学は運命だ」というフロイトの主張を全面的に受け入れていたわけではなかったが、同じくらいに制限的な女性の定義、すなわち女性とは社会がそうあれと言うところのものであるという定義を、熱心に受け入れた。そして機能主義人類学者たちの大半は、女性の運命が解剖学によって決められているような社会を研究したのである。

機能主義と女らしさの主張の両面で現代女性に最も強い影響を与えたのは、マーガレット・ミードである。文化と気質についての彼女の仕事――著作に次ぐ著作、研究に次ぐ研究――は、私の世代やその前の世代、そして今成長しつつある世代の女性たちに甚大な影響を及ぼしてきた。彼女はアメリカにおける女性思想家の象徴だったし、今でもそうである。彼女は、一九二八年の『サモアの思春期』から『ニューヨーク・タイムズ・マガジン』や『レッドブック』誌上のアメリカ女性についての最新の記事に至るまでの三〇年余の間に、何百万語もの文章を書いてきた。カレッジの教室では、人類学や社会学、心理学、教育学、結婚と家族生活を専攻する女子学生たちが彼女を勉強し、大学院ではいずれ女の子を教えたり女性のカウンセリングをしたりするようになる院生たちが、医学部では将来の小児科医や精神科医が、さらには神学部でさえも進歩的な若い聖職者たちが、彼女の著作を研究している。また、彼女が学術誌と同じくらい進んで発表している女性雑誌や日曜版の記事は、あらゆる年代の少女や女性に読まれている。マーガレット・ミード自身が自分を有名にすることに長けている――そして彼女の影響は、アメリカ思想界のほとんどすべての層で感じ取ることができる。

だが女性にとっては、彼女の影響は逆説的だった。神話は、その時代のどの思想家からでも、それが必要とするものを取り入れる。女らしさの神話はマーガレット・ミードから、彼女が三つの原始的社会〔いずれもニューギニア〕に見出した性と気質の差異に基づくヴィジョンである、性的パターンの無限の多様性と人間の気質の途方もない柔軟性というヴィジョンを取り入れることができたかもしれない。そのうちのアラペシュでは、男も女も気質が「女性的」で「母性的」で性には受動的であり、それは男女どちらもが協力的で非攻撃的で、他者の必要や要求によく応えるように訓練されていたからだった。ムンドグモールでは夫も妻も暴力的で攻撃的、性には積極的で、「男性的」だった。そしてチャンブリでは、女は支配的で非情に手腕を発揮するパートナーであるが、男は責任感に乏しく、感情面でも依存的な人間だとされた。

もしもわれわれが伝統的に女性的と見なしてきた気質的な態度——たとえば受動性や感応しやすさ、子どもを可愛がろうとすること——が、ある部族ではいともたやすく男性的なパターンとして確立されていながら、別な部族では男の大多数のみならず女の大多数についても禁止されうるとしたら、そうした行動の局面が性に関係していると見なすためのいかなる根拠も、もはやわれわれには存在しない。……この資料が示唆するのは、われわれが男性的とか女性的と呼んできた気質的特徴のすべてでなくとも多くは、性との結びつきが強くないと言って良いのではないか、ということである。ちょうど衣服やマナーや頭の飾りが、ある時期のある社会によって男女どちらの性にも割り当てられるように[13]。

こうした人類学的観察をもとに彼女は大衆文化に対して、恣意的な性別の定義に代えて、どちらの性であれ本当の個人の才能を認めるような社会において女性がついに完全に自由にすべての能力を実現するという、真に革命的なヴィジョンを伝えることができたかもしれない。実際に彼女は一度ならず、そのようなヴィジョンを示していた。

従事すべき職業としての著述が男女のどちらにも完全にふさわしいものとして認められている場合には、書く能力を持つ個人は性別によってそこから締め出される必要はないし、実際に書く時にも、自分の本質的な男らしさや女らしさについて疑問を持つ必要はない……ここにこそ、恣意的な差異を本当の差異で置き換えるような社会を作るための基本計画が見出せる。われわれは、性や人種といった表面的な分類の下には同等な潜在能力が存在しており、世代から世代へと受け継がれているが、社会がそれを発揮する場を与えないために衰えてしまうのだということを認めなければならない。

ちょうど今では社会が芸術の実践をどちらの性に対しても認めているように、どちらの性においても多くの対照的な気質的賜物を発達させることを認めても良いだろう。社会は、男の子には戦わせ、女の子には受け身でいさせるとか、あるいはすべての子どもたちに戦いをさせようとするといったさまざまな試みを止めるようになるだろう。……それぞれの個人が自分の才能に合ったパターンを選ぶのを許すことを学んだ世界では、一つの行動パターンに情け容赦なく押し込められる子どもはいなくなり、代わりに多くのパターンが存在するはずである。(14)

だが、神話がマーガレット・ミードから採用したヴィジョンはこれではないし、彼女が提示し続けているヴィジョンもこれではない。自身の著作の中で彼女の解釈はしだいにぶれていき、微妙に変形して、女性役割——性的生物学的機能によって定義された役割——を演じる女性が賛美されるようになっている。彼女はときには人間の気質の柔軟性についての人類学者としての自分の認識を失ってしまったように見え、フロイト的な観点——生物学的性別がすべてを決定し、解剖学は宿命であるという——から人類学的データを見ようとしている。ときには機能主義的用語を使って、女性の潜在能力は人間の無限の潜在能力と同様に大きくて多様であっても、文化によって確立された性的生物学的限界を保持する方が望ましいと論じたりもする。ときには同一の頁の中で両方のことを述べていて、社会が男性のものと定義した人間としての潜在能力を発揮しようと試みる女性が直面する危険について忠告するために、警告を発しさえしている。

両性間の差異は、人類に尊厳と威信を与える多様な人間の文化がその上に築かれてきた重要な条件の一つである。……ときにはある性質が一方の性に割り当てられたと思うと、今度は他方の性に割り当てられたりする。ときには、非常に傷つきやすく、特別に優しく世話する必要があるのは男の子だと考えられるかと思えば、今度は女の子がそうなる。……ある人々は、女は戸外で労働するには弱すぎると考えるが、他の人々は、「女の頭は男よりも丈夫だから」女は重い荷物を運ぶのに適していると見る。……われわれヨーロッパの伝統的宗教も含めて一部の宗教は、宗教的ヒエラルヒーの中で女に劣った役割を付与してきたが、他の宗教では、女が生得的に持つ機能を男が模倣することに、超自然世界とのシンボリックな関係全体が依拠している。……われわれが取り扱う事柄が小さくても大きくても、装飾や化粧のような些細なことであっても、宇宙における人間の位置づけのような高尚なことであっても、われわれは、男女の役割をパターン化するやり方が非常に多様であって、互いに正反対であることも多いことに気がつく。

それでも、つねにパターン化には出会う。次世代の創造への貢献のしかたを除いては男と女には何の違いもなく、それ以外のあらゆる点で男女ともたんにさまざまな才能を持つ人間であって、そうした才能のどれも一方の性だけにしか見られないわけではないとはっきりと断言する文化を、われわれは知らない。……

われわれが扱っているのは、軽んじることなどあってはならない絶対に必要なもので、生物学的に哺乳類としてのわれわれの本性に深く根をおろしているがゆえに、それを軽んじれば個人や社会が病むことを意味するようなものなのだろうか。あるいは、それほど深く根をおろしてはいないものの、社会にとっては非常に便利で十分に試験済みの必要物で、それを軽んじることは不経済になるようなものなのだろうか――たとえば、子孫を産み育てるためには、性別によって非常に違った行動を取るよう様式化し、対照的な歩き方や服装や行動をし、異なる種類の仕事に特化するよう教えた方が、やりやすくなるというような。(15)

われわれはまた、性差の潜在的可能性とは何かを問わねばならない。……もしも幼い男の子が、自分には絶対に赤ん坊を生み出すことはできない、それが女性の生まれつきの特権であることは確かでどうしようもないと早い時期に知り、そのショックに向き合って昇華しなければならないとしたら、このことで彼らはどのように創造に向けてより野心的になるとともに、業績をあげることにより執着するようになるのだろうか。もしも小さな女の子の持つ成長のリズムが、自分の性は兄弟に比べてはじめはそれほど確かではないように見え、それを埋め合わせるために何かをしてみせなければならないと誤った動きをしたりするが、それはほとんどの場合、母親になることの確かさの前に消え失せてなくなるのだとしたら、このことは彼女たちの野心の感覚に限界があることを意味するのだろうか。だが、そこにはまた、どのような肯定的な可能性があるのだろうか(16)。

女らしさの神話の土台となった本である『男性と女性』のこれらの一節の中でマーガレット・ミードは、科学的事実と見えるものを述べるたびにその頭に用心深く「もしも」を置いてはいるものの、フロイトの影響下にあることがうかがえる。だが、これは非常に意味深い「もしも」である。なぜなら、文化や気質にアプローチするに際して性差がその土台であり、人の気質を動かしているのはセクシュアリティだという前提(フロイトから借りてきた前提)に立ちつつ、さらに人類学者としては、生殖の行為に関わるもの以外にはすべての文化に共通する性差などはないと知っている場合、女性の気質を決定するにあたって、不可避的にその一つだけの生物学的性差、生殖役割における差異をますます重視することになるからである。

マーガレット・ミードは、一九三一年以降、彼女が人類学のフィールド旅行に携えて行った装備の中には、身体の区分に基づいたフロイト流の分類法があったことを隠しはしなかった。(17) こうして彼女は、「文明の上部構造の土台となっている自己主張的で創造的、生産的な生命の諸局面」はペニスと等しいとし、女性の創造性については子宮の「受動的受容性」という形で語るようになった。

男と女について論じるにあたって私が関心を持つのは、両性間の第一義的な差異、すなわち生殖役割上の差異についてである。種の存続のために相補的役割を果たすように形成された身体からは、機能や能力、感受性、傷つきやすさの点でどのような差異が生じてくるのだろうか。男ができることは、彼らの生殖上の役割はただ一回の行為としか関係がないという事実とどのように関係しており、女ができることは、彼女たちの生殖上の役割のためには九カ月の妊娠と、最近までは何カ月もの授乳とが必要とされてきたという事実とどのように関係しているのだろうか。それぞれの性による貢献をそれ自体として見た場合、たんにもう一方の性の不完全なヴァージョンではない何なのだろうか。

近代社会の中で衣服によって体を覆い隠し、自分の体の感覚をステッキや傘やハンドバッグなどの遠回しなシンボルという形でしか伝えられない生活をしていると、ついつい人の身体設計の直接性ということを見失いそうになる。しかし未開の人々の中で暮らしてみると、女性は草でできた一対の小さな腰蓑しか身につけず、それさえも互いを侮辱するときや集団で水浴びをする時には外してしまうし、男性はたたいた木の皮でできた褌をゆるく結んでいるだけで……小さな赤ん坊は何も身につけていないようなところでは、体と体の間で行われる基本的コミュニケーション……は非常に現実的なものになる。私たち自身の生きる社会では、神経症患者の記憶や精神病患者の自由奔放なファンタジーから、人の身体、その入り口と出口〔唇と肛門〕とが、成長しつつある個人の世界観を最初にどのように形作ったかを苦労して推測するセラピー法が発明されている(18)。

実際問題として、「解剖学は宿命である」というレンズは、サモアやマヌス、アラペシュ、ムンドグモール、チャンブリ、イアトムル、バリなどの文化と気質を見るにはとくに適しているように見えた。そう見えたのは、そのレンズの構造は一九世紀末のウィーンにも二〇世紀のアメリカにもけっして適していなかったからである。

マーガレット・ミードが初めて訪れた時、南洋諸島の未開文明においては解剖学はまだ宿命だった。身体の原始的本能が成人の気質を決定するというフロイトの理論を、説得力をもって実証してみせることができた。より進んだ文明においては本能や環境はますます人の思考によって支配され、変形させられるようになっており、そこでの目標は複雑化していて、すべての人の一生に動かしがたく当てはまる型などは作れなくなっていた。男と女の間の生物学的差異を人生における基本的力と見ることは、衣服をまとわない未開の人々に対しての方がずっと容易だったに違いない。だが、目にフロイト流のレンズをはめてそうした島へ出かけ、一部の不敬な人類学者が歴史のトイレットペーパー理論と呼ぶものを最初から受け入れていた者だけが、男でも女でも、未開文明における裸の身体の観察から得たことを現代女性にとっての教訓としようとするのであり、複雑な現代文明においても裸の身体が同じように人生のコースを決定しうると考えるのである。

今日の人類学者たちの場合は、未開文明の中に私たち自身の文明を観察するための実験室を見ようとしたり、あらゆる無関係なものを消去した縮尺モデルを見ようとしたりする傾向はより少なくなっている。文明とは、そのように無関係なものではないのである。

人の身体は原始的な南洋の部族でも現代の都市でも同じだから、人間の気質や文明を身体のアナロジーに還元しようとする心理学理論から出発した人類学者は、現代の女性たちに対して、南洋諸島の女性たちと同じやり方で身体を通して生きるようにと助言することになりやすい。問題は、マーガレット・ミードには私たちが住むための南洋、子どもを持つことが人のなしうる最高の業績であるような世界を再現できなかったことである。（もしも生殖が人生における主要で唯一の事実だったとしたら、男は誰もが「子宮羨望」を患うことになるのだろうか?)

バリでは二歳から三歳くらいの幼い女の子がわざとお腹を突き出して歩き回ることが多く、年上の女性たちはその子たちが通るとふざけてお腹をたたき、「妊娠だね」と言ってからかう。そこでその幼い女の子は、自分の性への所属のしるしはまだ取るに足りないもので、乳房は兄弟のものと同じ大きさのちっちゃなボタンでしかなく、性器も単純で目立たない襞であっても、いつの日か自分は妊娠し、赤ん坊を産むのだということを知る。そして、最も大きな建物でも高さが四・六メートルほど、最大の船の長さが六メートルほどしかないこの単純な世界にあっては、赤ん坊を産むことは全体的に見て、幼い子どもたちが目にしうる中でも最も刺激的で目立つ業績なのである。そればかりでなく幼い女の子は、自分がいずれ赤ん坊を産むのは、強かったり精力的だったり進取の気性に富んでいたりするからでも、働いて奮闘努力して、ついに成功をおさめるからでもなく、たんに彼女が男の子ではなく女の子だからで、女の子は大人の女性になり、ついには——女らしさを守っていれば——赤ん坊を得るのだということを学ぶのである(19)。

進取の気性やエネルギーや労働を必要とする分野で彼女の成功をよく思わない男たちと競合している二〇世紀アメリカの女性、マーガレット・ミードほど競争する意志も能力も持たない女性にとっては、ミードが示す女性がたんに女であるだけで成功し、男に羨まれるという南洋世界のヴィジョンは、なんと魅惑的なことだろう。

われわれ西洋の人生観では、男のあばら骨から創り出された女は、男のより優れた力やより高い使命を真似しようともがいて失敗するのがせいぜいである。けれどもこのイニシエーション儀式の基本的テーマは、女はその子どもを生み出す能力のゆえに、生命の秘密を握っているということである。男の役割は不確かではっきりせず、おそらくは不必要である。男は非常な努力の末に、自分の基本的劣等性を埋め合わせる方法を考えついた。さまざまな神秘的な音を出す楽器があって、その効力はその音を聞く者たちには実際の形が知らされていないことから来ている――つまり女や子どもたちは、それが本当は竹でできた笛なのか中がうつろな丸太なのか、けっして知ってはならない……そうした楽器を用意することで、彼らは男の子たちを女から引き離し、彼らは不完全だと烙印を押し、自分たち自身で男の子を大人の男へと変身させるのである。女が人間を生み出すというのは本当だが、男を作れるのは男だけだというわけだ[20]。

確かにこの原始的社会は「果てしないタブーと用心」――女の恥やおののく恐怖心、男の虚栄心を甘やかすこと――「によって守られた不安定な構造」であり、それが存続するのは誰もがその決まりを守っている限りにおいてである。「宣教師は女たちに〈男の〉笛を見せることで、その文化を壊すことに成功してきた」[21]。だがマーガレット・ミードは、アメリカの男女に向けて彼ら自身の持つ恣意的で不安定なタブーや用心、恥、恐れ、そして男の虚栄心の甘やかしである「笛」を示してみせることもできたはずなのに、彼女の持つ知識をそのようには使わなかった。男は誰もが女を羨んでいるサモアやバリにおける人生のあり方から彼女がアメリカ女性のために取り出した理想像とは、女らしさの神話という性の偏見の不安定な構造に新しい現実味を与えるものだった。

用いられている用語は人類学的で、事実として述べられる理論はフロイトのものだが、憧れの対象となっているのはエデンの園への回帰である。そこでは女性は教育によって生まれた「聖なる不満」を忘れて、男による偉業は子どもを産むことの貧相な代替物でしかないような世界に戻れば良いだけなのだ。

文明史上くり返し起きる問題は、男の役割を十分に満足すべきもの——庭を造ったり家畜を育てたりであれ、狩りの獲物を殺したり敵を殺したり、橋を架けたり銀行株を売買したりであれ——と規定して、彼が子どもの頃に出産による満足感を垣間見ることで知ったようなけっして否定されることのない偉業という強固な感覚に、生きている間に到達できるようにすることである。女の場合には、この否定されることのない偉業という感覚に達するには、所定の社会的取り決めに従って生物学的役割を果たすことを認められさえすれば良い。もしも女が出産に直面するようになってもまだ落ち着きがなく、何かを求めているとしたら、教育のせいでそうなったに違いない(22)。

女らしさの神話がマーガレット・ミードから取り込んだのは、女性のまだ試されていない人間としての大きな潜在能力という視点ではなく、こうした女の性的機能の賛美であった。それは実際にこれまであらゆる文化において試されてきたが、文明社会では、主として男性によって発揮されてきた人間の創造性という無限の潜在能力と同じくらい高く評価されることはほとんどなかった。女らしさの神話がマーガレット・ミードから取り込んだ視点とは、女が女であって子どもを産むだけで、その創造的偉業に対して男に向けられるのと同じ尊敬を得るような世界であった——まるで子宮と乳房を持つことが、男たちが一生創造のために骨折ってもけっして知ることができないような栄光を女に与えるかのように。そうした世界では、女ができたり、なれたりする他のことはすべて、子どもを孕むことに比べればつまらない代用品にすぎない。女らしさは社会による定義以上のものとなり、絶滅しつつあるバッファローのように、社会が文明の破壊的攻撃から守らねばならない価値となるのである。

マーガレット・ミードの雄弁な著述によって、非常に多くのアメリカ女性が乳房を隠さないサモア人の曇りのない女らしさを羨むようになり、自分も物憂げな野性人になろうとして、文明のブラジャーで乳房を締め付けるのを止め、男が作った人類の進歩の目標についてのつまらない知識などで頭を悩ませるのも止めようとした。

女性の生物学的行程には自然なクライマックス構造があり、それは覆い隠され、黙らされ、抑えつけられ、公の場で否定されたりすることもあるが、それでも男女どちらの性であっても自分自身を見る時に本質的な要素として残っている。……誰かがバリの若い娘に「あなたの名前はイ・テワですか？」と言うと、彼女は近寄ってきて「私はメン・バワ（バワの母）です」と、断固として答える。彼女はバワの母親であり、バワは明日死んでしまうかもしれないが、彼女はバワの母親であり続ける。子どもに名前がつけられないままで死んだ場合にのみ、隣人たちは彼女を「メン・ベラシン」「子どもを失った母」と呼ぶだろう。このように女性のライフ・ヒストリーにおいては、一つ一つの段階が取り消されず、議論の余地なく、完成したものとして存在する。このことは、少女が何かをすることよりも、何かであることに重きを置く際の自然な基盤となる。少年は自分が男の子らしく行動し、いろいろなことをなし、男の子であると証明し、さらにくり返し証明し続けなければならないことを学ぶが、一方、少女は自分が女の子であり、しなければならないのは男の子のようにふるまうのを控えることだけだと学ぶのである。(23)

こうして延々と続くので、ついには言いたくなる——だから、何？　生まれてきて、大きくなり、妊娠し、子どもができ、その子が大きくなる。これはあらゆる文化について当てはまり、記録があろうとなかろうと、私たちの人生からも、遠くまで旅した人類学者だけが知っている秘められた生活からもわかることだ。だが、今日の女性にとって、それだけが人生のすべてなのだろうか。

あまりに全面的に男性との生物学的差異のみに基づいて女性の本質を定義することに疑問を抱くことは、生物学の重要性を否定することではない。女の生物学、女性の「生物学的行程」は不変かもしれない——二〇〇〇〇年前の石器時代の女性も、遠く離れた島に住むサモアの女性も、二〇世紀のアメリカ女性も同じかもしれない——が、生物学に対する人間関係の性格は変化してしまった。知識の増大や人間の知的能力がますます大きくなってきたことは、飢えと渇きとセックスという単純な生物学的ニーズを超えた目的や目標を私たちに意識させるようになった。さらにこうした単純なニーズでさえ、今日の男性や女性にあっては、石器時代や南洋諸島の文化におけるものと同じではない。それらはより複雑な人間の生活パターンの一部だからだ。

もちろんマーガレット・ミードは人類学者としてこのことを知っている。そして彼女が女の役割を賛美するあらゆる言葉にもかかわらず、それ以外に、女性がその能力を十全に発揮できるような世界の素晴らしさを描いてみせる言葉が見られる。しかしこうした絵柄はほぼ必ずと言えるほど、多くのアメリカの社会科学者につきもののセラピー的な用心深さ、巧みに操作しようとする優越感によって上書きされている。この用心深さが、たんに文化や気質を解釈するのみか、私たちの人生についても命令しようとする社会科学の力に対するおそらくは過大な評価と組み合わさると、彼女の言葉は正義の十字軍のオーラを帯びてくる――変化に敵対する十字軍である。彼女は他の機能主義的社会科学者と一緒になって、現在あるがままの社会に適応すること、男女の役割についての従来の文化的定義の枠内で人生を生きることを強調する。『男性と女性』の後半部分には、こうした態度がはっきりと見られる。

男女それぞれに正しい扱いをし、特有の弱点や保護の必要性を十分に認識するとは、子ども時代の後半の男女の表面的な相似性の先を見ることである。その年頃の男の子も女の子も、性に適応するための悩みの多くは忘れて、熱心に勉強しようとし、同じことを勉強できるように見える。……だが、一方の性における弱点であり、他方の性では差別的な力であるような男女間の差異を極小化するあらゆる調整は、男女が互いに補い合う可能性を失わせ、女性の建設的な受容性と男性の力強く外へ向かう建設的活動性を封じ込めることと——象徴的には——同じで、ついにはどちらもが黙ってより退屈な人間生活を送るようになり、男女がそれぞれに経験し得たかもしれない完全な人間性を否定されるのである。(24)

自分の性の一員であることが脅かされているような状態では、いかなる人間としての才能でも完全に花開けるほど強くはない。……私たちがどれほど善意でもって、文明の複雑な過程——医学や法律、教育や宗教、芸術や科学——のすべてにおいて完全で特別な貢献を行えるよう、実際に男と女の両方を育てる計画を立てたとしても、それは非常に困難な仕事になるだろう。……

もしもこれまで男のものとされてきた分野に女が入りこむことが、男をその職から追い出すか、あるいはそこに入ってくる男の質を変えることによって男を脅かすことになり、女を無性化して、できたはずの貢献をできなくしたり歪めたりするのであれば、女の才能を数え上げることにはたして価値があるのか、はなはだ怪しくなる。……現在、女性は男子と同じ教育制度のもとで培われた独自の好奇心や興味に引き寄せられているが、……それは男にとっても女にとっても良くないことだと警告するサインを無視するのは、愚かなことである。(25)

女らしさの専門的代弁者としてのマーガレット・ミードの役割は、アメリカ女性が、彼女が著書の中で言っていることに耳を傾けるのではなく、彼女自身の人生を手本にしていたならば、これほど重要なものにはならなかっただろう。マーガレット・ミードは公然たる挑戦の人生を生き、ときに自意識過剰であったとしても、女であることに誇りを持っていた人だった。彼女は思想の最先端で活動し、私たちの知の上部構造に対して貢献を行った。女性には出産以外にもっと大きな能力があることを実証し、自分が女であることを否定することなく、依然として非常に「男の世界」だったところで自分の道を切り開いた。実際、彼女はその仕事の中で、男の人類学者には誰も太刀打ちできないような独創的な女の知を明らかにしたのである。何世紀にもわたって男の権威に疑問が持たれずに来た後で、誰かが女の権威を明らかにしようとするのはなんと自然なことだろう。しかし、戦争を止めさせ、病んだ者を癒やし、異なる種族同士に共存することを教え、人々が住むために新しく美しい建物を建てるといった偉大な人間的ヴィジョンを持つことは、「子どもを持つことに代わる方法」以上のものである。

大昔からの偏見と闘うのはたやすいことではない。彼女は社会科学者として女として、偏見に満ちた女のイメージに対して、その死後も長く残るようなある種の打撃を与えた。女は人間——何かが欠けた男ではなく、独自の人間——であると主張することで、彼女はフロイトから一歩踏み出した。だがそれでも、彼女の観察はフロイトの身体的アナロジーに依拠していたために、神秘的な女らしさの奇跡を賛美することで、自分自身の女についての見方を矮小化してしまった。女らしさとは、女性がたんに女として生き、乳房が大きくなり、月経血が流れ出し、張った乳房から赤ん坊に乳を吸わせることによって実現するものだというのだ。生物学的役割を超えた自己実現を求める女性は性を失った魔女になるという警告を発することでも、彼女は不必要な選択についてははっきりと意見を述べている。若い女性たちに対し、女らしさを失うよりも、高い代償を払って獲得した人間性を諦めるよう説き伏せたのだ。ついには、彼女がまさに警告してきたこと、すなわち自身の人生では打破してきた悪循環を自分の仕事の中で蘇らせるということをした。

われわれは単純な身体的差異の段階から始めて、性差の役割を過度に強調し、生活の他の局面にまで不適切にそれが敷衍される相補的な区別の段階を通り、知性の正規の活用法や芸術、政治、宗教などに見られるような複雑な活動のステレオタイプにまで至る。

こうした文明の複雑な到達点、人類の栄光であり、われわれが築き上げたこの世界の存続の希望がかかっているこうした活動のすべてにおいて、活動を一方の性だけに限定し、人類の実際の潜在能力を否定することで男女ともに制限を加えるだけでなく、活動そのものの発展をも同じく制限しようとする人為的限定の傾向が存在してきた。……

そこにあるのは、どこが始まりでどこが終わりかもわからない悪循環である。そこでは男性による女性役割の過大評価、あるいは女性による男性役割の過大評価が、男あるいは女を、私たちが高い代償を払って獲得した人間性の詐称や無視、あるいは一部放棄にさえ至らせる。この循環を断ち切ろうとする者は、彼ら自身がその産物であって、一つ一つの動作ごとに何かしらその弱点を示しており、それに挑戦するだけの強さはあったとしても、実際に打ち壊すことはできないだろう。それでもひとたびその存在が確認され、分析された以上、前方だけでなく後方をも照らすことのできる灯りを手に育てられたために暗い過去の産物である度合いがやや少ない者たちが、順番に次の一歩を踏み出すことができる、そうした考え方の環境を生み出すことが可能になるに違いない(26)。

おそらく女らしさの主張は、一部のフェミニストによって行われた男らしい主張の後では必要なステップだった。マーガレット・ミードは、女性の権利が獲得された後のアメリカで著名な存在となった最初の女性だった。母親は社会科学者、祖母は教師で、彼女には個人的に完全な人間としての女性のイメージがあり、どんな男性にも負けないだけの教育を受けていた。そして彼女は確信を持って、女であることは良いことだ、男の真似をする必要はない、女としての自分を尊敬できると言うことができた。彼女は実人生でも仕事の中でも、声を大にして女らしさについて主張した。そしてさらに一歩進んで、解放された現代の女性たちに対し、自由な知性をもって子どもを持つことを選択し、誇り高い自覚のもとで痛みなど感じずに出産し、母乳を与え、赤ん坊の世話に心身ともに没頭するように影響を与えたのである。教育ある女性にとって、肉体によって課せられた重荷としてでなく、意識的な人間の決意として母性に「イエス」と言うことは、情熱的な旅の次なる一歩——その旅によってこそ可能となったもの——だった。なぜなら、マーガレット・ミードが後押しした自然分娩と母乳育児運動は、当然ながら原始的な地母的母性への逆戻りではなかったからだ。それが自立して教育があり、活発なアメリカ女性——および西ヨーロッパやロシアの同じような女性たち——を惹きつけたのは、何も考えない雌の動物や産科医の意のままになる客体としてではなく、自分の身体をはっきりと目覚めた思考で管理できる完全な人間として、出産を経験することを可能にしてくれたからである。バース・コントロールや、女性をより男性と対等にした他の権利と比べれば重要度は低いかもしれないが、マーガレット・ミードの仕事は性を人間化するのに役立った。原始的な部族の男たちが母性を羨み、自らを傷つけて出血することで真似をしたような状況に多少でも似たものを現代アメリカ生活の中に再現するためには、科学的なスーパーセールスウーマンが必要だった。（現代の夫は、妻が自然分娩に備える間、一緒に呼吸法の練習に参加する。）とはいえ、彼女は女を過度に強調しすぎたのだろうか。

彼女があまりにも文字どおりに受け止められ、その結果、出産が一つの崇拝の対象、キャリアとなって、他のあらゆる創造的努力を排除し、他に何も創造の方法を知らない女性たちがひたすら子どもを産み続けるようになったのは、おそらく彼女の責任ではなかっただろう。彼女の言葉は、彼女ほど有名ではない機能主義者や女性雑誌によって、文脈を無視して引用されることが多かった。彼女の仕事の中に自分では認めたくない偏見や恐れを裏書きしてくれるものを見出した人々は、彼女の仕事全体の複雑さばかりでなく、彼女の複雑な人生という実例も無視してしまった。男の領分である抽象的思考の分野における女性のパイオニアとして、彼女はありとあらゆる困難に直面したに違いない(『性と気質』に対する「マーガレット、きみは男が赤ん坊を産む文化を見つけたかい?」という一行書評は、彼女がしばしば敵意に出くわしたことを示している)が、自己実現への困難な道からけっして引き下がることはなかった。それ以後もこの道を進んだ女性はきわめて少なかったが、彼女は女性たちにその道にとどまるよう何度も述べている。もしも女性たちが彼女のそれ以外の警告に耳を傾け、彼女が女らしさを賛美するのに同調したとしたら、おそらくそれは彼女ほどには自分自身や人間としての能力に自信がなかったからだろう。

マーガレット・ミードと彼女ほど有名でない機能主義者たちは、大昔からの社会構造を乗り越えることの苦しさやリスクを知っていた。(27) 彼らが女性の潜在能力について述べる時に、女性は男性と競争せずに、女性としての特異性のゆえに尊敬される道を選ぶよう助言することで制限を加えたのは、この認識があったからだった。それは革命的な助言とはほど遠く、フロイトの思想以上に伝統的な女性イメージをゆるがすこともなかった。おそらく彼らは古いイメージをゆるがすことを意図していたのだろうが、実際にはその代わりに新しい神話に科学的権威付けを行ってしまったのだ。

皮肉なことにマーガレット・ミードは一九六〇年代になると、「石器時代の女性の復活」——世界が技術によるホロコーストの瀬戸際でおののいているのに、アメリカ女性が家庭という狭い世界に引きこもっていること——に対し、警告を発するようになった。『サタデー・イヴニング・ポスト』(一九六二年三月三日)に掲載された『アメリカ女性——変わりつつあるイメージ』という本からの抜粋の中で、彼女はこう問いかけている。

私たちはなぜ、テクノロジーの進歩にもかかわらず石器時代の光景に戻ってしまったのだろうか。……女性たちはそれぞれ別々の洞窟に戻り、不安そうに伴侶や子どもたちが帰ってくるのを待ち、嫉妬深く他の女たちから伴侶を守っているだけで、家の外の生活についてはほとんどまったく気にしていない。……このように引きこもって子どもを産み続ける生活で、責められるべきは個々の女性ではない。この国に広まっている考え方の風潮のせいだ……

明らかにマーガレット・ミードは、自分がその「考え方の風潮」を作り出した中心人物だと認めていないし、おそらくは気づいてもいない。明らかに彼女は自分の仕事の多くを見落としているが、それらが何世代もの有能な現代アメリカ女性を説得して、「絶望的な石器時代の女性のやり方で、一生を狭い家庭生活に捧げるよう――最初は、夢見る女生徒の、何も知らないように見せる役割探し、次は母親、そして祖母として……自身の私的でしばしば退屈な生き方を継続させるためだけにしか活動しない」ようにさせたのである。

マーガレット・ミードは、今では女性を家の外に出そうとしていると見えるとはいえ、依然として女性が行うすべてのことに性による特別な意味を見出そうとしている。「幼い科学者たちの教師兼母親」として彼女たちを現代の科学の世界に誘い込もうとしつつ、彼女は依然として女性に開かれた新しい可能性と人類の一員として直面する新しい問題を性的な用語に翻訳しようとするのだ。だが今では「歴史的に女性に属していた役割」が、非核化への政治的責任を含むところまで拡大されている――「自分の子どもだけでなく、敵の子どもたちをも大事にするために」。同じ前提と同じ人類学的資料群から出発しながら、彼女は今ではやや違った女性の性的役割に到達しているので、彼女が一体何を根拠に女性が演じるべき役割について決定し――そしてある時期から次の時期へと、しごく簡単にルールを変更するのかと、真剣に問いたくなるかもしれない。

他の社会科学者たちは、「女であるからといって人間であることが変わるわけではない」[28]という驚くべき結論にすでに到達している。しかし女らしさの神話には文化的なずれが組み込まれている。少数の社会科学者が「女性役割」に欠陥を発見するようになった頃、アメリカの教育者たちは魔法のことばとしてそれに飛びついた。教育によって、現代社会――女性とともに教育者にとってもあらゆる問題や紛争、厳しい仕事に満ちている――に参加するのに必要なより高い成熟度を女性に与えるのではなく、彼らは「女性の役割を演じる」ことを教えようとし始めたのである。

第七章　性別指向の教育者たち

教育者が――つまり、昔ながらの教育者たちだが――何かおかしいと思い始めるまでに、一〇年か一五年は過ぎていたに違いない。一方、新しい性別指向の教育者たちにとっては、驚く人間がいることが驚きだったし、誰かがショックを受けていることがショックだった。

女性の高等教育に大きな希望を抱いていた純朴な人にとってショックであり謎だったのは、かつてないほど多くのアメリカ女性がカレッジに行くようになったにもかかわらず、カレッジを出て物理学者や哲学者、詩人、医者、法律家、政治家、社会的開拓者、あるいは大学教授にさえなろうとする女性の数は減っていることだった。最近のカレッジの卒業生たちでキャリアや専門職で名をあげている者は、大きな分岐点である第二次世界大戦以前の卒業生たちより少なかった。ごく軽い責任以上のものが求められるようなキャリアや専門職に就くために準備をしようとする在学生もどんどん減っていた。カレッジに入学した女子学生の三人に二人は、卒業すらせずに中退していた。一九五〇年代には、中退せず最も優秀な学生でさえ、郊外に住む主婦で母親以上のものになりたいと望んでいるようには見えなかった。実際、ヴァッサーやスミスやバーナードなどの女子大の教授たちは、何でも良いからカレッジが教えられるものへの学生の関心をかき立てようと必死に工夫をこらしたものの、女子学生たちは突然、結婚指輪を追いかけること以外のどんな野心もヴィジョンも情熱も抱くことができなくなったようだった。彼女たちは一学年に入った時点から、この追求に必死になっているように見えた。

女性にとっての高等教育の重要性というどんどん空しいものになりつつある幻想への忠誠心から、純粋派の教授たちは当初、沈黙を守っていた。だが、アメリカ女性による高等教育の不活用やそれへの抵抗は、ついに統計上に表れるようになってきた(1)。女子カレッジからの男性学長や学者、教育者たちの離脱、とどまった者たちの抱く幻滅やそれとない欲求不満や冷ややかなシニシズム、そしてついにはカレッジや大学の中に、どれほど有能で野心的に見えようと、女の子や女性に教育者として投資をすることへの懐疑が見られるようになったのだ。一部の女子カレッジは廃校となり、共学大学の一部の教授たちは、カレッジの三校のうち一校はもはや用地を女子のために無駄遣いすべきではないと言い、高い知的水準で知られるサラ・ローレンス女子カレッジの学長は、男子に門戸を開くことについて語り、ヴァッサーの学長は、女子高等教育のパイオニアとなったアメリカの偉大な女子カレッジのすべてが終焉を迎えるだろうと予言した。

私は一九五六年にメロン財団が行ったヴァッサー女子学生の心理学・社会学・人類学的調査の予備報告書を読んで、何が起きつつあるかを警告する最初のヒントを得た時、「なんとまあ、ヴァッサーは堕落してしまったこと」と考えた。

　主婦以外の活動やキャリアへの強い思い入れはほとんど見られない。大学院に進んで、たとえば教師のようなキャリアにつくことに関心を持つ学生は多く、おそらく三分の一はいるだろう。しかし、もし家庭のニーズとの対立が生じた場合、キャリアを続けようと考える者はほとんどいない。……しかしながら、前の時代、たとえば「フェミニズムの時代」と比べると、個人的あるいは社会的な圧力のあるなしにかかわらず、法律や医学のような厳しいキャリアにつくことに関心を持つ学生はほとんどいない。同様に、エドナ・セントヴィンセント・ミレーのような、思春期までにすでに完全に自分の進むべき道を獲得していて、それに対するいかなる口出しにも抵抗するような例も、ほとんど見ることができない(2)……

さらに後の報告は、より詳しい。

ヴァッサーの学生たちは……カレッジの女子学生がほとんど、あるいはまったく手出しをしなくても、社会の不正はそのうち勝手に正されるだろうとの確信をさらに強めている。……ヴァッサーの娘たちは大体において、名声を博したり、社会に不朽の貢献をしたり、どこかのフロンティアを開拓したり、それ以外にも何か穏やかな現状に波風を立てるようなことをしようとは思っていない。……独身でいることは個人的な悲劇だと見られているだけでなく、完全な人生のためには子どもがいることが不可欠で、家族を作るのに必要とあらば喜んで養子をもらうだろうと、ヴァッサーの学生は信じている。要するに彼女の将来のアイデンティティは、妻であり母親という予測された役割の中にほぼ囲い込まれているのだ。……理想の夫に求める資質をあげる中で、大多数のヴァッサー女子は非常にはっきりと、最も重要な役割を引き受けてくれる男性、つまり自分の仕事をきちんとやり、家の外の問題にかんする決断の大半を下してくれる男性が望ましいと言う。……彼女たちの考えでは、女が男の特権を奪おうとするのは不快な考え方で、家の主人に対する助手で忠実な補佐役という、彼女たちが自分に予定している役割に深刻な亀裂をもたらすことになるのだ。(3)

一九五九年、スミスの寮で一週間学生と暮らすために母校に戻った時に、私も現実のものとしてこの変化を目のあたりにしたので、その後引き続いて、合州国中のカレッジや大学で女子学生にインタヴューを行った。

隠退を目前にした私の好きな哲学の教授は、次のように嘆いた。

彼女たちは頭は十分良いんだ。そのはずだよ、そもそもここにいるんだから。だが、とにかく何にも関心を持とうとしないのだ。そうすることが、今後若い経営者と結婚して郊外でたくさんの子どもたちを育てるのに邪魔になると感じているようだ。私は最終学年の成績優秀学生たちのために最後のセミナーを開きたかったが、スケジュール的に不可能だった。キッチン・シャワー〔結婚予定の女性に台所用品の贈り物をするパーティ〕の予定が多すぎて駄目だったんだ。キッチン・シャワーの予定を延期するほどセミナーの方が重要だと考える学生は一人もいなかったよ。

先生は大げさに言っているんだと、私は思った。

私は、在学中に編集に関わっていたカレッジ新聞を取り上げた。現在の学生編集者は、ある政治学のクラスについて書いていた。そこでは二〇人中一五人の学生が、「マダム・ドファルジュ〔ディケンズの『二都物語』の登場人物〕みたいに無表情に集中して」編み物をしていた。「教師は、真面目にというよりは挑発しようとして、西洋文明は終焉を迎えつつあると宣言した。学生たちはノートに向かって、「西文は終焉を迎えつつある」と書いたが、編み物の目を落としたりする者は一人もいなかった」。

なぜ、そんな気を引くようなことを言う必要があるのだろうと、私は不思議に思った。私たちが授業の後、よく立ったまま教授の話したことについて議論をしたことを思い出した——経済理論、政治哲学、西洋文明史、社会学21、科学と想像力、ときにはチョーサーについても。「今、人気があるのはどんな科目なの？」と、私は正装用の帽子とガウンを着たブロンドの最上級生に訊ねた。核物理学とか？　現代アート？　アフリカ文明？　彼女はまるで先史時代の恐竜でも見るように私を見つめ、こう答えた。

誰もそういうことにはもう関心を持っていません。私たちはキャリアを望んでなんかいないんです。両親は私たちをカレッジに行かせたがります。誰もが行くからです。行かないと、故郷で世間からのけ者にされてしまいます。でも、何であれ勉強しているものに真剣になるのは――勉強を続けて調査をしたいとか――変わった子で、女らしくありません。誰もが、卒業する時にはダイヤモンドの指輪をはめていたいと願っていると思います。それが重要なんです。

私は一部の寮では、授業科目についての「勉強の話」や知的な会話を禁じる暗黙のルールがあるのを発見した。キャンパスにいる女子学生たちはとても急いでいて、駆けずり回っているように見えた。少数の教授会メンバーを除いては、コーヒー店や角のドラッグストアで座って喋っている人はいなかった。私たちはよく何時間も座り込んで、真実とは何か、芸術のための芸術、宗教、セックス、戦争と平和、フロイトとマルクス、その他この世界の間違っていることすべてについて議論したものだ。ある冷静な三年生は私にこう言った。

私たちはそんなふうに時間を無駄にすることはありません。抽象的なことがらについて雑談したりしないんです。話すのはほとんどがデートについてです。いずれにしても、私は週に三日はここにいません。興味を持っている男の子がいて、彼と一緒に過ごしたいので。

レインコートを着た黒っぽい目の四年生は、依存症の秘密を打ち明けるかのように、自分は図書館に積み上げられた本の中を歩き回って、「興味のある本を手に取る」のが好きだと認めた。

新入生の年に図書館を馬鹿にすることを学ぶんです。でも最近になって――ふっと、来年はもうここにいないんだって気がつきます。突然、もっと本が読みたかった、もっと話がしたかった、取らなかった難しい科目を取れば良かったと思うようになります。それで、自分が何に興味があるのかに気づくんです。でも多分、結婚したらそういうことは重要ではなくなるでしょうね。興味があるのは自分の家庭と、子どもたちに泳ぎやスケートを教えることで、夜になったら夫と話すのだから。昔のカレッジの女子学生より、私たちは幸福になれるだろうと思います。

これらの女子学生たちは、まるでカレッジ時代は、「本物の」人生が始まるまで、じりじりしつつも効率よく、退屈だが事務的にやり過ごすべき幕間であるかのようにふるまっていた。本物の人生とは、結婚し、郊外の家に夫と子どもたちと共に暮らす時なのである。だが、こうした退屈や事務的な慌ただしさは本当に自然なものなのだろうか。このように結婚で頭が一杯だというのは本当だろうか。「結婚したら」と話すことで教育にはどんな真面目な興味も持っていないと軽薄に主張する娘たちが、実は誰か特定の男性に真面目に関心を持っているわけではないことを私は発見した。週に三日、キャンパスの外で過ごすためにカレッジの勉強を大急ぎで片づけようとする学生たちには、ときにはずっとキープしておきたい本物のデート相手がいないこともあったのだ。

私の時代には、多くの週末をイエール大学に出かけて過ごした男にもてる娘たちも、「秀才たち」と同じように勉強については真剣だった。たとえ一時的に、あるいは真剣に恋愛中だったとしても、カレッジで過ごす週の間は頭脳中心の生活を送った——そしてそれに没頭できたし、頑張らねばならなかったし、ときには刺激的で、いつだって本気だった。厳しさを増す競争の中でこうしたカレッジに入学するためには昔よりずっと勉強し、ずっと能力がなければならないこの娘たちは、頭脳を使う生活に本当にそれほど退屈しているのだろうか。

しだいに私は、彼女たちの冷淡な見せかけの背後に緊張感や不機嫌と言って良いような不服、計画的な努力——もしくは、計画的に避けられた努力——があるのを感じ取るようになった。彼女たちの退屈は、見かけどおりのものではなかった。それは防御であり、巻き込まれることの拒否だったのだ。無意識にセックスは罪だと考える女性は、セックスの動きをする間は自分はそこにはおらず、どこか別のところにいるように、この娘たちもどこか別のところにいる。彼女たちはその動きはしてみせるけれど、カレッジが吹き込むかもしれない頭脳や精神の非人格的な情熱——知性が持つ性に関係ない危険な情熱——に対しては自分を防御しているのである。

あるきれいな二年生は、私にこう説明した。

気楽で、世慣れた感じでいることが大事なんです。勉強でも何でも、あんまり熱心にならないこと。ものごとを真剣に考えすぎる人は、憐れまれたり笑われたりすることになります。たとえば歌うことが好きでも、一生懸命になりすぎると、他の人たちに気詰まりな思いをさせてしまうでしょう。変人、ってこと。

別な学生は、次のように説明してくれた。

人にかわいそうと思われてしまうかも。ときどき立ち止まってヒステリックになりすぎていないか考えるようにすれば、真面目に勉強しても、まるっきりのインテリとして馬鹿にされないですむと思います。本気でやっているのじゃなければ、OKなんです。

ピンクのセーターにフラタニティ・ピン〔男子大学生が所属する社交団体のバッジ。恋人に贈ること《ママ》がある」をつけた女子学生は、こう語った。

本当はもっと真剣になるべきなのかも。でも誰だって、卒業後に役に立たないことをやりたいとは思いません。もし夫がサラリーマンだったら、妻に教育がありすぎてはまずいでしょう。夫の出世にとって、妻はすごく重要です。芸術とか、そういうものに興味を持ちすぎてはいけないんです。

歴史学の優等コースから脱落した学生は、私にこう語った。

勉強は好きでした。とても張り切って、朝の八時に図書館に行って夜の一〇時まで帰らないような時もありました。大学院かロースクールに進んで、本気で自分の頭を使いたいとさえ考えました。でも突然、そしたらどうなるだろうと怖くなったんです。私は豊かで満ち足りた生活を送りたかった。結婚し、子どもを持ち、素敵な家に住みたい。突然、自分は何のために脳を酷使してるんだろうと思ったんです。だから今年度は、釣り合いのとれた生活をするように心がけてます。授業は受けてますが、八冊も本を読んで、さらに九冊目を読もうとするようなことはしません。それは止めて、映画に行きます。別な道はもっとしんどかったけど、ずっと刺激的でした。どうして止めたのか、自分でもわかりません。たぶん、勇気がなくなっただけかも。

この現象は、特定のカレッジだけに限られたものではないようだ。学生たちを頭脳生活に向かわせようとするどこのカレッジ、もしくはカレッジの学部でも、女子学生たちの間にこの現象が見られる。ある南部の大学の三年生はこう語った。

子どもの頃から科学にとっても惹かれていたので、細菌学を専攻して、癌研究に進むつもりでした。でも今は、家政学に変更しました。何かに深入りしたくないと気がついたんです。もしあのまま続けていたら、熱心な研究者の一人になっていたでしょうね。最初の二年間はどっぷりで、実験室から出たことがありませんでした。それが好きだったからだけど、とてもたくさんのことを逃してもいました。友達が午後、泳ぎに行く時も、私は塗抹標本やスライドが相手でした。ここの細菌学には女子が全然いなくて、実験室には男子六〇人の中に私一人です。科学のことを理解していない女の子たちとは、うまくやっていくことができませんでした。私は家政学には細菌学ほど大きな興味は持てないけど、自分は変わって、皆と出かける方が良いんだと気づきました。あんなに真剣になるべきではなかったんです。家に戻ったら、デパートで働いてから、結婚するつもりです。

私から見て不思議なのは、これらの学生たちが頭脳的な生活に巻き込まれまいと自己防御していることではなく、教育者たちが彼女たちの防御を不思議に思ったり、ある種の教育者のようにそれを「学生文化」のせいにしていることである。もしある若い女性が一九四五年から六〇年の間にカレッジに行ったなら、学ばずにすますのが難しい一つの教えとは、興味を持つなということ、正常で幸福で適応していて女性的で、成功した夫と成功した子どもたちがいて、正常で女性的で適応していて成功した性生活を送るようになりたいと望むなら、結婚と出産以外のことに真剣に興味を持つなということだった。彼女はこの教えのいくらかは家で、いくらかはカレッジの他の学生から学んだかもしれないが、彼女の批判的で創造的な知性を発達させることを託された者たち、つまりカレッジの教授たちからもそれを学びとったことに議論の余地はない。

過去一五年の間にアメリカ女性のためのアカデミックな文化には、ある微妙でほとんど気づかれない程の変化が生じていた。教育者たちの新しい性別指向である。女らしさの神話の影響の下で、女子教育の任にあたる一部のカレッジの学長や教授たちは、自分の学生たちが将来、訓練された知性を活用できる能力よりも、性的オーガズムを得る能力の方をより気にかけるようになった。実際、一部の指導的な女子教育家たちは大真面目に、学生たちを批判的で創造的な知性を活用したいという誘惑から守ることに気を遣い始めた——批判的にも創造的にもならないように教育するという独創的な方法で。こうして高等教育は、この時期のアメリカ女性がどんどん生物学的機能に添うように、そして個人としての能力の発揮からは遠ざかるように作られていく過程に手を貸していたのである。カレッジに行った娘たちにとって、フロイトやマーガレット・ミードのあした断片的な教えを免れたり、「女性の役割の演じ方」を機能主義的に刷り込もうとする「結婚と家庭生活」の授業を避けたりすることはほとんど不可能だった。

しかし女子教育の新たな性別指向は、何か特定のコースや学部に限られていたのではない。それは社会科学全体に内在していたが、それ以上に教育そのものの一部となっていたのである。その理由は、英語学の教授やガイダンス時のカウンセラーやカレッジの学長がフロイトやミードを読んだためばかりでなく、教育——アメリカの女子を男子と一緒に、あるいは男子のように教える教育——が新しい神話の標的になっていたからだ。フロイト派や機能主義者たちが正しいとすると、教育者たちには、アメリカ女性を非女性化し、主婦や母親として欲求不満になったり、独身のままキャリアを積んだり、オーガズムと縁のない人生を送ったりする運命に陥らせた責任があった。それは恐ろしい非難であり、多くのカレッジの学長や教育理論家は一言も不平をもらすことなく罪を認め、性別指向の方向へと転じた。もちろん、依然として頭脳は結婚生活のベッドよりも重要だと信じる古いタイプの教育者からは少しだけ怒りの声が上がったが、彼らはすでに引退間近で、間もなくもっと若くてもっと完全に性別について吹き込まれた教師に取って代わられることになっているか、あるいは自分の専門分野のことにしか関心がないために、学校全体の方針にはほとんど発言しないことが多かった。

教育界全体の環境は、適応ということを強調する新しい性別指向の方針に最適なものだった。主要な知識の諸分野を精力的にマスターすることで知性を発達させるという教育の古い目標は、すでに児童中心主義の教育者の間では支持されなくなっていた。コロンビア大学の教員養成学部は、教育における機能主義にとって最適の温床だった。心理学や人類学や社会学が学問の世界全体に浸透していくにつれ、女らしさのための教育も、ミルズやスティーブンズなどの女子大や花嫁学校（そこでは理論よりも伝統が基本だった）から女子のアイヴィ・リーグの誇り高き砦、アメリカでの女子高等教育の草分けであり、妥協を許さない高い知的水準で知られたカレッジへと広がっていったのである。

性別指向の教育者は、有能な女性たちに新しい地平やより広い世界を開いてみせるのではなく、家庭と子どもの世界の内側で適応することを教えるために参入してきた。過去に支持されていた偏見に反論するために真実を教えたり、偏見が生き延びられなくなるような批判的な考え方を教える代わりに、性別指向の教育者が女子学生に手渡したのは批判とは程遠い指示や予言をしゃれた料理に仕立てたもので、それはあらゆる伝統的なべき／べからず集よりも考え方を束縛し、将来に対する偏見に満ちたものだった。その大部分は、社会科学者から伝えられたとおりに神話を信じ込んだ教育者たちによって、意識的に、助けになるだろうという理由で行われた。たとえ男性の教授やカレッジの学長が、彼自身の偏見の確認としてこの神話に積極的な満足を見出さなかったとしても、彼には神話を信じないという理由もなかった。

少数のカレッジの学長や教授は女性だったが、彼女たちはこの流れに加わるか、さもなければその権威――教師として、女性としての――を問われることになった。もしも彼女たちが独身で、子どもを産んでいなかったら、神話は彼女たちが女性として語ることを禁じた。(『現代の女性――失われた性』という本は、教えることさえ禁じようとした。)結婚はしなかったが、何世代ものカレッジの女子学生を真理の追究へと鼓舞してきた優秀な学者が、女子教育家としての経歴に汚点をつけられた。彼女は、自分の手でその知的伝統を最高点にまで高めた女子大学の学長には任命されず、女子学生の教育は、彼女たちに正しい女性役割を吹き込むのにもっと適した、ハンサムで夫にするのに最適な男性の手に任された。そこで女性の学者は女子カレッジを去って、大きな大学の学部長となることが多かったが、そこでは将来の博士号を目指すのは男性ばかりなので安心で、彼らの場合には、学問への誘惑も真理の追究も、性別役割の達成の妨げになるとは考えられていなかった。

新しい神話の観点からすると、女性の学者というのはただそれだけで胡散臭い存在だった。たんに家族を養うために働いてきたのではなく、博士号を得るまでの困難で苦しくて収入の乏しい年月の間中、その専門分野で頑張り続けてきたということは、女らしくない仕事への献身という罪を犯していたに違いないからだ。そこで女性の学者は自己防衛として、ときにはフリルのついたブラウスを着るとか、その他無害な方法で女であることを主張するための工夫をしてきた。（精神分析学の大会では女性の分析医たちが、きれいな花で飾られたとても女らしい帽子で自分たちをカモフラージュしているのが見られたもので、彼女たちの前ではカジュアルな格好の郊外の主婦たちの方が明らかに男性的に見える程であった。）医学博士であれその他の博士であれ、そうした帽子とフリルが一杯のブラウスは、自分たちの女らしさに誰にも疑問を抱かせるものか、と告げている。だが事実は、彼女たちの女らしさには疑問が持たれていた。ある有名な女子カレッジは防衛のため、「われわれは女性を学者にするために教育しているのではない。妻・母になるために教育しているのだ」というスローガンを採用した。（学生たちはこのスローガン全文を復唱するのに飽き飽きした結果、略して「ＷＡＭ」〔wives and mothers の頭文字〕と言うようになった。）

　性別指向の教育を作り上げるにあたって、ミルズ・カレッジの前学長リン・ホワイトほど徹底したやり方をとった者は多くないが、それでも女性はもはや男性のような教育ではなく、女性としての役割にふさわしい教育を受けるべきだという前提から出発すれば、彼のカリキュラム——カレッジでの化学の授業を上級料理コースに置き換えるような——に行き着くことはほぼ間違いない。

性別指向の教育者は、アメリカ女性の抱く一般的な欲求不満や性的な欲求不満に対する教育の責任を引き受けるところから始める。

私の机の上には、カレッジを出て二、三年のある若い母親からの手紙がのっている。

「私は男として成功するために教育されてきたのが、今や自分で女性として成功するための学習をしなければならないことに気がつきました」。アメリカで女子教育として通用しているものの多くが基本的に役に立たないことを、これ以上簡潔に言い表すことはできないだろう。……わが国の教育システムが平均的な男と女の人生パターンの単純で基本的な違いを考慮しなかったことが、何百万もの女性たちの根深い不満と落ち着かなさの少なくとも原因の一部である。……

もし女性たちが自尊心を取り戻したければ、腹立ちまぎれに男と女の知的、感情的傾向に固有の差異を否定した昔のフェミニズムの戦略を逆転しなければならない。そうした差異を認め、その重要性を主張することによってのみ、女性は自分の目で見て劣った存在だという自覚から自分を解放することができるのである。(4)

性別指向の教育者が男性的であると見なすのは、私たちの「非常に過大評価されている文化的創造性」、「「進歩」それ自体を良いものとして無批判に受け入れること」、「利己的な個人主義」、「革新」、「抽象的構成」、「量的な思考」であり——もちろん、その恐るべき象徴が共産主義、もしくは核爆弾だ。それに対し、女性的と見なされるのは、「個人的なものや直接的なもの、見えにくい質的な関係に対する感覚、統計や量に対する嫌悪」、「直感的なもの」、「感情的なもの」、そして「善良で真実で美しく、有益で聖なる」ものを「大切にし」「保存する」すべての力である。

女性向けの高等教育には、社会学や人類学、心理学は含まれるかもしれない。(「これらは、月桂冠を戴いた強い男性の天才とはほとんど関わりのない研究である」と、女らしさを防御する教育者は賛美する。「これらは、社会と精神における静かで目立たない力を探究しようとするものである。……これらでは、保存し大切にするという女らしい関心が大切にされている」。）そこに含まれることがまずないのは、純粋科学（なぜなら抽象理論や量的思考は女らしくないから）、もしくは美術で、それは男性的で、「派手で抽象的」なのである。けれども応用美術や下級の技芸、すなわち陶芸や織物など、頭脳よりも手によって形作られるものは女性的である。「女性は男性と同様に美を愛するが、生活の過程と美が結びついていることを望む……手は、頭脳と同様に素晴らしい仕事をし、尊敬に値する」。

性別指向の教育者は、ティセラン枢機卿〔法王庁の聖職者〕の「女性は夫と議論ができるよう教育すべきである」という言葉に賛同して引用する。女性に対して専門的訓練をするのは完全に止めようと、彼は主張する。女性は全員、主婦になるために教育されるべきなのだ。家政学や家庭科学でさえ、今のカレッジで教えられている内容は、「専門的訓練のレヴェルに合わされている」ために男性的である。(5)

真に女性的な教育とは、以下のようなものである。

自信をもって予言できることだが、女性たちが特有の希望をカリキュラムに反映させるようになれば、たんにすべての女子カレッジと共学の教育施設が家族についての中核的な科目を提供するだけでなく、そこからさらに食物と栄養、テキスタイルと被服、保健と保育、家庭計画とインテリア装飾、ガーデン・デザインと応用植物学、および児童の発達などの一連のカリキュラムが派生していくだろう。……食物の初級コースを、カント以降の哲学と同様にカレッジ以後も研究したいほど刺激的で難しいものにすることは不可能だろうか。……蛋白質や炭水化物等々について話すのはもう止めにしよう。ただし、たとえばイギリス流の茹ですぎた芽キャベツは、たんに味わいや歯触りの点だけでなくビタミン含有量においても劣ると指摘する時のように、うっかりとふれてしまうのは良いだろう。バスク風パエリアや、十分にマリネしたシシカバブ、シェリー酒でソテーした子羊の腎臓、本格派のカレー、ハーブの使い方、さらには冷やしたアーティチョークに新鮮な牛乳を添えるといった単純だが洗練された供し方について、理論や作り方を学ぶのも良いだろう。(6)

性別指向の教育者が、料理や手工芸のような科目は高校レヴェルで十分に教えることができるのだから、カレッジのカリキュラムをそうしたもので汚染したり薄めたりすべきでないという議論に心を動かされることはまずない。女子には高校でそれらを教え、さらに「より大きな集中度と想像力をもって」カレッジでも教えれば良いのだ。男子もまた何らかの「家族のことを考える」教育を受けるべきだが、貴重なカレッジの時期をそれに使うのではなく、高校時代のはじめに工作の訓練を受けさえすれば、「将来、感心する子どもたちに囲まれながら……あるいはバーベキュー用に、ガレージ用や庭のベンチを楽しく手作りできるようにする」には十分である。[7]

この種の教育が生活適応の名の下に、高校でもカレッジでも、多くのキャンパスで現実のものとなった。それは女性の成長を押し戻そうとして考え出されたのではないが、明らかにそれを助けた。アメリカの教育者たちが我が国の創造的知性の国民的資源がいかに無駄に廃棄されたかについてついに調査を始めたところ、彼らは、失われた多数のアインシュタイン、シュヴァイツァー、ルーズヴェルト、エディソン、フォード、フェルミ、フロストたちは女性だったことを発見した。合州国の高校卒業生中、最も優秀な四〇パーセントの中でカレッジに進学するのは半数だけで、進学しなかった半数のうち、三人に二人は女子だった。[8] ジェームズ・B・コナント博士はアメリカの高校の問題点を見つけるために全国を調査した時、あまりに多くの生徒が、知性を伸ばすのには適していない簡単なハウツー・コースを履修していることを発見した。ここでも、物理学や上級代数学、解析、四年間の語学を勉強していなければならないはずなのに、実際にはしていない生徒のほとんどは女子だった。彼女たちには性別指向でない特別な才能である知性があったが、同時に、そうした勉強は「女らしくない」という性別指向の姿勢も身につけていたのである。

ときには難しい科目を取りたいと望む女子もいたが、ガイダンス・カウンセラーや教師から、それは時間の無駄だと助言された――たとえば東部の良い高校に通っていたある女の子は、建築家志望だった。カウンセラーは彼女がどこであれ建築学科を受験することには強く反対し、理由は、女性はその分野にはほとんどいないし、どちらにしても受かりっこないから、というのだった。だが彼女は意志を曲げずに建築の学位を取れる二つの大学を受験し、自分でも驚いたことに、どちらにも合格した。するとカウンセラーは彼女に、たとえ合格したとしても、女性には建築分野で将来はなく、彼女は一生製図室ですごすことになるだろうと言った。彼女は、建築よりもずっと勉強が簡単で、結婚するときに知っておかねばならないことを全部学べる短期大学に行くようにと助言された(9)。

性別指向の教育の影響力は、おそらくカレッジよりも高校のレヴェルでさらに大きかったことだろう。それにさらされた女の子の多くが、結局進学しなかったからだ。私は、自分が住んでいる郊外の郡にあるジュニア・ハイスクールで今教えられている、生活適応コースの一つの授業計画を手に取った。「賢い女の子」という題のそれは、一一歳、一二歳、一三歳の少女に機能主義的な「デートの時の、べき/べからず」を教えるもので——彼女たちの性的機能を早期から、強制的に認識させようとしている。多くの少女はまだブラジャーで包むほどの胸もないのに、セーターを着る時はブラを忘れないようにと冗談めかして言われ、男の子の目にスカートの中が透けて見えないように必ずスリップを着ろと言われる。二年生になる頃には、この学校の多くの頭の良い女子生徒が自分たちの性的機能を強く意識し、学校の勉強には飽き飽きし、結婚して子どもを産むこと以外に何の野心も持たなくなるのは、驚くべきことではない。それを見ていると、彼女たちの他の能力がまだはっきり認められないうちに、あまりに早くから性的機能について教えすぎではないかと(とくに、こうした少女たちの一部が二年生で妊娠し、一五歳や一六歳で結婚する時に)、思わないではいられない。

このように能力のある女子が性別に関係なく成長するのを妨げることは、全国で行われている。一九五五年のインディアナ州で成績が上位一〇パーセントの高校卒業生のうち、そこで教育を止めてしまった男子は一五パーセントにすぎないが、女子では三六パーセントが止めていた。[10] どんどん変化する社会で本当に働きたいと望む者ならほとんど誰でも高等教育が必須となっているこの時代に、カレッジの学生中に女性が占める割合は年々減少している。五〇年代にはまた、女性は男性よりも速い速度でカレッジを中途退学していた。男性の卒業者が五五パーセントなのに対し、女性で卒業したのはわずか三七パーセントである。[11] 六〇年代になると、中退する男子の割合は同じになった。[12] だが、カレッジに入るための競争が激しいこの時代にあって、男子二人に対し一人の割合でカレッジに入学する女子は「より厳しく選抜」されており、勉強についていけなくて中退する可能性はより低い。デヴィッド・リースマンが言うように、女性の退学は結婚のためか、あるいは教育がありすぎると「結婚の邪魔」になると恐れるためなのだ。過去一五年間に平均初婚年齢はこの国の歴史上最も若い水準にまで低下し、西側諸国のどこよりも若く、いわゆる低開発国でよく見られたような若さなのである。アジアやアフリカの新興国では科学と教育の効果で、女性の結婚年齢は今では上昇しつつある。今日では、一部は機能主義的な性別指向の女子教育のせいで、合州国における人口の年増加率は世

界中で最も高い部類に入る――西欧諸国の三倍近く、日本の二倍近くで、アフリカとインドに迫る勢いである。(13)

性別指向の教育者たちは、この流れの中で二つの役割を演じてきた。一つは、女の子たちを性別機能に向けて教育すること(そうした教育がなくても、おそらく彼女たちはもっと他の方向への成長を邪魔しないやり方で、その機能を果たしただろう)、もう一つは、厳密に知的な意味での女子教育への責任を放棄することである。教育があろうとなかろうと、女性はその生物学的役割を果たし、性的な愛や母性を経験する可能性が高い。だが教育がなければ、女性でも男性でも、生物学を超えたところにある深い関心を発展させることは難しい。

教育とは、ある人の「視野を広げ、新しい経験に前向きにさせ、独自の訓練された思考を持ち、何かの生産的活動に深く関与させ、世界への理解と自身の個性の完成に基づいた信念を持たせる」ものでなければならないし、それが可能なものである。(14) 女の子がこのように成長することへの主要な障碍は彼女たち自身が固く信じ込んでいる女性役割だが、性別指向の教育者たちははっきりした形で、あるいは自分にはそれを打破する力や責任があることを直視しないことで、それをさらに強めているのである。

そうした性別指向のもたらす窮境は、あの一〇〇〇ページにも及ぶ研究書『アメリカのカレッジ』の膨大な深淵の中に見て取れる。そこでは、一〇四五人の男子と一九二五人の女子に対する調査から「カレッジ入学の動機となった要因」が分析されている。この研究は、男子学生をカレッジで成長させるのは、自立し、主に性的役割ではなく仕事を通して社会でのアイデンティティを見つけることとの必要性であると認める。一方、女子がカレッジでの成長を避けるのは、女子にとってのアイデンティティがもっぱら性的なものであるという事実によって説明されている。これらの研究者でさえ、女子にとってはカレッジそのものがアイデンティティの拡大へのカギではなく、「性的衝動のはけ口」が姿を変えたものと見ているのだ。

男子にとってのアイデンティティ問題とは主に職業や職業適性への問いであるのに対し、女子の自己定義はもっと直接的に結婚に依存している。この区別から、いくつもの差異が生じてくる。女子のアイデンティティは、私は誰の妻になり、どんな家族を持つのだろうと、もっぱら性的役割を中心にすることが多いのに対し、男子の自己定義には二つの核がある。夫で父親になるだろう（性的アイデンティティ）

が、同時に、かつ中心的には働く人になるだろう。そこからこれに関連した違いが生まれ、青春期にはとくに重要なものとなる。職業的アイデンティティとは概して個人の選択によるものであり、早い時期に始まり、それに向けて合理的でよく考えられた計画のすべてを振り向けることができる。男子は、アイデンティティのこの局面について早くから考え、計画を立て始めることができるのである。……女性の発達にとって非常に決定的な性的アイデンティティの方は、そうした意識的、あるいは秩序立った努力をすることができない。それは神秘的でロマンティックな問題であり、フィクションや神話、幻想に満ちている。女の子は女性役割のためのある種の表面的技術や活動については学ぶかもしれないが、女らしさに向けての努力があまりにあからさまに意識されたものだと、優雅さに欠け、女らしくないと思われてしまう。女性としての落ち着き先の本当の核心――愛する男性と仲良く暮らすこと――は将来の見込みであって、そのためのリハーサルなどはない。私たちは、青春期の男子と女子では将来に対するアプローチが異なることを見出す。男子は将来の仕事上のアイデンティティに向けて積極的に計画したり試したりして、自分の特定のスキルや関心、性格の特徴や必要性に最も合致する役割を見つけようと、明らかに選択肢のふるい分けを行っている。対照的に女子の方は、もっとはるかに空想に夢中になっている。とりわけ、男の子のことや人気者になること、結婚と愛についての空想である。

　カレッジに行くという夢は明らかに、もっと直接的に結婚だけを考えることの代わりとなっている。カレッジに行く計画のない女の子たちは、結婚への欲望をよりはっきりと口にし、自分の性的役割についてよりはっきりした感覚を持っている。彼女たちは、性的なことがらについてより意識しているし、より率直に関心を表明している。……空想が性的衝動のはけ口だという見方は、直接的表出を拒まれた衝動は何か別の形をとって満たされることを求めるという、一般的な精神分析の概念によっている。[15]

　こうしたことから著者たちは、ある中西部の大学の一年生女子学生の七〇パーセントが「カレッジから何を得たいと望みますか」という問いに、他のものに加えて「自分のための男性」と答えたことにも驚かなかった。彼らはまた、「家を出たい」「旅をしたい」という願いを示す回答や、半数の女子学生から出された就く可能性のある職業に関連した回答も、「性の秘密に対する好奇心」を象徴するものと解釈した。

カレッジや旅は、性的なものに対するよりオープンな関心に代わるものである。高校で学業を終える女の子たちは、早く結婚して大人の性的役割を演じるのにより近い位置におり、自分の性的衝動や性的役割についてよりはっきりした自覚を持っている。一方、カレッジに入学する女子は、少なくとも当面は、性的アイデンティティの直接的実現や解決を遅らせることになる。その間、性的エネルギーは方向を変え、カレッジやカレッジ生活の魅力、そして一般的な感覚的経験への昇華に焦点を当てた空想体系を通して満足させられる(16)。

なぜ教育者たちは女子を、女子だけを、これほど完全に性的な目で見るのだろうか。青春期の男子にも性的衝動はあり、それを満たすことがカレッジに進むことで遅れるかもしれない。だが男子については、教育者たちは性的「空想」には関心がない。関心があるのは「現実」で、男子は「われわれの文化で最も道徳的に価値のある領域——仕事の世界——に身を投じ、ひとかどの業績と能力を持った人物として認められる」ことで、個人としての自主性とアイデンティティを獲得することが期待されている。たとえ男子自身の職業についてのイメージや目標がはじめは現実的でなくても——この研究では、そうだったことが示されている——性別指向の教育者たちは、男子については動機や目標、関心、子どもっぽい思い込みが変化しうることを認めている。彼らはまた、大半の者にとって、変化のための重要な最後の機会がカレッジにあることも認めている。だが、明らかに女子には変化することも期待されなければ、その機会も与えられない。共学のカレッジにおいてさえ、男子と同じ教育を受ける女子は非常に少数である。心理学者たちが示唆した女子にも「潜んでいる」かもしれない自立への欲望を刺激する代わりに、性別指向の教育者たちは、彼女たちのあらゆる達成や地位、アイデンティティへの欲望を一人の男性を通して身代わり的に達成するという性的空想をかき立てたのである。女の子たちの抱く女の役割についての子どもっぽく、融通がきかず、狭い思い込みに挑戦する代わりに、彼らは、妻としてのうわべを飾るためだけのごたまぜの教養科目だの、彼女たちの能力よりもはるかに下で、カレッジと結婚のすき間の「腰掛け」仕事にしか適さない「施設向け特別食」のような幅の狭い授業だのを提供することで、そうした思い込みに迎合しているのである。

教育者たち自身が認めているように、女子カレッジでの訓練では、卒業時であれその後であれ、意味のあるレヴェルでビジネスや専門的な世界に参入するのに必要な準備はできない。高度な専門的訓練に求められる計画性や作業の根拠となる、キャリアにつく可能性が想定されていないのである。性別指向の教育者たちは、女性にとってカレッジは男を見つけるための場所だと、当然のように言う。ある教育者が言うように、もしもキャンパスが「世界最高の結婚市場」なら、その影響は男女どちらにも及ぶはずである。だが今日のカレッジ・キャンパスでは、結婚のための狩りにおいて女子が攻撃する側であることに、教授も学生も意見が一致している。男子の場合は、既婚であろうとなかろうと、知性を伸ばし、自分のアイデンティティを見つけ、人生設計を完成するためにそこにいる。だが女子は、性的機能を満たすためだけにそこにいるのである。

調査結果によれば、「空想と、皆と同じである必要性」から結婚した、その数を増しつつあるキャンパス・ワイフの九〇パーセントかそれ以上が、文字どおり夫にカレッジを卒業させるために働いているという。(17) 結婚し赤ん坊を産むために、あるいは夫を卒業させたいと仕事につくために高校やカレッジを退学する女子は、かつて児童労働が子どもたちの身体的成長を途中で止めてしまったように、高等教育が与えるはずの精神的成長や理解を得られないままとなる。彼女はまた、その能力を生かし、社会にとっても彼女自身にとっても何らかの重要性を持つであろうキャリアや打ち込めることのために、実際的な準備や計画をすることも妨げられてしまう。

性別指向の教育者たちがもっぱら女性の性的適応や女らしさを強調していた時期に、経済学者たちはアメリカの雇用における新しく革命的な変化に気づいていた。景気の好況と後退がくり返される背後で、教育がなく技術もない人々の雇用機会が絶対的かつ急速に減少しつつあることを発見したのだ。だが、「ウーマンパワー」について研究する政府の経済学者たちがカレッジのキャンパスを訪れたところ、女子学生たちは、自分たちが成人後の人生の二五年かそれ以上を家の外で仕事をして過ごすだろうという統計が示す予測に、何ら興味を示さないことがわかった。もはやたいていの女性が完全な専業主婦としての人生を送らないだろうことが事実上確実となっても、性別指向の教育者たちは、彼女たちの性的適応の邪魔になることを恐れて、キャリアを持つことは考えないようにと教えてきたのである。

二、三年前、過去の卒業生のうち多くの者が教育や法律や医学、芸術や科学、政治や社会福祉の分野で指導的役割を演じてきたことを誇りとしてきたある有名女子カレッジに、ついに性別指向教育が入り込んできた。このカレッジの学長は元フェミニストの女性で、彼女はおそらく、過去のこうした女性たちが男性のような教育を受けたと考えて、少し良心の呵責を感じ始めていたのだろう。すべての年代の卒業生に送られたアンケートでは、大半の人は性別指向でない教育を受けたことに満足していたが、少数派は、自分たちの受けた教育のせいで女性の権利や男性との平等を強く意識しすぎ、キャリアに関心を持ちすぎ、地域で何かをするべきだとか、少なくとも読書や勉強を続け、自分の能力や関心を伸ばすべきだという感情に苦しめられてきたと文句を言っていた。どうして自分たちは、幸福な妻や母親になれるような教育をされなかったのだろう、と。

後ろめたさを感じていたカレッジの女性学長――個人的に後ろめたく感じたのは、何人もの子どもと成功した夫がいながら学長であり、また、若い頃には熱心なフェミニストで、結婚までに相当程度キャリアを積んでいたためで、セラピー好きの社会科学者たちからは、若い女子学生たちを彼女自身のような不可能で非現実的、流行遅れで精力的、自分に厳しく独創的で女らしくないイメージの型にはめようとしていると集中砲火を浴びていた――は、二年生全員の必修科目として、結婚と家族についての機能主義的授業を導入したのだ。

二年後、このカレッジが機能主義の授業を止めるという決定に至った事情は、秘密のヴェールに包まれている。カレッジと公的に関係のある人は誰も話そうとはしない。だが、近隣の学校の教育者で、自身も機能主義の熱心な布教者である人物は、ある種の軽蔑をこめて、あそこの学校では機能主義の授業をとった学生たちがあまりに早く結婚したことに明らかにショックを受けたようだが、そんな考えは世間知らずで間違っていると述べた。（このカレッジの一九五九年の学年は、既婚者七五名という記録的数字を示し、これはまだその学年にとどまっている女子学生の四分の一に近かった。）彼は私に、静かにこう語った。

学生たちが少しばかり早く結婚したからって、あそこの学校ではなぜ大騒ぎしなくちゃならなかったんだろうね。きちんと準備をして早く結婚するのは、何も悪いことではない。私が思うに、彼らは女性の精神を発達させるためには教育を受けなければならないという古い考え方を克服できないんだろう。彼らは否定するが、いまだに女性のためのキャリアという考え方を信じているんじゃないかと、私は疑っている。不幸なことに、女性がカレッジに行くのは夫をつかまえるためだという考えは、一部の教育者に嫌われているからね。

問題のカレッジでは再び「結婚と家族」が社会学の授業の一つとして教えられているが、これらを変化する社会的制度ととらえ、機能主義的な行動やグループ・セラピーとしてではなく、批判的に分析する方向をとっている。だが近隣にある学校では、私の情報提供者である教授は「家庭生活教育」という人気のある学部のナンバーツーの責任者で、そこでは現在、アメリカ中のカレッジや州立教員養成学校、短期大学、コミュニティ・カレッジ、および高校で機能主義的結婚の授業を教えるよう、一〇〇人もの大学院生を育てつつある。これらの新しい性別指向の教育者たちは、本気で自分たちは十字軍だと考えているように感じられる――知性についての古い非セラピー的、非機能主義的価値観や、古くて要求の多い、性を無視した教育に対する十字軍であり、そうした教育は精神生活や真理の追究しか眼中になく、女子学生たちが男を追いかけたり、オーガズムを感じたり、適応したりする手助けをしようとはしてこなかったというのだ。私の情報提供者は、次のように説明を加えた。

この子たちが関心があるのは、デートやセックス、男の子とどう付き合うか、結婚前に関係を持っても大丈夫か、ということ。何を専攻するか、決めようとしている子がいるとしよう。キャリアについても考えているし、結婚についても考えている。彼女がよく考えて決められるように、ロール・プレーイングがしやすい状況を作ってやる——すると、彼女は子どもへの影響ということに気がつく。ただの主婦であることを後ろめたく思う必要はないことがわかるんだ。

性別指向の教育者が素人向けに「機能主義的アプローチ」について定義してほしいと頼まれると、そこはかとなく防御的な口調になることが多い。ある人は記者に対し、次のように語っている。

大げさなことを言うのもいいですよ——知的な一般論とか、抽象概念とか、国連とかね——しかし、われわれはどこかで、もっとささやかな規模で、こういう人間同士の関係という問題に目を向けるようにならなくてはいけない。教師中心であることを止めて、学生中心になるんです。あなたが彼女たちに何が必要と考えるかではなく、彼女たちが自分に何が必要と考えているか。それが機能主義のアプローチです。教室に入っていく、その時の目的はもはやある範囲の内容を教えることではなく、学生が安心して、気取った一般論ではなく基本的な言葉で人間同士の関係について自由に話せる雰囲気を創り出すことなのです。

思春期の子たちは非常に理想主義的になりがちです。違った価値観を身につけ、違ったバックグラウンドを持つ男の子と結婚することができるし、後々それが問題になることもないと考える。われわれが、それが問題になるのだということを彼女たちに気づかせれば、あれほど気軽に身分違いの結婚やその他の罠に入り込まなくなるのです(18)。

この記事の記者は、もし教師が教えることを任務とせず、教科書を勉強したり終わりまで読んだりもせず、学生が個人的な問題や感情を理解するのを助けることだけが唯一の目的ならば、そもそもなぜカレッジで「配偶者の選択」や「結婚への適応」、「家庭生活のための教育」が教えられているのか、と問うている。『マドモワゼル』誌のためにいくつかの結婚科目を調査した後で、彼女はこう結論づけた。「ある学部生が別の学生に、まったく無邪気に「今日の授業に出るべきだったわよ。男性のロール・プレーイングについて話してたんだけど、組になった二人がすっかり開放的で親密になっちゃったの」と言うのをふと耳にするのは、アメリカならではのことだろう」。

グループ・セラピーのために採用されたテクニックであるロール・プレーイングのポイントは、学生に問題を「感情のレヴェルで」理解させることにある。教授が彼女たちに「結婚の夜の男子と女子」の感情を「ロール・プレー」するよう促せば、通常のカレッジの教室におけるよりももっと大胆な情感がかき立てられることになるのは疑問の余地がない。

教授が「グループとしての洞察」を得させようと、自意識過剰な学生の個人的感情についての果てしないスピーチ(「言語化」)に辛抱強く耳を傾ける様子には、セラピーまがいの雰囲気が漂う。だが、機能主義の授業はグループ・セラピーではないものの、学生の感情を操作することを通して考え方や価値観を吹き込んでいるのは間違いない。そしてこうした操作の意図を隠蔽している点で、それはもはや他の学問分野で要求される批判的思考の対象ではないのである。

学生たちは、フロイトを解説したりマーガレット・ミードを引用したりした教科書に記された片言隻語を、あたかも福音のように受け止める。彼女たちは、実際に心理学や人類学を学ぶことで得られる参照枠組みを持たないのだ。実のところ、通常はカレッジでの勉強に求められる批判的姿勢をはっきりと禁じることで、これらのエセ科学的結婚科目が提供しているのは大衆的な考え方、科学的法則の見せかけにすぎないことが多い。その考え方は、精神医学の分野で目下流行っていることもあれば、すでに時代遅れの場合もあるだろうが、多くはたんなる偏見にすぎず、それに疑問の余地のない科学的真理としての外見を与えるために、心理学または社会学の専門用語やうまく選んだ統計でつっかい棒をかませているのである。

婚前性交についてのディスカッションは、正しくないという科学的結論に至るのが普通である。ある教授は、婚前性交に反対する彼の議論の根拠として、婚前性交を経験すると結婚生活への適応がより困難になることを示すために選ばれた統計を用いている。学生は、この点について反駁している他の統計について知ることはないだろう。たとえ教授がそれらを知っていたとしても、自分の機能主義的結婚の授業では、それらは機能主義的でないと自由に捨て去ることができる。(「われわれの社会は病んでいる。学生には、正確で決定的なタイプの知識が必要だ」。)「キャリアに専念して成功できるのは例外的な女性だけ」というのは、機能主義的な「知識」である。もちろん、過去にはほとんどの女性がキャリアを持ってはいなかったのだから、実際にそうした女性はすべて「例外」だったことになる――身分違いの結婚が「例外」であり、女の子にとって婚前性交が例外的であるように。すべてが五一パーセント以下の現象なのだ。機能主義教育の全体的主張は、しばしばこう言っているように見える――今日、人口の五一パーセントが行っていることを、明日は一〇〇パーセントが行うべきである。

こうして性別指向の教育者は、結婚と家族への「正常な」関わり以外は一切持たないようにと説得することで、女の子の適応を推し進める。そうした教育者の一人は、想像によるロール・プレーイングよりもさらに踏み込んで、かつて仕事を持っていた母親を教室に連れてきて、朝、子どもたちを残して出て行く時の良心の呵責について話させている。どういうわけか、学生たちは慣習を破ってうまく行った女性の話を聞くことはほとんどない――若い女性の医者で、彼女が子どもを産んだ時には妹が仕事を代わってやってくれたとか、赤ん坊の眠る時間を自分の仕事のスケジュールに合うよう調節し、問題が起きなかった母親とか、カトリックの人と結婚して幸福になったプロテスタントの女性とか、性的に満ち足りていて、婚前の性的経験が結婚生活を傷つけているようには見えない妻とかは出てこない。機能主義者は、例外もあること、、、はあると慎重に認めることは多いものの、実際は「例外的」なケースには何の関心も持っていない。(教育界の専門用語では、「例外的な子ども」にはハンディキャップの意味合いがある。目が見えない、身体に障害がある、知的障害がある、天才、慣習への挑戦者は――一般の人と異なっており、何らかの点でユニークな者は誰でも――あの子は「例外」という共通の恥辱を受けるのだ。)学生はなんとなく要点をつかんで、自分は「例外的な女性」にはなりたくないと思う。

生活適応教育には多くの方法で順応が組み込まれている。たんに適応することを学ぶ中には、知的な挑戦も鍛錬もまったく含まれていない。結婚科目はほとんどどのキャンパスにおいても最も簡単な科目であり、教授たちがどれほど懸命にたくさんの課題読書や毎週のレポート提出を課そうとも、そのことに変わりはない。個人史(真面目な目的以外で読むと、ほとんど精神医学的メロドラマ以上のものではない)やロール・プレーイング、教室でセックスについて話すこと、あるいは個人的なことについて書くことが批判的思考につながるとは、誰も期待していない。批判的思考は結婚に向けた機能主義的準備のポイントではないのだから。

これは、社会科学それ自体を勉強することが、女性でも男性でも順応性をもたらすと言いたいのではない。批判的に、通常の知的鍛錬という目的を持ってそれを勉強する時や、あるいは専門的利用のためにマスターしようとする時には、そのような結果が出ようはずもない。だが、新しい神話によって専門的にも知的にも深入りすることを禁じられた女子学生たちにとっては、社会学や人類学、心理学の勉強はたんに「機能主義的」なものであることが多い。そして機能主義それ自体の授業では、学生たちはフロイトやミードからの断片や性にかんする統計、ロール・プレーイングによる洞察を、たんに文字どおりに、文脈と無関係に受け止めるだけでなく、個人的にも——自分自身の人生で実践すべきこととして——受け止める。結局、それこそが生活適応教育の全体的目的なのだ。それは、基本に感情的な題材を含んでいるものなら、ほとんどの授業で青春期の若者に起こりうることである。その題材が批判的知識を得させるのではなく、個人的な感情をかき立てるよう意図的に利用されるなら、確実にそれは起きる。オーソドックスな精神分析のセラピーでは、感情が適切に表出し分析が可能となるよう、批判的思考(知的な抵抗)を抑制することが必要となる。セラピーでは、それが効果をあげることもあるだろう。だが、セラピーと一緒くたになった教育は、効果があるのだろうか。どの男性または女性の人生でも、一つの授業が決定的な効果を持つことは考えにくいが、女子教育の目的そのものが知的な成長であってはならず、性的適応であると決められている場合には、ある種の問いが非常に重要になる。

たとえば、このような問い——もし人の知性の発達を促す教育が女らしさを弱めるのであれば、女らしさを促す教育は知性の成長を弱めるのだろうか。もし知性を成長させる教育によって破壊されたり、知性を成長させないことによって引き出されたりするのなら、女らしさとは一体何なのだろうか。

フロイトの用語を用いて、こう問うことさえできよう——女性にとって性がたんにイド〔本能的欲求〕であるばかりでなく、自我でも超自我でもある時、教育が自己を発達させるのではなく、性的機能の発達にのみ集中している時に、何が起きるのか。教育が、女性に新旧問わず盲目的に信じられてきた権威に疑問を持つための批判的思考や独立性や自律を与えるのではなく、女らしさとは「こうあるべき」——それはすでに伝統や慣習、偏見、大衆の意見という権威を獲得している——に新しい権威を与える時、何が起きるのか。最近、ロード・アイランド州プロヴィデンスにあるブラウン大学内のペンブローク女子カレッジで、「女性であることの意味とは何か」についてのバズ・セッションを指導するために、一人の精神分析医がゲストとして招かれた。このゲスト分析医、マーガレット・ローレンス博士が簡潔でフロイト的でない英語で、かつて女性がしていた家事の大半は今では家の外で行われ、家族の誰もが大部分の時間を家の外で過ごしている時代に、今日の女性たちにあなたがたの居場所は家庭だと言うのはむしろ馬鹿げたことだと言った時、学生たちは当惑したように見えた。あなたがたも他の家族と同様、外の世界に出て行くように教育された方が良かったのではありませんか？

これはどういうわけか、女子学生たちが女性の精神分析医から聞くと期待していたことではなかったようだ。通常の機能主義的で性別指向の授業とは違って、それは因習的な女らしさの「こうあるべき」を覆すものだった。またそこには、彼女たちは自分の教育や将来について、自分自身で何らかの決断をし始めるべきだということも暗示されていた。

まだ子ども時代から完全に脱しきっておらず、自信のない二年生にとっては、機能主義的授業の方がはるかに心を安らかにしてくれる。居心地良く安全な因習に挑戦したりしないし、自分自身のものの見方を考え出すことなく両親や世間のものの見方を受け入れることを認めるための、洗練された言葉を与えてもくれる。それはまた、カレッジでは勉強などしなくて良い、さぼって、衝動に従っていれば良いと保証してもくれる。将来の目標のために現在の楽しみを先延ばしする必要はないし、歴史のレポートのために本を八冊も読むとか、難しい物理の授業をとる必要もない。そんなことをすれば、男性コンプレックスに陥るかもしれない。つまるところ、本でもこう言っているではないか。

女性の知的能力は、価値ある女らしさという性質を喪失することによってまかなわれることが多い。……あらゆる観察結果が、知的な女性は男性化されているという事実を指摘している。彼女の中で、温かく直感的な知が冷たく非生産的な思考に屈してしまったのだ。(19)

ここからヒントを得るのに、女子学生は非常に怠け者だったり自信がなかったりする必要はない。考えるとは、要するに骨の折れる仕事なのだ。実際、この権威ある言葉に挑戦するためには、自分自身の温かく直感的な知について、非常に冷たく骨の折れる思考という作業を行わなければならないだろう。

すぐれた頭脳と元気な精神を持った数世代にわたるアメリカのカレッジの女子学生が

性別指向教育者のメッセージを受け入れ、あまり「知的」になりすぎてセックスを「女らしく」楽しめなくなるようなことが起きないうちに、カレッジやキャリアから逃げ出し、結婚して子どもを持ったのは不思議ではない。

性別指向の教育者たちの助けがなかったとしても、アメリカで頭脳と精神を持って成長中の女の子は、早い時期から用心すること、「他の皆のようになり」、自分自身にはならないことを学ぶ。勉強しすぎたり、考えすぎたり、質問をしすぎたりしないことを学ぶ。高校でも共学のカレッジでも、「ガリ勉」のレッテルを貼られるのを恐れて女の子はクラスで発言したがらない。こうした現象は、多くの研究によって確認されている[20]。ブリンマーの女子学生たちは、自分たちの知性が現れるのを恐れずに仲間内で話す時の本当の話し方に比べて、男の子が近くにいる時の話し方のことを指す特別な言葉を持っているどの頭の良い女の子でも女性でも、個人的経験からそれを裏付けることができる。ブリンマーの女子学生たちは、自分たちの知性が現れるのを恐れずに仲間内で話す時の本当の話し方に比べて、男の子が近くにいる時の話し方のことを指す特別な言葉を持っている。共学のカレッジでは、女子学生は周りからもっぱらデートの相手や将来の妻という性的機能の視点から見られている——そして自分でもそう考えている。彼女たちは自分探しをする代わりに「彼に自分の安全保障を求め」、そうした自分を裏切る行為を一つ重ねるごとに、秤はさらにアイデンティティから受身の自己卑下へと傾いていくのである。

もちろん、例外もある。メロン財団の研究では、ヴァッサーの四年生の一部は、新入生に比べて四年間で非常な成長を遂げていることが明らかになった——現在では科学者たちが、身体的成長の時期が終わったずっと後の二〇代、さらには三〇代、四〇代、五〇代になっても起こりうると知っている、アイデンティティと自己実現に向けての成長のことである。だが、成長のしるしの見えない女子も多数いた。彼女らは、理念やカレッジでのアカデミックな勉強、知的な鍛錬、より大きな価値に関わらないように抵抗することに成功した者たちだった。彼女たちは「女らしく」あるため、頭が良くなりすぎず、関心を持ちすぎず、他の女の子と違いすぎないようにと、知的な発達や自己の成長に抵抗したのである。彼女たちは、実際に性的関心によって邪魔をされたのではなかった。実際には、心理学者がこうした女子学生の多くから受けた印象は、「男性や結婚に対する関心は、知的発達に逆らうための一種の防御」だというものだった。こうした女子学生にとってはセックスさえも現実的ではなく、たんなる順応の一種なのである。性別指向の教育者なら、こうした種類の適応に何も問題はないとするだろう。だが、他の証拠に照らして見るならば、こう問うてみることもできよう。そのような適応は、最後には人間としての歪みとなるような成長の失敗を覆い隠すことができるのだろうか。

数年前、一四〇人の頭の良い若者の発達状況を追跡していたカリフォルニアの心理学者のチームは、一〇代の記録の一部でＩＱ曲線が突然急降下することに気づいた。調査したところ、若者の曲線の大部分は同じ高水準を保っていたが、年ごとに低下を示しているのはすべて女子の曲線であることが判明した。その低下は思春期の生理的変化とは無関係だった。すべての女子にそうした問題が見つかったのではなかったからだ。だが、知能が低下した女子の記録中には、「賢いのは女の子にとって利口なことではない」といった趣旨の発言がくり返し見られた。まさに現実にこれらの女の子たちは一四歳か一五歳で、女らしさのイメージに順応するために精神の成長が停止していたのである。(21)

今日の女の子と彼女たちの教育に責任を持つ者たちが、選択を迫られているのは事実である。彼女たちは、適応、順応、衝突の回避、セラピーを選ぶか、個人性、人間としてのアイデンティティ、本当の意味での教育を、成長にともなうすべての苦しみとともに選ぶか、決めなければならない。だが彼女たちは、女らしさの喪失や性的欲求不満についての恐ろしい警告とともに性別指向の教育者たちが描いてみせる、間違った選択に直面する必要はないのだ。なぜなら、ヴァッサーの学生を研究した鋭敏な心理学者が、自分たちの受けている教育に本気で取り組むことを選んだ学生たちにかんして、驚くべき新しい証拠を発見したからである。成長のしるしが最も著しかった四年生たちは、受動性や因習性が少ないという意味ではより「男性的」だったが、内面の感情生活とそれを満足させる能力においては、より「女性的」だったようだ。彼女たちはまた、通常神経症の測定に用いられるある種の尺度では高い数値を示し、一年生の時よりずっと高くなっていた。この心理学者はこうコメントしている。「われわれは、こうした尺度における数値の上昇を教育が行われている証拠と考えるに至った[22]」。彼は、葛藤を抱えている学生の方が、自立したいという希望をまったく持たず適応している学生よりも成長の度が大きいことを発見した。最も適応度の低い学生は、より発達した学生でもあった――「さらに大きな変化とより一層の自立のための準備がすでにできている」。ヴァッサーでの研究をまとめるにあたって、その責任者は心理学的なパラドクスを述べずにはいられなかった。すなわち、教育は女性をより女らしくなく、適応しにくくさせる――しかし、成長させもする。

「女らしく」なくなることは、より教育を受け、より成熟することと密接に関連している。……しかしながら、生理学と早い時期の自己同一化に由来するはずの「女らしい感受性」については、四年間に減少が見られないというのは興味ある発見である。「女らしい」関心や女性役割的な行動、すなわち因習性や受動性は後から獲得されたより表面的なもので、したがって個人がより成熟し、より多くの教育を受けるにしたがって減少しやすくなると理解することができる。……

もしもわれわれが安定性だけに関心があるならば、一年生に対して教育し、彼女らの成熟度や性別役割行動にかんする柔軟性を高めたりせず、入った時のままにしておくような計画を考えることだろう。四年生ではより安定性が減少するが、それはより多くの可能性が彼女たちの前に開かれてアイデンティティがより不確かになり、安定させねばならないものが増えるからである(23)。

しかし卒業の時点では、こうした女性たちも自立性に向けての成長のまだ「道半ば」にすぎない。彼女たちの運命は、「そのまま成長を続けられるような環境に入っていくか、それともストレス解消のために、手っ取り早いが退行的な手段を見つけるか」にかかってくる。結婚に逃避することは、ストレスを解消するための最も簡単で手っ取り早い方法である。女性を自立性に向けて成長させようと願う教育者にとってはそのような結婚は「退行的」であるが、性別指向の教育者にとっては、女らしさの完成である。

別なカレッジのあるセラピストは私に、カレッジの勉強にも他のどんな活動にも一度も本気で取り組まず、自分が「安全保障」を見出した男の子と結婚するためにカレッジを中退するのを両親が許してくれなかった時には、「めちゃくちゃになりそう」と感じた女子学生たちについて話してくれた。これらの学生たちが助けを受けてやっと勉強に身を入れるようになった時――あるいは、学生自治会や学校新聞のような活動に参加することで自分というものが感じられ始めた時――、「安全保障」に対する彼女たちの必死の思いはなくなった。彼女たちはカレッジを卒業して仕事につき、もっと成熟した青年とつき合い、今ではまったく異なる感情のもとに結婚生活に入っているという。

性別指向の教育者とは違ってこの専門的セラピストは、四年生になって倒れてしまいそうなほどに悩み、自分の将来についての個人的決断に直面する学生――自分の教育から与えられた価値観や関心や可能性と、主婦としての因習的な役割との間の両立不可能な葛藤に直面した学生――は、適応して穏やかで、安定している学生よりもまだ「健康的」だと感じていた。後者の学生に対しては教育はまったく「効果」がなく、両親の子どもから夫の妻へとすんなりと役割を移行し、因習的な女らしさを守って、個人としてのアイデンティティに目覚めて苦しむこともない。

そしてさらに今日では、大半の女子が教育に「効果」を発揮させようとせず、アイデンティティの問題に近づくことを自分で止めてしまうのが事実なのだ。私はスミスの学生にも、インタヴューした他のカレッジの学生たちにもそれを見てとった。先述のヴァッサーの調査でもそれは明らかだった。ヴァッサーの研究では、学生たちは葛藤やアイデンティティの痛みが増してくるのを感じ始めると、成長するのを止めてしまうことが示されていた。彼女たちは女性役割を演じるために、多かれ少なかれ意識的に自分の成長を止めるのだ。あるいは別な言い方をすれば、成長につながるような経験をそれ以上することを避けるのである。この発育停止もしくは成長忌避は、今までは女らしい適応で正常なことと考えられてきた。だが、ヴァッサーの研究において、最終学年――そこでは学生はまさに個人としての成長における、この苦しく重要な段階の縁に立っていた――を過ぎて人生へと出ていき、大半が因習的な女性役割を演じている女性たちについて追跡調査が行われたところ、以下のような事実が見えてきた。

一　カレッジ卒業後二〇年か二五年たったこれらの女性たちは、精神的、感情的、個人的成長の全領域をカヴァーした「発達尺度」において、四年生よりも点数が低かった。彼女たちはカレッジで達成された成長のすべてを失ったわけではなかった(卒業生の点数は新入生よりも高かった)が——二一歳の時点でさらなる成長に向けての心の準備はできていたにもかかわらず——成長を続けることはなかったのだ。

二　これらの女性たちの大部分は、郊外に住む主婦、まじめな母親として、地域の活動にも参加し、適応していた。だが、専門的キャリアを持つ女性たちを除いては、彼女たち自身が深い関心を持ったことを追い続けてはいなかった。成長の停止が、個人としての深い関心の欠如、個人としての関わりの欠如と何らかの関係があると信じるだけの理由があるようだ。

三　二〇年後、心理学者から見て最も心配だったのは、最も因習的な女らしさを持つ女性たち——カレッジにいた時でさえ、夫を見つける以外のことにまったく関心がなかった女性たちだった。(24)

ヴァッサーの研究では、最終学年だが、神経衰弱になりそうなほどには葛藤に苦しんでおらず、結婚へ逃避するために自分で成長を止めてしまってもいない一群の学生たちがいた。それは専門職につくために準備中の学生たちで、カレッジ在学中にキャリアに自分をかけたいと思うほどの深い関心事を見つけていたのだ。この研究によれば、専門職への野心を持つこれらの学生は全員が結婚するつもりだが、彼女たちにとっての結婚は、とにかく個人としてのアイデンティティを得るために必要な何かではなく、自らの意志で参加を選択する一つの活動である。そうした学生は、はっきりした方向感覚と、大半の学生を上回る自立心と自信を持っている。彼女たちは婚約していたり大恋愛をしていたりするかもしれないが、たとえ結婚を望むとしても、自分の個人としてのあり方やキャリアへの野心を犠牲にすべきだとは感じていない。これらの女子学生については心理学者たちは、他の多くの学生から受けたような、男性と結婚に対する関心は知的な成長に逆らうための防御だという印象は受けなかった。ある特定の男性に対する彼女たちの関心は現実にあった。だが同時に、それは彼女たちの教育の邪魔にはならなかったのである。

しかし、ヴァッサー研究の責任者が同僚たちを前に、「成績がトップであるだけでなく、今後、学者あるいは専門家としてのキャリアにつく可能性が高い」ある女子学生について述べた際に、女らしさの神話がどれほどアメリカの教育者たちを洗脳してしまったかが明らかになった。

ジュリー・Bの母親は教師で学者であり、家族の推進役です。……母親は父親に対して、呑気すぎると文句を言います。父親は妻や娘がインテリらしい好みや考えを持つことは気にしませんが、自分には向かないと思っています。ジュリーは屋外での活動が好きで、世間の常識にとらわれず、兄よりも威張っていますが、課題図書を読めなかったり成績の平均が下がったりすると、罪悪感でしょげてしまいます。大学院で勉強して教師になるという目的をしっかり持っています。兄も現在カレッジの教師で、ジュリー自身は今は大学院生ですが、自然科学の大学院生と結婚しています。

彼女が一年生だった頃、彼女のインタヴュー・データを注釈をつけずに何人かの精神科医や心理学者、社会科学者に見せたことがあります。本当に有望な女子学生だというのが、われわれの考えでした。ところが共通して出て来た質問は、「彼女の問題点は?」で、共通した意見は「彼女には心理療法が必要だろう」でした。実際には、彼女は二年生の時に将来有望な科学者と婚約し、自分がインテリでアウトサイダーであることをしだいに意識するようになったものの、勉強をおろそかにすることはできませんでした。「何かを手放すことができたらいいんだけど」と、彼女は言っていました。

今日では、性別指向の教育方針を攻撃できるのは非常に勇気のある教育者だけである。なぜなら、挑戦しなければならないのは女らしさについての世間一般のイメージだからだ。このイメージによれば、女性は受動的で依存的、体制順応的で、批判的思考や社会への独創的な貢献をする力がない。そして予言の自己成就の最良の伝統に従って性別指向の教育は、かつて教育の欠如がそうさせていたように、引き続き女性をそうあらせようとしている。受動的な女らしさを持ち、複雑なところがなく、依存的な女性が――原始的な村でも郊外でも――実際に、カレッジで家庭の枠を超えた真剣な関心事に取り組んでいる女性よりも大きな幸福感や性的満足を楽しんでいるのかどうか、誰も訊ねはしない。ロシア人が人工衛星や人間を宇宙に打ち上げるようになったごく最近まで、適応させることが教育の目的であるべきなのかと、誰も訊ねはしなかった。実際、性別指向の教育者たちは女性を女らしさに適応させることに熱心なあまり、アメリカの主婦たちについての最も不吉な事実を喜々として数え上げつつ――彼女たちの抱える空しさ、怠惰、退屈、アルコール依存、ドラッグ中毒、彼女たちの性的機能が果たされた後、四〇歳以降に生じる肥満、病気、そして絶望――すべての女性をこの唯一の結末に向けて教育するという彼らの十字軍運動からいささかも逸れることがなかったのである。

こうして性別指向の教育者は、女性たちが四〇歳以降も生きる可能性の高い三〇年を、三つの陽気な提案で片づけてしまう。

一　「主婦のための法と秩序」のクラスで、未亡人になった時に保険や税金、遺書、投資に対処できるようにする。

二　男性は、妻の相手をするために早めに引退する可能性もある。

三　「地域のヴォランティア活動や自治、芸術の類い」にちょっとの間手を出してみる――もっとも、女性は訓練を受けていないだろうから、主な価値は個人的セラピーということになる。一つだけ例をあげれば、何か本当に新しい経験を望む女性なら、自分の住む市か地方から現代世界のあの吐き気のするようなデキモノ、すなわち広告板を除去するキャンペーンを始めるのが良いかもしれない。

「広告板は、風景を汚染するバクテリアのように居座り、増え続けるだろうが、少なくとも彼女は地域政治についての成人教育で大いに学ぶことになるだろう。次に彼女は一息入れて、自分の卒業した学校の同窓会活動に専念することができる。中年期に入りつつある多くの女性が、母校の今も続く生活と自分とを一体化し、自分の子どもたちは大きくなったので、母性本能の中に母校のキャンパスに暮らす新しい世代の学生たちを包み込むことに、新しい活気と熱中を見出してきた[25]」。

この男性著者は、女性はパートタイムの仕事をしても良いが、家族を養うのがつとめの男性から仕事を奪ってはならないし、実のところ、彼女には非常に「刺激的な」仕事をするための技術も経験もないだろうと言っている。

……平日とか午後に、自分より若い女性たちが家族の世話から解放されて地域の活動に参加したり、パートタイムの仕事をしたりできるように手助けする、経験豊かで信頼できる女性に対する需要は大きい。……教養があって育ちが良く、いずれにせよ何年にもわたって自分で家事の大半をこなしてきたはずの女性たちが、そうした取り決めから尻込みすべき理由は何もない。(26)

もしも女らしさの神話がユーモアの感覚を台無しにしていなければ、女性は、彼女の受けた高価な性別指向教育の結果、自分が何に向いているかがこのようにあからさまに述べられていることに、笑ってしまうかもしれない――時折の同窓会の集まりと、誰か他の人のための家事。悲しむべき事実は、フロイトと機能主義と女らしさの神話の時代にあっては、こうした自分自身の価値観の性別による歪みを免れた教育者はほとんどいなかったことだ。マックス・ラーナー(27)も、『孤独な群衆』のリースマンでさえ、女性は社会への生産的貢献を通して自分の自主性を求める必要はない――夫がその活動を通して、しっかり貢献できるよう手助けする方が良いのだ、と示唆している。こうして性別指向教育は、近年の有能なアメリカ女性の数世代を隔離してきた。分離するが平等な教育が、有能なアメリカ黒人をアメリカ生活の主流において十分に能力を発揮する機会から隔離してきたのと、まったく同じように。

現在のような順応の時代にあっては、カレッジは実際には誰も教育しなかったのだと言うことは、何の説明にもならない。アメリカのカレッジ全般に対してこの非難を投げかけたジェイコブ・レポート[28]や、サンフォードらのグループによるより洗練された非難でさえ、カレッジが女性たちに性的役割以上のアイデンティティを教えようとしなかったことが、現在では教育者たちがこのように格好良く攻撃している順応主義を創り出したとは言わないまでも、蔓延させたことを認識していない。なぜなら、女性たちをこれほど早くから完全に性的役割に専念するよう教育することは――フロイトが言ったように、女性は受け身という目的を達成するためには非常に積極的になれる――男性をも同じ居心地の良い罠に引きずり込むことなしには不可能だからである。実際に性別指向教育は、早婚によって手っ取り早く解決される女性のアイデンティティ欠如につながった。そしていかなる役割でも――結婚であれ職業であれ――それに関わるのが早すぎると、人が完全な成熟や個人としてのアイデンティティを達成するのに必要なさまざまな活動領域における経験や試練、失敗や成功の機会が失われてしまう。

男子の場合でも早くから家庭を持つと成長が止まってしまう危険があることが、性別指向の教育者たちによって認められている。マーガレット・ミードは最近、次のように述べている。

早婚はつねに大半の未開人、農民や都市貧困層の多くに見られる特徴でした。……もし赤ん坊がいれば、ご存じのようにそれが意味するところは、父親の学期末レポートが赤ん坊の哺乳瓶と一緒くたになってしまうような状態です。……早い時期の学生結婚は男子を早くから所帯じみさせて、完全な知的発達を遂げられなくしてしまいます。彼らにはすべての時間を勉強にあてることができません。それは必ずしも図書館にこもっての勉強だけではなく――結婚した学生は、経験したり考えたり、一晩中仲間と議論したり、個人として成長したりする時間が持てないのです。これは知識人にとってだけでなく、将来の国の政治家や法律家や医師、その他あらゆる専門職の男性にとっても重要なことです(29)。

だが、赤ん坊に授乳しなければならないために期末レポートを書くことさえしない女子にかんしては、どうなのだろうか。女らしさの神話のせいで、彼女たちがこうして一つの情熱、一つの職、生涯にわたる一つの役割に閉じ込められることを悲劇と見る人はほとんどいなかった。一九六〇年代初頭の高等教育専門家たちは、女性の教育を彼女たちが子どもを産み終えるまで先延ばしにするという、彼らだけの楽しい夢を描いていた。彼らはそれによって、ほとんど一人残らず早婚をやむを得ないと思うと認めているのであり、それは今も続いている。

だが、完全なアイデンティティに至る成長の苦しみよりも女らしさを選び、夢想ではなく現実に対処することで得られる確固とした自己の核を一度も獲得しなかったことで、これらの女子たちは究極的には、あの目的がないという退屈で漠然とした感じ、非存在、世界との関わりのなさで苦しむことを運命づけられている。それはアノミーともアイデンティティの欠如とも呼ぶことができるが、たんに名前のない問題として感じられることもある。

とはいえ、教育にすべての罪を負わせるのは安易すぎるだろう。性別指向の教育者たちの過ちがどのようなものであれ、他の教育者たちは、有能な女性たちに「新しい目標を思い描き、それに到達することで成長」させようとして、不毛で失望の多い後衛戦を戦ってきた。最終的な分析によれば、この自由の国で何百万もの有能な女性たちが、教育が彼女たちのために開いてくれるはずだったドアを利用しないことを自分で選択したのである。我先に家庭に戻るという選択——そしてその責任——は、最後のところで彼女たち自身のものだったのだ。

第八章　誤った選択

神話は受容を強制するわけではない。女らしさの神話が一五年以上にわたってアメリカ女性を「洗脳」し、性に無関係な人間としての目標を捨てさせてしまったのは、他の人のためにそれに飛びついた人々にとっても、自分自身のために受容した人々にとっても、神話が本物のニーズを満たしたからに違いない。そのニーズは、すべての女性においても、あるいは神話の伝達者の誰にとっても、同じではなかったかもしれない。だが、この特定の時期のアメリカには、私たちをこの神話にまんまと引っかかりやすくする多くのニーズが存在していた。それらのニーズがあまりに抑えがたいものだったために、人が直感的な真実に直面した時のように、私たちは批判的に考えることを止めてしまった。問題は、ニーズが強すぎると、直感でさえ嘘をつくことがあるということだ。

女らしさの神話がアメリカを捉えるすぐ前には戦争があり、それは恐慌から始まって原子爆弾の投下で終わった。戦争の孤独と言語を絶する原爆の後、変わりゆく世界の恐ろしい不確実さと冷酷な巨大さを前にして、女性も男性も家庭と子どもという現実に慰めを求めた。戦場の壕の中で兵士たちはベティ・グレーブルのピンナップ写真を見ていたが、彼らが聴きたがったのは子守歌だった。そして除隊する頃には、彼らは母親のもとに戻るには年をとりすぎていた。男も女も、男の子も女の子も、セックスと愛のニーズが本物であることは否定しようがない。だが、なぜこの頃、あれほど多くの人にとって、それが唯一のニーズのように見えたのだろうか。

私たちは誰もが傷つきやすく、ホームシックで孤独で怯えていた。いくつもの異なる世代が同時に、結婚や家庭、子どもに対する抑えられていた渇望を抱いていた。そして戦後のアメリカの繁栄の中で突然、この渇望は誰もが満たせるものになった。戦争のせいで年齢よりも老けてしまった若い兵士は、子ども時代の家庭を再現することで、愛情と母親への孤独なニーズを満たすことができた。カレッジを卒業し就職を決めるまで何人もの女の子とデートするのではなく、彼は復員兵援護法を利用して結婚し、もう赤ん坊ではなくなってしまったので自分では求めることができない優しい母の愛を、自分の赤ん坊に与えることができた。また、それより少し年上の男たちもいた。戦争によって結婚が先延ばしにされてしまった二五歳の男たちは、失われた時間を埋め合わせねばと感じていた。三〇代の男たちは、最初は恐慌、次いで戦争によって結婚できなかったか、あるいは結婚していたとしても、家庭の慰めを楽しむことを妨げられてきていた。

女の子にとって、あの孤独な年月のせいで彼女たちの愛の探究はとりわけ急を要するものになっていた。三〇年代に結婚した女性たちは夫が戦争に行くのを見送り、四〇年代に成長した者たちは、女性なら進んで手放したいと思う者はほとんどいない愛や家庭や子どもを自分は手にすることができないのではないかという、もっともな恐れを抱いていた。男たちが帰還すると、まっしぐらに結婚ラッシュが起きた。夫や夫候補が戦争に行ってしまった——あるいは爆弾の一撃で奪い去られてしまいかねない——孤独な歳月は、女性たちをとくに女らしさの神話に惹かれやすくした。彼女たちは、戦争が彼女たちの人生に加えた孤独の冷たさは、キャリアや家の外での関心事に対して支払わねばならない代償と同じだと教えられた。神話は、ある選択を提示した——愛と家庭と子どもたちか、あるいは人生にその他の目標や目的を持つことか。そのような選択を示されて、あれほど多くのアメリカ女性がすべての目標として愛を選んだことに、何の不思議があったろうか。

終戦直後の数年間のベビーブームはどの国でも起きた。だが、他のほとんどの国ではそこに女らしさの神話が充満しているということはなかった。他の国々では、五〇年代にさらに大きなベビーブームが起きて、一〇代での結婚や妊娠の上昇や家族人数の増加をもたらすこともなかった。三人またはそれ以上の子どもを持つアメリカ女性の数は、二〇年間で倍増した。そして戦後、より多くの子どもを産む競争で他のすべての女性をリードしたのは、教育のある女性たちだった[1]。(私の前の世代である一九一〇年から一九年生まれの女性たちが、この変化を最もはっきりと示した。二〇代の頃、彼女たちの低い妊娠率は、教育が人類の滅亡をもたらすだろうという警告につながったが、三〇代に入ると、生物学的能力の点では年齢とともに妊娠率が低下するにもかかわらず、彼女たちの妊娠率は突然急激な上昇を示したのである。)

戦争の後では以前より多くの赤ん坊が生まれるのは常のことだ。だが、今日のアメリカの人口爆発の多くの部分は一〇代の結婚が原因である。メトロポリタン生命保険会社の示す数値によれば、一九四〇年から五七年までの間に一〇代が産む赤ん坊の数は一六五パーセント増大した。通常ならカレッジに行くはずが、結婚のために退学したり進学をやめたりする女の子たち(今日では、アメリカの娘たちの結婚年齢で最も多いのは一八歳と一九歳で、アメリカ女性の半数は二〇歳までに結婚する)は、神話の産物である。彼女たちは何の呵責も感じることなく教育を受けるのを止めてしまい、妻と母親であることで「充足感」を得られると本気で信じている。統計から、あるいはたんに観察によって、自分がカレッジを卒業するか職業のための訓練をするまで結婚を待っていては、大半の男は誰か他の人と結婚してしまうだろうと知っている今日の娘は、戦争が四〇年代の娘たちを恐れさせたように、自分は女としての充足を手に入れ損ねるのではないかという恐れを抱くだけの理由があるのだろうと思う。だがこのことは、なぜ彼女たちが夫を支えるためにカレッジを退学する一方、男たちは教育を続けるのかの説明にはならない。

他の国々ではそういうことは起きていない。戦争中にもっと多くの男たちが殺され、多くの女たちが永久に結婚の実現を諦めることを強いられた国であっても、女たちはパニックになって家庭に駆け戻ったりはしなかった。そして現在の他の国々では、女の子も男の子と同様に、未来への道である教育を受けることに熱心である。

戦争は女性を特に神話に惹かれやすくしたが、戦争とそれにともなう欲求不満だけが、女性が家庭に回帰した唯一の理由ではない。また、教育のある女性がしばしば自分への言い訳に持ち出す「使用人問題」によっても説明することはできない。戦時中、コックやメイドが軍需工場へ働きに行ってしまった頃には、使用人問題は近年よりずっと深刻だった。だが当時の気概のある女性たちは、自分たちの仕事をやり続けるために、家事について型にはまらない取り決めを考え出したものだ。(私の知っていた戦時中の二人の若い母親は、夫たちが海外に派兵されている間、労力の共同管理を行っていた。女優である一人が午前中、両方の赤ん坊の世話をする間、もう一人は大学院の研究をした。午後には後者が世話を引き受け、もう一人はリハーサルやマティネに出かけた。また、赤ん坊の夜と昼を入れ替えることで、自分が医学校に通っている間、赤ん坊が隣人の家で眠っていてくれるようにした女性も知っている。)そして当時の都市では、仕事を持つ母親の子どもたちのための保育所やデイケア・センターへの需要があり、対応がされてもいた。

だが、戦後の女らしさが讃えられる時期になると、フルタイムの乳母や家政婦を雇ったり見つけたりできる女性たちまでが、自分で家と子どもたちの世話をすることを選んだ。そして都市では五〇年代の間に、働く母親の子どもたちのための保育所やデイケア・センターはほとんど消え失せてしまった。それらの必要性をほのめかしただけで、神話の伝道者たちだけでなく、教育のある主婦たちからもヒステリックな抗議の声が上がった。(2)

戦争が終わると、当然ながら兵士たちが戻ってきて、しばらくの間娘たちが多くを占めていた職につき、カレッジや大学の席を埋めた。短い間、競争が熾烈となり、ビジネスや専門職における女性排除の古い偏見がよみがえった結果、若い女性が仕事を続けたり昇進したりするのが難しくなった。これが多くの女性を大急ぎで結婚と家庭という避難所に走らせたことは、疑問の余地がない。性別賃金格差をさておいても、女性に対する巧妙な差別は今日でも依然として不文律となっており、それが及ぼす影響は、フェミニストたちが直面した甚だしい敵対行為とほとんど同じくらい破壊的だし、闘うのが難しい。たとえば『タイム』誌で働く女性の調査員は、能力がどうあれ、記者になる望みを持つことはできない。不文律によって、男は記者や編集者、女は調査員と決まっているのだ。彼女は頭にきたりはしない。仕事が好きだし、上司も好きだ。女性の権利のための戦士ではないし、新聞社組合に訴えるようなことでもない。とはいえ、気落ちすることは確かだ。どこにも行き着けないとしたら、なぜこのまま続けるのだろうか。

女性たちは自分の選んだ分野でさらに上の仕事をする準備ができ、その能力があっても、それが男性の方に回されてしまい、恨めしい思いをすることが多かった。ある仕事では、仕事をしているのは女性なのに、それで評価を得るのは男であることに満足しなければならなかった。あるいはもっと良い仕事を得たとしても、男からの恨みや敵意に直面しなければならなかった。大企業でも、アメリカのどの専門職でも、出世競争は男性にとって非常に厳しいものなので、女性が競争に加わることは我慢の限度を超えさせることになり——あの不文律を持ち出すだけで、闘うのがずっと容易《たやす》くなる。戦争中は、女性の能力発揮や競争が避けられないことは歓迎されていた。戦争が終わると、彼女たちの面前に、礼儀正しいが通り抜けることのできない敵意のカーテンが下ろされた。女性にとっては、誰かを愛し愛され、男たちと競合しないことの言い訳を見つける方が、ずっと生きやすかった。

それでも恐慌期には、有能で元気な娘たちは犠牲を払い、偏見と闘い、競合できる場所はもっと少なかったにもかかわらず、キャリアの追求のために勇敢に競争に挑んでいった。また、キャリアと恋愛が対立すると見る者は多くなかった。戦後の繁栄期にはたくさんの仕事、あらゆる専門職にたくさんのポジションがあった。本当は、愛と結婚のためにすべてを諦める必要などなかった。より学歴の低い娘たちは、結局のところ工場を辞めてメイドに戻ったりはしなかった。製造業で働く女性の割合は、戦争以来着実に増加中である——だが、訓練と努力と個人的熱意を要するキャリアや専門職における女性の割合は、そうではない。(3)「私は夫と子どもたちを通して生きているの」と、私と同じ世代のある率直な女性は語った。「その方が楽ですもの。今のこの世の中では、女である方が生きやすいわ、うまく利用すればね」。

この意味では、女性たちに起きたことは、戦後の時期に私たち全員に起きたことの一部である。私たちは、かつては面と向かう勇気のあった諸問題に立ち向かわない言い訳を見つけた。アメリカン・スピリットは奇妙な眠りに入り、男も女も、怯えたリベラルも、幻滅したラディカルも、変化に戸惑い不満を抱えた保守派も——国全体が成長するのを止めてしまったのだ。私たち全員が、暖かく明るい家庭に戻っていった。私たちが子どもで、二階で平和に眠っている間、両親は居間で読書したり、ブリッジをしたり、あるいは故郷の町の夏の夕方に、表のポーチで揺り椅子に座っていたりした、あの頃のように。

男たちが爆弾のかけらを払い落とし、強制収容所のことを忘れ、汚職を許し、どうしようもない画一性に陥っていくのと並行して、女たちは再び家に戻っていった。ちょうど思想家たちが、戦後世界の複雑でより大きな問題を避けて通っていたように。共産主義やマッカーシーや手に負えない爆弾のことを考えるよりも、愛とセックスについて考える方が簡単で安全だった。男の行動や理念や戦争についてフロイト流の性的原因を探す方が、男の社会を批判的に見て、その誤りを正すよう建設的に行動するよりも易しかった。最も賢明で、最も覇気のある人々の間にさえ、一種の個人的退却が見られ、私たちは目を地平線からそらして、一心に自分たちだけの思いにふけったのである。

私たちはこうしたすべてを、今なら振り返って理解できる。当時は、愛とセックスのニーズを人生の究極の目的として設定し、「家庭」と「家族」に全面的に入れ込むことで個人として真実に向き合うことを避ける方が、容易かったのだ。ソーシャル・ワーカーや心理学者や多くの「家族問題」カウンセラーにとっては、セックスや性格や対人関係に個人的問題をかかえた個々の患者に分析を主としたセラピーを行う方が、人間の悩みの共通の原因について深く掘り下げようとしすぎるよりも、より安全で金にもなった。たとえもう人類全体について考えることはしたくなくても、少なくとも厄介事に巻き込まれずに個人を「助ける」ことはできた。かつては戦争と平和や人種的偏見のような大きな問題にかんしてアメリカの良心に訴える文章を書いていたアーウィン・ショーは、今ではセックスと姦通について書いている。ノーマン・メイラーや若いビートニクの作家たちはその革命的精神の発揮を、セックスやスリルやドラッグと、卑猥な四文字語で自己顕示することだけに限定するようになった。作家たちにとって、政治よりも心理学、公的な目的よりも私的な動機について考える方が、容易くもありファッショナブルでもあった。画家たちは、規律を無視し、意味を持たないことを賞賛する抽象的表現主義へと退却した。劇作家たちは人間の目的を、「不条理劇」という辛辣で気取ったナンセンスへと貶めてしまった。フロイトの思想がこうした逃避のプロセス全体に、果てしなく、じらすような、知的な神秘性という特長を与えた。プロセスの中のプロセス、意味の中に隠された意味、そしてついには意味そのものが消え失せて、希望もなく退屈な外の世界はほとんど存在しないものになった。テネシー・ウィリアムズの劇世界についてある劇評家が珍しく嫌悪をこめて書いているように、人間にとって、彼の性的倒錯と、彼が母親を愛しかつ憎んでいるという事実以外には、何の現実も残っていないかのようだった。

アメリカ文化におけるフロイト熱は、心理療法の実施それ自体とは別に、四〇年代と五〇年代におけるまた別の本物のニーズを満たす役割も持っていた。そのニーズとは、イデオロギー、国家目標、そして人々の抱える問題に関心を向けることだった。分析医たち自身が最近、多くの男女が個人的空虚さから心理療法に向かうのは、イデオロギーや国家目標の欠如に一部原因があるのかもしれないと示唆している。彼らが実際に求めているのは、セラピーだけではけっして得ることのできないアイデンティティだというのだ。アメリカでは精神分析の流行と同時期に宗教リヴァイヴァルが起きたが、これもおそらく同じ理由から来ているだろう——アイデンティティやシェルターの模索の背後には、より大きな目標の空白状態があるのだ。今では多くの牧師たちが、集会に集まった信者たちに対する心理療法——牧師によるカウセリング——を行うのに多くの時間を割いていることは、暗示的である。彼らもまたそれによって、より大きな問い、本物の追求を避けようとしているのだろうか。

五〇年代後半に私がカレッジのキャンパスでインタヴューを行っていた頃、大学の牧師や社会学者たちは異口同音に若い世代の「私生活本位主義」について証言した。早婚への流れが起きている大きな理由は、若者が現代の社会には他に何も真実の価値を見出せないからだと、彼らは感じていた。社会批評の専門家にとっては、若い世代が利己的に私的な楽しみや物質的安定のみに関心を持っていること——あるいは、ビートニク文化の空虚な反抗癖——を非難するのは易しいことだ。だが、もしも彼らの両親や教師、聖職者たちが個人的な感情面での適応や物質的成功や安定よりも大きな目標を捨て去ってしまっていたとしたら、若者はどんな大きな目標を学べるというのだろうか。

五人の赤ん坊、郊外への引っ越し、ＤＩＹ、さらにはビートニク文化までが、ささやかなニーズを満たすものとなった。それらはまた、この国で最も覇気のある人々がかつては関心を持っていたより大きなニーズや目標にも取って代わった。「政治にはもううんざり……どうせ、自分にできることなんて何もないもの」。金は、そのために一生を賭けるには安すぎもすれば高すぎもし、社会全体がそれ以外の何にも関心がないように見える時、家族とその愛といろいろな問題——これだけは少なくとも良いものであり、真実だった。そしてフロイトを文字どおりに鵜呑みにすることは、悩みを抱えた社会全体にとって実際以上に大切なことだという幻想を与えた。なぜならフロイトの言葉をオウムのようにくり返すことで悩みを抱えた人々を惑わして、実際にはまだ彼らの本当の問題に直面してもいないのに、治ったのだと信じさせたからである。

しかしながらフロイト流の顕微鏡の下では、家族についての非常に異なった概念が生じ始めていた。エディプス的葛藤ときょうだい間のライヴァル意識が見慣れた言葉となった。子ども期にとって、欲求不満は猩紅熱《しょうこうねつ》と同じくらい重大な危険となった。そしてとくに注意を要すると名指しされたのが「母親」だった。ほとんどあらゆることについて母親に罪を着せられることが、突然発見されたのだ。問題を抱えた子ども、アルコール中毒や自殺指向、統合失調症、精神病、神経症の大人、性的不能や同性愛の男性、冷感症や性的に見境のない女性、潰瘍や喘息持ち、その他の悩みを抱えているアメリカ人のすべての症例において、そこには母親の姿が見つけ出された。欲求不満で抑圧され、混乱し、犠牲となり、けっして満足することのない、不幸な女性。要求が多く、がみがみ言い、意地悪な妻。拒絶的だったり、過保護だったり、支配的な母親。第二次世界大戦では何百万ものアメリカ男性が、戦争の衝撃や、「ママ」から離れた生活に心理的に耐える力のないことがはっきりした。明らかに、アメリカ女性にかんして何かが「間違って」いたのである。

不幸な偶然により、この母親たちに対する攻撃と時を同じくして、アメリカ女性は自分たちの解放された権利を用いてますます多くがカレッジや専門学校に行くようになり、産業や専門職の世界で頭角を現すことで必然的に男性と競合し始めていた。女性たちはアメリカ社会において、彼女たちの性別ではなく個人としての能力に応じた役割を演じ始めたところだったのだ。こうしたアメリカ女性たちが、たとえば「俺たちの背中まで流してくれた」と兵士が自慢するドイツや日本の娘たちに比べて、実際により自立的で気が強く、意志や意見を主張し、受け身でも女らしくもなかったことは、一目でわかることであり、帰還した兵士たちの目にも明らかだった。しかし、これらの娘たちがその母親たちと違っているということは、それほど明らかではなかった。おそらくはそのことが、奇妙な論理のねじれによって、過去と現在の子どもたちの神経症がすべてこれら新しい世代のアメリカの娘たちの独立心と個人性のせいにされた理由だろう――そうした独立心や個人性は、前の世代の主婦であり母親である女性たちにはけっして見られなかったものだったのだ。

証拠は動かしがたいものに見えた。戦争中に精神的理由で除隊になった者と彼らの症例中に出てくる母親の数、初期のキンゼー報告における性的オーガズムを得られないアメリカ女性、とりわけ高学歴女性の数、非常に多くの女性が現実に欲求不満で、それを夫や子どもに向けて発散していたという事実。アメリカでは自分を不十分で不能だと感じる男性がどんどん増えていた。例の第一世代のキャリア・ウーマンたちは愛と子どもに飢えており、腹を立てると同時に、彼女たちの競合相手となった男たちから恨まれていた。精神科病院やクリニック、精神科医のもとを訪れるアメリカ男性、女性、子どもの数は増える一方だった。これらすべてが、教育によって「男性化」し、平等や自立を主張することで女としての性的満足を見つけることができずにいる、欲求不満のアメリカの母親のせいだとされたのである。

すべてはフロイトの説明とぴったり合っていたために、誰もこれら戦前の母親たちが実際はどんなだったかをわざわざ調べてみようとはしなかった。彼女たちは実際、欲求不満だった。だが、適応不能の兵士や不安定で性的不能の戦後の男たちの母親は、自立した高学歴のキャリア・ウーマンではなく、自己犠牲的で依存的な、殉教者のような主婦の「ママたち」だったのだ。

一九四〇年には、家の外で働いているのはアメリカ女性の四分の一以下であり、その多くは未婚だった。「キャリア・ウーマン」だったのは、母親たちのうち僅か二・五パーセントにすぎなかった。一九四〇年に一八歳から三〇歳だった兵士の母親たちは一九世紀か、一九〇〇年代の初めの生まれで、アメリカ女性が選挙権を獲得したり、二〇年代の自立や性的自由、教育やキャリア上の機会を楽しんだりするようになる前に成長していた。大体においてこれらの「ママたち」はフェミニストやフェミニズムの産物ではなく、主婦と母親という伝統的な女らしい人生を送ってきたアメリカ女性だった。「ママたち」を欲求不満にさせ、子どもたちをそのはけ口にさせたのは、本当に教育やキャリアへの夢や自立だったのだろうか。新しい神話の構築の手助けをしたある本――エドワード・ストレッカーの『母親たちの息子たち』でさえ、「ママたち」はキャリア・ウーマンでもフェミニストでもなく、たとえ教育があってもそれを活用はしなかったという事実を認めている。彼女たちは子どもたちのために生き、家庭と子どもと家族、あるいは自分の美容以外には関心がなかった。実のところ、彼女たちはまさに女らしさの神話のイメージどおりだったのである。

精神的障害のために兵役につくのを拒否された一八二万五〇〇〇人の男性、神経精神病学的理由で除隊になった六〇万人、さらには徴兵を逃れようとした五〇万人――兵役にある一五〇〇万人中、約三〇〇万人が入隊後多くはわずか数日で精神神経症にかかったのだが、陸海軍軍医総監のコンサルタントであるストレッカー博士は彼らの症例を見て、それは彼らが成熟しておらず、「人生に直面し、他者とともに生活し、自分で考え自分の足で立つ力」を持たなかったためであり、その原因は「ママ」にあると、次のように述べている。

ママとは、人生が彼女の自我に与えた苦難に対して感情面での償いを求めることが、その母親としての行動の動機となっている女性である。子どもたちとの関係においては、彼女のすることのすべてと、呼吸のほとんどすべてが、無意識だがひたすらに、自分の子どもたちを感情的に吸い込み、安全に自分に縛りつけておくことを目指している。この目的を達成するために、彼女は子どもたちに対し、未熟な行動パターンを刷り込まねばならない。……人生に成熟した態度で臨むことのできる男性や女性の母親は、伝統的なママ・タイプではないことが多い。ママとは、もっと優しく甘やかし、自己犠牲的であって……どんな問題でも引き受け、成人した子どもたちのために着る物を選んだりすることをまったく苦にしない。彼女は子どもたちの髪のカールや、どんな友達や仲間、スポーツ、社交上の態度や意見を選ぶかについて目を配る。全般にわたり、彼女はすべて子どもたちに代わって考えようとするのだ。……「こうした支配は」ときには強硬で恣意的だが、ソフトで、説得力があり、何となくつかみどころがないことの方が多い。……最もしばしば見られるのは遠回しなやり方で、子どもはママが傷ついており、でも一生懸命そのことを隠そうとしていると、何となく感じさせられてしまうのだ。このソフトな方法は、若者らしい考えや行動を発揮するのを邪魔するには、いつでも非常にうまく行くのである。……

こうした「自己犠牲的」ママもせっぱ詰まった時には、自分が多分「へとへと」に見えるといやいやながら認めることがあり、実際に少々疲れてもいるのだが、それでも明るく「だから、どうだっていうの？」と言う……これが意味しているのは、彼女は自分がどう見えたり感じたりするかはどうでも良いと思っているということで、それは彼女の心の中には人に尽くすことの非利己的な喜びがあるからだ。夜明けから夜遅くまで、彼女は子どもたちのために何かをすることに幸福を見出す。この家は彼らのためにある。「必ずそう」でなければならない——時間どおりに、温かくおいしそうな食事。いつでも何か食べられるようにしておくこと。……この整頓された家の中では、服のボタンが一つでも取れていてはいけない。何もかもが、あるべき場所にある。ママは、何がどこにあるかを知っている。子どもたちが物をあっちにもこっちにも、至るところに散らかした後で、彼女は文句も言わず、喜んでそれらを元の場所に戻す。……何か子どもたちに必要だったり欲しがったりするものがあると、ママは楽しげにそれを取りに行く。完璧な家庭。……外の世界でこれに負けないくらい平和な安息場所を見つけられないと、きょうだいのうちの一人かそれ以上は幸せな家庭にとどまるか戻るかして、永遠に胎内にこもることになる可能性が高い。(4)

この「ママ」はまた、自分のための美容や衣服、化粧品、香水、髪型、ダイエットやエクササイズに夢中の「きれいなおばかさん」だったり、「果てしなく講座を申し込んだり講義に出てみたりする似非インテリで、何か一つのことを真剣に勉強したりそれについて完全な知識を得たりするのではなく、ある月は精神衛生、次の月は経済やギリシャ建築、保育学校という具合」だったりする。そういうのが、前線でも家庭でも、ベッドの中でも外でも、男になれなかった息子たちの「ママ」であり、それは彼らが本当は赤ん坊のままでいたかったからなのだ。これらのママたち全員には共通点があった。

……彼女は子どもたちに、大人としての大胆できっぱりとしたストロークで情感的な母の子宮内から泳ぎ出て行くのを許すよりも、一種の心理的羊水の中でぱしゃぱしゃ泳いでいるままにさせることで、ほとんど溢れんばかりの情緒的な満足感を得るのである。……自分自身が未熟な彼女は子どもたちにも未熟さを生み、全体的に見て、彼らは個人的にも社会的にも不十分で不幸な人生を送ることが運命づけられている[5]……

私が長々とストレッカー博士を引用したのは、奇妙なことに、アメリカ女性は女らしさを喪失したと非難し――そして、再び家に戻って、人生を子どもたちに捧げるようにと告げた――膨大な戦後の記事や講演の中で、彼は最も頻繁に引用された精神科の権威の一人だったからだ。実際には、ストレッカーの症例から得られる教訓は、まさに正反対のことを告げていた。そこでの成熟できない息子たちの母親は、人生のあまりに多くを子どもたちに捧げすぎていたのであり、子どもを赤ん坊のままにとどめておいたり、自分自身の人生をまったく持とうとしなかった母親、自分でも一度も成熟することなく、成熟に達するよう奨励されたこともない母親たちだった。「成熟している状態、またはその特質とは、円熟、完全な発達……思考と行動の独立性」――これらが完全な人間としての特質である。これは女らしさとはまったく異なる。

神話が事実を飲み込むやり方は、犬が食べたハンバーガーは犬になり、人間が食べたハンバーガーは人間になるという不思議な現象と同じようなものだと私は思う。兵士たちの神経症という事実は一九四〇年代に、アメリカ女性が、キャリアや自立、男女平等、「何が何でも自己実現」を指向する教育のせいで女らしさの充足から道を逸れてしまったことの「証拠」となった——これら欲求不満の女性たちの大部分はたんなる主婦だったにもかかわらず。毎日を子どものニーズを満たすことに捧げてきた欲求不満の母親たちが息子や娘に及ぼした心理的ダメージを示す大量の証拠は、何らかの魔術的なパラドクスによってねじ曲げられて、女らしさの神話によって新しい世代の娘たちへの、家庭に帰り、子どもたちのニーズを満たすことに自分の毎日を捧げよという呼びかけへと変えられてしまったのである。

このハンバーガーを口当たり良くするのに、女性における性的欲求不満は教育と関係があるとした初期のキンゼー報告の数値ほど役立ったものはなかった。カレッジ教育を受けた女性では五〇から八五パーセントが一度も性的オーガズムを経験したことがないのに対し、同じ悩みを報告している高卒女性は五分の一以下だという恐るべき事実は、何度もくり返し取り上げられた。『現代の女性――失われた性』は、こうした初期キンゼーの調査結果を次のように解釈している。

> 小学校卒またはそれ以下の女性たちでは、オーガズムがまったく得られないという数値はほとんどゼロに近い。キンゼー博士と同僚たちは、無教育な黒人女性では実質的に一〇〇パーセントのオーガズム反応が認められたと報告している。……そこから浮かび上がる心理社会的な法則とは以下のとおりである。女性は教育を受けるほど、重症度に差はあれ、性的不調になる可能性が大きくなる[6]……

女性にかんするキンゼー報告の全体が出版されるまでには、一〇年近くかかったが、それはこうした初期の所見を完全に否定するものだった。五九四〇人のアメリカ女性の症例では、結婚生活でオーガズムに達する女性の数と、ほぼ毎回オーガズムに達する女性の数は確かに教育と関係していた。ただし、学歴が高い女性ほど性的満足を得る確率は高いことがわかったのだが、現在でもそのことを認識している女性はどれだけいるだろう。小学校教育だけの女性は一度もオーガズムを経験したことがない可能性が高いのに対し、カレッジを卒業し、大学院や専門の学校に進んだ女性は、ほぼ毎回完全なオーガズムを得る可能性がずっと高かったのだ。キンゼーの言葉によれば、

われわれは、五年以内の時期にオーガズムに達したことのある女性の数は、より高い教育歴を持つ女性たちの方がかなりはっきりと多いことを発見した。……結婚の最初の年から少なくとも一五年後までの各期間において、夫婦の性交でまったくオーガズムを得られなかったのはサンプル中の教育歴の低い女性たちの方が多く、学歴の高い女性でそれほど完全に得られなかったのは少数だった。……

これらのデータは、われわれが数年前に行った予備的で未出版の計算結果とは符合していない。より少ないサンプルとより適切でない計算方法に基づいた結果として、われわれは夫婦間性交でオーガズムを得る低学歴女性の数はもっと多いと考えたようだ。こうしたデータは、現在では修正する必要がある……(7)

だが、初期の間違った数値によって育まれた神話の方は、それほど容易く修正されはしなかった。

さらには、母親が働いているために放っておかれたり拒否されたりした子どもたちについての恐ろしい数字や症例も存在していた。現時点でも、どれだけの女性が気づいているだろうか、こうした喧伝されたケースでの母の愛がないために衰弱していった赤ん坊とは、昼間の数時間子どもを他の人に預けて、専門職で働いたり、詩を書いたり、政治的闘いを行ったりしていた教育のある中流階級の母親の子どもたちではなく、真の意味で見捨てられた子どもたちだったことに。未婚の母や飲んだくれの父によって生まれると同時に捨てられた捨て子たち、家庭も優しい愛情ある世話も一度も経験したことのない子どもたちなのだ。見出しには、子どもたちの青少年非行や学習困難、あるいは情緒不安定は仕事を持つ母親に原因があると示唆する研究なら、どんなものでも使われた。最近、スタンフォード大学の心理学者、ロイス・ミーク・ストルツ博士がこうした研究から得た証拠をすべて分析した。彼女が発見したのは、現時点では、仕事を持つ母親の子どもたちについて――良いことも悪いことも――どんなことでも言えるし、一部の調査結果で言われていることを支持しうる、ということだった。だが、母親が働いているから、子どもたちの幸福や健康や適応度が劣ることを示す決定的な証拠は存在しない(8)。

働く女性の方が幸福で、より良く、より成熟した母親であることを示す研究は、大いに宣伝されるということがない。青少年非行が増加中で、働くか「何らかの知的な仕事に向けて教育を受けた」女性が増えているから、そこには直接の因果関係があるに違いないと、人は言う。それを除けば、証拠は因果関係などないことを示している。数年前、非行少年とそうでない少年のグループを相互に比較した研究が大いに評判になった。そこでわかったことの一つは、母親が正規の職を持っている場合、主婦である場合と比べて、非行や学校の無断欠席が増えるわけではないということだった。だが、派手な見出しでは、非正規で働く母親の子どもには有意に非行少年が多いと警告されていた。この発見は、全面的なキャリアは諦めたものの、パートやフリーランスとして働いたり、ときどき仕事をしながらその合間は家にいたりして、何とか自分の得意な分野で仕事を継続しようとしていた教育のある母親たちに、呵責と憂鬱をもたらした。「何年にもわたって、私は意図的に臨時の仕事やパートタイムの仕事をすることで、自分の仕事人生を息子たちにとって一番良いように調整しようとしてきました」と、そうした母親たちの一人が『ニューヨーク・タイムズ』に語っている。「だのに今になって、私は考えられる限りで最悪のことをしてきたみたいなんです！」(9)

専門的訓練を受け、快適な中流階級地域で暮らすこの母親は、自分をあの研究の中の母親たちと同一視しているが、実際には、後者の母親たちはたんに貧しい社会経済的状況で暮らしているだけでなく、多くの場合、彼女たち自身がかつて非行青少年だったことが判明した。また彼女たちの夫は、情緒的に不安定であることが多かった。

この研究を行った調査者たちは、これらの女性たちの息子が情緒的葛藤を抱えていたのは、母親がときたま仕事をする動機が「家計を助けるためというよりは、家と母親としての責任から逃れるため」であったことを示唆している。だが、同じ調査結果を分析した別の専門家は、母親のときおりの雇用と息子の非行の両方の原因は、両親の情緒不安定にあると考えた。理由が何であれ、その状況は、自分のことをこの報告の中に読み込んでしまった教育ある女性たちの大半の状況とは、まったく比較にならないものであった。実際、ストルツ博士が指摘しているように、女性はキャリアと母親業とを両立できないことの「証拠」だと誤って解釈されてきた多くの研究が本当に示しているのは、他の条件が等しければ、働きたいから仕事をしている母親の子どもたちは、主婦の子どもたちと比べて、不安定になったり、学校で問題を起こしたり、「自尊感覚に欠け」たりすることがより少ない傾向があるということなのだ。

仕事を持つ母親の子どもたちについての初期の研究は、まだ働く既婚女性がほとんどいない時代に保育所で行われた。そこに子どもを預けていたのは、亡くなるか、離婚や遺棄によって夫のいない働く母親たちだった。これらの研究を行ったのはソーシャル・ワーカーや経済学者で、母親年金のような改革を求めることが目的だった。そうした子どもたちに見られた問題や高い死亡率は、ここ一〇年の間に行われた研究では見出されず、何百万もの働く女性のうち、夫と暮らしていないのは八人中わずか一人にすぎない。

そうした最近の研究の一つで二〇〇〇人の母親をもとにしたものによると、唯一の有意な差異とは、主婦である母親の方が働く母親よりも「子どもたちのせいでイライラする」と述べた人が多かったことであり、主婦の方が「子どもの数が多い」ようだった。シカゴにおけるある有名な研究は、非行少年の母親の方が家の外で働いている場合が多いことを示しているように思われていたが、非行少年は破綻した家庭から生まれることが多いことを示しているにすぎないと判明した。深刻な問題のある四〇〇人(全校一万六〇〇〇人のうちで)についての別な研究では、破綻した家庭を含まない場合には、問題児の母親が主婦である方が働く母親より三倍も多かった。

他の諸研究では、働く母親の子どもたちは主婦の子どもたちと比較して、極端に攻撃的だったり極端に内気だったりする割合が少なく、学校の成績が悪いとか、「自尊感覚に欠ける」割合も少ないことがわかっており、また仕事を持つ母親は、妊娠したことをより「嬉しく」感じ、主婦たちよりも「母親役割」について葛藤を感じる割合が少なかった。

また、自分の仕事が好きな働く母親の方が、主婦である母親や自分の仕事が好きでない母親よりも、子どもとの関係がより緊密で肯定的であるように見えた。そして三〇年代に行われた、カレッジ教育を受けて、自分の好きな仕事を選びやすい母親たちについての研究では、彼女たちが仕事を持っていることが、結婚や情緒面での適応、あるいは子どもたちの問題の数や深刻さに対して、何か悪影響を及ぼすということはなかった。全般的に見て、働く女性に共通して見られた特性は二つだけで、より学歴が高いことと、都市に住んでいることである。(10)

しかし、教育ある女性たちがぞろぞろと郊外の主婦になっていく私たち自身の時代になると、彼女たちの中で、子どものおねしょや指しゃぶり、過食、拒食、引きこもり、友だちがいないこと、一人でいられないこと、攻撃性、臆病さ、読むのが遅いこと、本を読みすぎること、しつけができていないこと、頑固さ、抑制の強さ、露出癖、性的早熟、あるいは性的関心の欠如が神経症の初期の兆候ではないかと、心配したことのない者がいただろうか。実際に異常だったり本物の非行だったりしなくても、それらは少なくとも親による失敗、将来の神経症の前兆に違いないのだ。ときには、実際にそうである場合もあった。フロイトのスポットライトの下で親であること、とりわけ母親であることは、宗教的カルトではないまでも、フルタイムの仕事でありキャリアとならねばならなかった。一歩の間違いが惨事を意味しえた。キャリアなし、家庭以外に献身するものは一切なしで、母親たちはすべての瞬間を子どもたちに捧げることができ、彼女たちのすべての関心を神経症の初期の兆候を探すこと——そしておそらくは、それを生み出すことに振り向けることができた。

もちろん、常にすべての症例の中に母親についての有意味な事実を見つけ出すことは可能である。とりわけ、決定的に重要とされている最初の五年間についての事実や記憶を探している場合には。結局のところ、アメリカでは常にそこには母親がいる、そこにいるはずとされているのだ。彼女たちが常にそこにおり、母親としてだけいることが、子どもたちの神経症と何らかの関係があるのだろうか。多くの文化で文化内の葛藤は母親を通して子どもたちに伝えられるが、文明世界の現代文化の中で、最も強く有能な女性たちに対して子どもたちを自分のキャリアとするようにと教育する文化は、けっして多くはない。

　少し前にスポック博士はややきまり悪そうに、母親がたいてい母親業以外の人生の目的を持っている――医学や科学、教育、産業、政治、芸術の仕事をしている――ロシアの子どもたちの方が、フルタイムで子どもの心配をする以外何もしていない母親を持つアメリカの子どもたちよりも、なぜかより安定し、適応し、成熟しているように見えると、告白したことがある。ロシア女性の方が、自分自身の人生に真剣な目的を持っているから、より優れた母親だということなのだろうか。少なくともこれらの母親たちは母親としてより自信を持っていると、善良なスポック博士は言った。彼女たちはアメリカの母親のように、専門家の発する最新の言葉や一番新しい育児の流行に依存してはいないのだ。[11] スポック博士にとって、一字一句彼の本に沿って子どもを育てようとして自信が持てない――そして、本のとおりに行かない時には哀れっぽく彼に電話で助けを求めてくる一三五〇万人もの母親がいることは、明らかに恐ろしい重荷に違いない。

精神科医がアメリカの子どもたちや大人になった子どもたちにおける「依存」の問題をしだいに心配するようになったことは、どんな見出しにも現れなかった。精神科医のデヴィッド・レヴィは「母親の過保護」についての非常に有名な研究で、「母親による子ども扱い、甘やかし、過保護」が病理的な程度にまで子どもたちにダメージを与えた二〇名の母親について、徹底的に詳しく調べた[12]。典型的なのはある一二歳の少年のケースで、「一二歳の時、母親が彼のパンにバターを塗ってくれなかったため、幼児のような癇癪《かんしゃく》の発作を起こした。彼は今でも、母親が着替えを手伝うよう要求していた。……彼は、僕が結婚するまで母さんは僕のパンにバターを塗ってくれなきゃ、その後は奥さんがやるだろうからと言って、人生における自分の要求をきわめて簡潔にまとめてみせた……」。

これらの母親は全員――月経や母乳、早くからの「母親タイプの行動」の兆候といった生理学的指標によれば――もしそのような表現があるとすれば、女性あるいは母親としての本能的基盤が普通以上に強かった。レヴィ博士自身が述べているところでは、二〇名のうち二名を除く全員が責任感が強く、しっかりしていて攻撃的だった。「責任ある行動の積極的もしくは攻撃的な特徴は、明確に母親タイプの行動と考えられた。二〇名中一八名の過保護な母親においては、それが子ども時代からの特徴となっていた」。子どもや母親業に対する無意識の拒絶が少しでも感じられた者は一人もいなかった。

何が、これら二〇名の強固に母性的な女性たち（精神科医が強さや攻撃性を母性本能の一部と考える時には、明らかにそれさえも男性的なものではないのだ）に、そうした病理的に幼児っぽい息子を生み出させたのだろうか。一つには、「子どもが異常な愛情への渇望を満たす手段として使われた」ことがある。これらの母親たちは息子が学校から帰る頃になると生き生きしてきて、妻が夫に、あるいは女の子がデート相手のためにするように、口紅をつけた。彼女たちには、子ども以外に他の人生がなかったからだ。大半がキャリアへの野心が挫折した経験があったと、レヴィは言う。「母親の過保護」は実際にはこうした母親の強さ、基本的に女らしいエネルギー――責任感があり、しっかりしていて、積極的で攻撃的――が原因となって、「他の表現の回路」が母親には閉ざされている時、子どもに病理をもたらしていたのだ。

これらの母親たちの大半には、自分にも支配的な母親とおとなしい父親がいて、夫たちもまた、支配的な母親の息子たちだった。フロイト流に言えば、至るところに去勢性が見られるというかなり極端な状況だ。息子と母親たちは何年にもわたって集中的な精神分析療法を施され、その結果、病理的サイクルが断たれるだろうと期待された。だが、もとの研究から数年後、調査員たちがこれらの女性たちと彼女たちによって病理的に過保護にされた子どもたちを調べたところ、結果は期待されたものとは違っていた。大半のケースで精神療法は効果をあげていなかったのだ。それでも何人かの子どもたちは、奇跡的に病理的な大人にはなっていなかった。それはセラピーのおかげではなく、たまたま母親が自分の人生に興味を持てることや活動することを見つけて、単純に子どもを通して人生を生きるのを止めたことによるものだった。少数の他のケースでは、子どもが自身の力で母親には居場所のない独立した領域を打ち立てることで、脱出に成功していた。

社会科学者たちは、アメリカにおける母子関係の真の問題を解く他の手がかりにも目を向けたが、神話に透徹した目を向けることはなかった。アーノルド・グリーンという名の一人の社会学者が、母親の育児愛もしくはその欠如と神経症の関係について別な視角を見出したのは、ほとんど偶然の結果だった。

グリーンが育ったマサチューセッツ州の工場町では、一つの世代全体が、トラウマとなるに違いないような心理的状況下で大きくなったらしい。不合理で執念深く、暴力的でさえある親の権威と、親と子の間の完全な「愛」の欠如というのが、その状況である。ポーランド移民である親たちは厳格な旧世界の規則を押しつけようとしたが、アメリカ生まれの子どもたちはそれに敬意を払わなかった。子どもたちが馬鹿にしたり、腹を立てたり、軽蔑したりすると、当惑した親たちは、「子どもらの将来への希望や野心からすればもはや支持することのできない、恨みがましく、個人的で不合理な権威」に頼ろうとした。

アメリカナイズされた若者たちに対する支配力をすべて失うのではないかという怒りと恐れから、親たちはかなり無差別に拳固や鞭を使用した。殴る音や叫び声、わめき声、癇癪、苦痛や憎しみの泣き声は、荒れ果てた工場街ではあまりにもありふれたものなので、通りがかっても注意を払う者はいない。(13)

アメリカにおけるフロイト後の善良な親なら誰でもわかるように、ここには確かに将来の神経症の種があった。だがグリーンが驚いたことには、彼が社会学者として戻ってきて、本のとおりならたくさん見られるに違いない神経症について調べてみたところ、地元のポーランド系コミュニティでは精神神経症で入隊が拒否されたとわかっている例は一つもなく、町の一つの世代全体の外に現れた行動には、「不安や罪悪感、ぎこちない受け答え、抑えた敵意などの表現――基本的に神経症的性格の特徴としてあげられるさまざまな症候がまったく見られない」ことを発見した。グリーンは首をひねった。あの子どもたちはなぜ神経症にならず、あの残酷で不合理な親の権威によって破壊されなかったのだろうか。

彼らは、児童心理学者が中流階級の母親たちに対して強要した、あの絶え間なく監視するような育児愛をまったく経験しなかった。彼らの母親は父親と同様、一日中工場で働いており、彼らは姉や兄の世話に任され、野原や森で自由に走り回り、できるかぎり親とは一緒にいないようにしていた。こうした家族では、重視されるのは仕事であって個人的感情ではなかった。「人を結ぶのは愛ではなく、尊敬である」。グリーンによれば、愛情表現がまったく存在しなかったわけではないが、「それは中流の女性雑誌に見られるような親子愛の定義とは、ほとんど共通点がなかった」。

この社会学者は、まさにこうしたいつでもどこでも世話を焼こうとする母性愛の不在こそが、これらの子どもたちが中流の両親を持つ息子たちに共通して見られる神経症的症候にかからなかった理由ではないかと思いついた。ポーランド系の親の権威はどれほど残酷で不合理だったとしても、グリーンが言うように「自己の中核にとっては外的なもの」だった。ポーランド系の親たちには「子どもの人格を吸い込んでしまう」技術も機会もなかった。おそらく「愛の欠如」や「不合理な権威」それ自体が神経症の原因となるのではなく、それが起きるのはある種の「人格の吸収」という文脈においてのみでありーー子どもを肉体的にも情緒的にも過保護にすることが、アメリカ生まれの白人で都市に住む、カレッジ教育を受けた中流階級市民の子どもたちに見られる親への隷属的依存をもたらすのだと、グリーンは示唆している。

神経症の原因は「愛の欠如」なのか、それとも子ども独自の自己を「吸い込み」、愛情に対する過度のニーズを生み出してしまう中流階級の親の育児なのか。精神分析医はつねに神経症の種だけに注目してきた。グリーンは、「個々の種がどのように蒔かれるにせよ、現代の中流階級の親であることが子どもの神経症の土壌を豊かにしてしまうのは、どういうことなのかを知り」たいと考えた。

例によって矢は過たず母親を指した。だがグリーンは、現代アメリカの母親がその役割に適応するのを助けることには関心がなかった。反対に彼が発見したのは、彼女は現代社会に生きる女性としていかなる本物の「役割」も持っていないことだった。

彼女は結婚生活に入り、たぶん子どもを産むが、以前と同様にいかなる決まった役割も一連の機能も持ってはいない。……彼女はこれまでも今も制限された生き方をしているため、男に比べて劣っていると感じる。女性の実際の解放の程度は、つねに誇張されてきた。……

「良い」結婚を通して中流階級の娘は、自分自身のキャリアを通じて得られるよりもはるかに良い地位を得ることができる。しかし、一時期キャリアの夢と戯れたり、実際にキャリアに乗り出したりしたことがあったため、家の掃除やおむつ換え、食事の支度といった骨折り仕事には向いていない。……家の中でも外でもこの母親にはほとんどやることがなく、一人きりの子どもの唯一の仲間である。現代の「科学的育児」は、子どもの健康、ほうれん草を食べること、そして自我の発達について絶え間なく監視し、いつも心配することを強いる。さらにこれを複雑にしているのが、早く歩けるようになり、トイレのしつけができ、話し始めるようにするために費やされる多大なエネルギーだ。なぜなら非常に競争的な環境に生きる中流階級の親たちは、生まれたその日から自分たちの子どもの発育を隣人の子どもたちの発育ぶりとたえず比較しているからである。

グリーンの推測によれば、中流階級の母親たちは、

……子どもとの関係において、彼女たちから子どもに対しても、子どもから彼女たちに対しても、「愛」を最も重要なものとしてきた。その理由の一部は、とくに中流階級に広がっているわれわれの時代における愛情コンプレックスによるものであり、一部は、彼女たちが子どものために払ってきた多くの犠牲への埋め合わせとしてである。子どもが愛の必要性を経験するのは、まさにそれを必要とするよう条件づけられてきたからだ……隷属的な情緒面での依存性。……最も特徴的な現代の神経症の根本にあるのは、親の愛へのニーズではなく、子どもが愛を必要とするよう条件づけられた後、それを取り上げるという絶え間ない脅しである。ほうれん草を食べないと、牛乳をこぼすのを止めないと、あるいはそのソファから降りないと、

ママはお前を嫌いになるからね。子どもが人格的に吸収されていればいるほど、こうした扱いを受けるとパニックに陥ることになる。……そうした子どもにあっては、とがめるような視線は、幼いスタニスラウス・ウォジック〔ポーランド系の子ども〕に加えられた二〇分にわたる鞭打ちよりも恐ろしいものなのだ。

グリーンは、母親が息子に及ぼす影響という点でしか母親に関心を持ってはいなかった。だが彼はふと、「人格の吸収」だけでは結局のところ神経症を説明できないことに気づいた。彼の言うところでは、なぜならそうでなければ、前の世代の中流階級の女性たちは全員、そうした神経症にかかっていたはずだが――これらの女性たちについては、誰もそのような病気は記録していないのである。一九世紀末の中流階級の娘たちの人格が、両親によって、「愛」への要求と有無を言わせぬ服従とによって「吸収」されていたことは確かだ。しかし、「こうした状況下でも神経症の割合はおそらくあまり高くなかった」と、この社会学者は結論づける。なぜなら、女性自身の人格は「吸収」されていたとしても、それは「子ども時代から思春期、求婚期、そして最後に結婚へと至る過程で、ほんの僅かしか変化することのない役割の中で」絶えず吸収されていたからである。女性はけっして自分自身になることができなかったのだ。

一方、現代の中流階級の少年は、他の者と競争し、やり遂げることを強いられる――それにはある程度の独立性や、目的の確かさ、攻撃性、自己主張が求められる。このため、少年にあっては、母親によって育まれた誰からも愛されたいというニーズや、自分自身の価値観や目的を打ち立てる力のないことは神経症をもたらすが、少女にあってはそうではないのだ。

一九四六年に一人の社会学者によって行われたこの推測は挑発的だが、アメリカの母親には何か問題があるとしだいに国中が気づき始めていたにもかかわらず、それが社会理論の内輪の世界を超えて外へ出て行くことも、女らしさの神話の防壁の内部へ浸透することもなかった。この社会学者でさえ、神話の背後に入り込んで、より多くの母性愛へのニーズという視角以外から子どもたちを見ようとは努めたものの、関心を持っていたのは息子たちの問題だけだった。だが、本当に意味していたのは、中流階級のアメリカの主婦役割は、母親をして息子と娘の両方の人格を窒息させ、吸収させているということではなかったのか。目標の達成や、個人的価値観を持ったり独立した行動をしたりができなくなったアメリカの息子たちの悲劇的衰弱に気づいた人は多くいたが、彼らは娘たちの衰弱や、何世代も前にそれが起きた母親たちについては、悲劇だとは見なかった。もしある文化がそこの女性たちに人間としての成熟を期待していなければ、それが欠けていることを衰弱とも、神経症や葛藤の考え得る原因とも見ることはない。私たちの文化における女性役割の定義について真面目にふり返ってみると、国民全体として私たちが女性に何か問題があると気づくのは、息子たちに影響が出た時だけだというのは、侮辱的なことである。

私たちが何が本当に悪いのかを誤解していたのは、驚くべきことだろうか。機能主義と適応という静態的な考え方で、どうしてそれを理解することができただろうか。中流階級の女の子の人格が子ども時代から成人期まで「女としての役割」へと「一貫して」吸収されていた頃、教育者や社会学者は喝采した。適応が行われている限り、役割万歳だったのだ。人間としての自己の衰弱は、女性については研究すべき現象とは考えられなかった――偉大な社会科学者ルース・ベネディクトがアメリカ女性の状況について述べたように、それは「役割への条件づけにおける文化的不一致」が原因の欲求不満にすぎなかった。自己がないことの惨めさや無力さを感じていた女性たち自身でさえ、その感情を理解してはいなかった。それは名前のない問題となった。そして恥ずかしさと罪の意識のうちに、彼女たちはその問題を逃れるため、再び子どもたちの方に向かった。こうして母から息子と娘へ、世代から世代へと、円環は完成したのである。

近年のアメリカで最大の関心事となった女性への絶え間のない攻撃はまた、男も女も家庭の安全性へと逃げ帰らせたのと同じ逃避的な動機から来ているのかもしれない。母性愛はアメリカでは神聖だと言われるが、母親に対するすべての敬意やリップサーヴィスにもかかわらず、その失敗についての解釈が正しかろうと間違っていようと、ママは非常に安全な標的なのだ。「アメリカ女性」への攻撃のせいでブラックリストにのったり、解雇された者は一人もいない。母親や妻からの心理的プレッシャー以外にも、過去一〇年間のアメリカには非性的なプレッシャーがふんだんにあり――妥協を強いられ、けっして止むことのない競争、大企業における無名でしばしば無目的な仕事――それが男性をもまた男として感じられなくさせていた。自分自身の失敗、もしくは聖なるアメリカ式生活様式の失敗を認めるよりは、妻や母親のせいにする方が安全だった。男たちが、妻は一日中家にいられて幸運だと言う時、それはつねに冗談とは限らなかった。自分が猛烈な出世競争をしているのは「妻と子どもたちのため」だと言い聞かせることでそれを合理化することは、慰めにもなった。こうして男たちは郊外の町で自分たち自身の子ども時代を再現し、妻たちを母親にしたのである。男たちは一言の不平もなく神話を歓迎した。それは彼らに残りの生涯にわたって母親を約束し、そのことは彼らの存在理由でもあれば、自分たちの失敗への言い訳ともなった。あまりに過大な母の愛を受けて大人になった少年が、けっして満たされることがない男になるのは、それほど奇妙なことだろうか。

だが、なぜ女たちはこの非難の集中攻撃を受けながらじっとしていたのだろうか。文化が、女に個々の自己を持たせないための障碍に次ぐ障碍を設けてきた時、女性自身が成熟を受け入れることへの法的、政治的、社会的、経済的、教育的障碍を文化が設けてきた時――たとえこうした障碍の大半が取り外された後になっても、女性にとっては家庭に避難所を求める方が容易いことである。世間に出ていって自分自身の道を切り開くよりも、夫と子どもを通して生きる方が容易い。なぜなら彼女は、女の子だけでなく男の子にとっても成長することをあれほど困難にした、同じママの娘なのだから。それに自由とは恐ろしいものだ。ついに大人になって、受け身の依存から自由になるのは恐ろしいことだ。自分の文化が全力をあげて女はそうする必要はない、大人にならない方が良いと言っているのに、どうしてわざわざ妻と母親以外のものになろうとしなければならないのだろうか。

こうしてアメリカ女性は誤った選択をした。性だけを頼りに生き、自分の個人性を安全と引き替えにするために、急いで家庭に戻ったのである。彼女に続いて夫も引き入れられ、ドアが外の世界を閉め出した。彼らは女らしさの神話のきれいな嘘を生きるようになったが、彼らのどちらかは本当にそれを信じることができたのだろうか。彼女は結局アメリカの女性であり、独立したアイデンティティの獲得寸前で停止してしまう文化が不可逆的に生み出したものだった。彼は結局アメリカの男性であり、個人性と選択の自由の尊重は彼の国が誇りとするものであった。彼らは一緒に学校に行き、彼は彼女が誰かを知っている。彼が六時五五分に疲れて帰宅した後、おとなしく進んで床のワックスがけや皿洗いをするのは、きれいな嘘の背後にある現実に彼らが気づいて後ろめたく思っているのを、両方から隠すためなのだろうか。郊外の住宅地全体にあちこちで警告のサインが立つようになっているにもかかわらず、彼らにまだそれを信じさせているのは何だろうか。女性を家にとどめているのは何なのか。私たちの文化の中のどんな力が、女性にとっての他のすべての可能性がほとんどかき消されてしまうほど大きく「職業：

主婦」と書かせるほどの強さを持っているのだろうか。

この国で力を持つ勢力は、至るところで私たちを見つめている、きれいな家庭的な写真によって支えられているに違いない。それらの写真は、女性が世界でその能力を発揮することを禁じている。この意味での女らしさの神話の維持には、まったく性的ではない意味があるはずだ。それについて考え始めると、アメリカは女性の受け身の依存性、女らしさにかなり大きく依存していることがわかる。女らしさは、まだそれをそう呼ぶとすればだが、アメリカ女性を性別の売り込みのターゲットであり犠牲者にしているのだ。

第九章　性別の売り込み

数カ月前、女性の家庭への撤退というパズルを解こうとし始めた頃、私は何かを見落としているという感じがしていた。洗練された思想がどのような道筋で回りまわって古くさい女らしさのイメージを生き長らえさせたかがわかったし、そのイメージがどのように偏見や誤解された欲求不満と絡まり合って、女性たち自身から「職業：主婦」の空虚さを隠しているかを見ることもできた。

だが、このすべてを動かしている力とは何なのだろう。これほど多くのアメリカの主婦が抱く名前のない絶望にもかかわらず、また今ではすべての女性に開かれている機会にもかかわらず、もしも妻と母親以外の人生の目標を持つ女性がこれほど少ないとすれば、何か非常に強力な誰かが、あるいは何かが作動しているに違いない。フェミニズム運動の背後にあったエネルギーは、ただ自然に枯れてしまうにはあまりに力強いものだった。その過小評価されていた女性の力よりももっと強力な何かによって、方向を変えられ、逸らされていったに違いない。

人生には、あまりに明らかで平凡であるために誰もそれについては話さないようなある種の事実がある。突然、「どうして本の中の人たちは全然トイレに行かないの?」と訊いたりするのは子どもだけだ。女性が主婦として果たしている本当に決定的な機能、本当に重要な役割とは、家のためにより多くの物を買うことだと、どうして言われたことがないのだろう。女らしさと女性の役割についてのあらゆる語りの中では、アメリカの本当の仕事はビジネスだということが忘れられている。だが、アメリカのビジネスの主たる顧客は女性だと気がついた時、主婦業の永続性も女らしさの神話の広がりも意味を(そして儲けも)なしてくる。何らかの方法で、どこかで、誰かが、女性を十分活用せず、名前のない渇望を抱え、エネルギーを持て余した主婦という状態に置いておく方が、より多くの物を買うだろうと計算したに違いない。

どのようにそれが起きたのか、私にはわからない。産業界における意思決定は、歴史の陰謀理論の信奉者が考えたがるほど単純でも合理的でもない。ゼネラル・フーズやゼネラル・エレクトリック、ゼネラル・モーターズ、メイシーズやギンベルズなどの百貨店のトップたち、さらには洗剤や電気ミキサー、角の丸い赤いストーヴ、合成毛皮、ワックス、ヘア・カラー、家庭洋裁用や家庭大工用の型紙、洗剤で荒れた手のためのローション、タオルを真っ白に保つための漂白剤などを作るすべての会社の多種多様な経営者たちが、マディソン・アヴェニューかウォール・ストリートにある会議室のマホガニーの会議用テーブルの周りに腰をおろして、「諸君、私はわれわれすべての利益のために、アメリカ女性が家から出て行くこの危険な動きを阻止するための五〇〇億ドルの共同キャンペーンを提案します。彼女らを主婦のままにしておく必要があることを忘れないように」といった動議について投票を行ったことがないのは確かだ。

一人の副社長が考えながら言う、「教育を受ける女が多くなりすぎだ。家庭にとどまりたがらない。不健康だ。彼女らが全員、科学者や何かになったら、買い物をする時間がなくなってしまう。だが、どうやって彼女らを家にいさせられるのか。今じゃ、キャリアが彼女らの望みなんだ」。

「われわれで彼女らを解放して、家でキャリアを持てるようにしてやりましょう」と、角縁メガネをかけ、心理学の博士号を持つ新しい取締役が提案する、「家事をクリエイティヴなものにするんです」。

もちろん、実際にこんなことがあったのではない。それは女性に向けられた経済的陰謀などではなかった。それは、最近一般に見られる目的と手段の混同の副産物だった。つまり、物を作り、売り、利益のために事業に投資するというビジネス――人のニーズに効率的に応えるために、私たちの経済はそのように組織されているにすぎない――が、国家目標、人生の目的そのものと混同されるようになった時、女性に起きたことだったのである。アメリカ女性の生活がビジネスの目的のためにひっくり返されたことは、真のニーズから女性の目を逸らさせるビジネスに人間行動科学が屈服したことほどには驚くことではない。経済学者がもしも戦争の脅威がなかったらどうなるかを計算しなければならないように、もしも主婦の市場が縮小し始めたら、何によって私たちの豊かな経済を維持できるのかを計算するためには、頭の切れる経済学者が必要だろう。

なぜ、それが起きたのかはわかりやすい。どのようにそれが起きたのかを私が学んだのは、ビジネスのニーズに合わせてアメリカ女性の感情を操作する専門的サーヴィスによって年に約一〇〇万ドルを受け取っているある男性に会った時だ。この男性は一九四五年に隠された説得ビジネスに着手し、そこからずっと上昇を続けてきた。彼の動機操作のための研究所の本部はニューヨーク州ウェストチェスター郡北部の豪華な邸宅である。二階分の高さのある舞踏室の壁は、ビジネスと産業についての一〇〇〇余りの研究と、主にアメリカの主婦に対する三〇万回の個別「深層面接」の資料を納めたスチール棚で覆われている。(1)

彼は私が見たいものを見るのを許してくれ、特定の会社の極秘事項でないものは、何でも使って良いと言った。誰にとっても何も隠すものはないし、やましく思うものもない――そうした深層研究のページ毎に見られるのは、ただ、大半のアメリカの主婦が送っている空虚で無目的で非創造的で、性的にも喜びのない生活についての抜け目なく楽しげな認識だった。彼自身が恥ずかしげもなく言ったところでは、この隠れた説得役の中でも最も腕の立つ人物が見せてくれたのは、アメリカ女性を主婦のままにしておくことで果たされる機能だった――彼女たちのアイデンティティの欠如、目的の欠如が生み出す財源は、仕掛けによって購買の瞬間にドルに変わるのである。

正しく仕掛ければ(「その言葉がいやでなければ」と、彼は言った)、アメリカの主婦たちは物を買うことによって、彼女たちに欠けているアイデンティティの感覚や創造性、自己実現、さらには性的喜びさえ手に入れることができる。私は突然、アメリカの購買力の七五パーセントは女性が握っているという誇らしげな言葉の持つ重大な意味に気がついた。突然、アメリカの女性たちはあの恐ろしい贈り物の犠牲者、購買の時点での力の犠牲者として見えるようになった。彼が非常に気前よく私に分け与えてくれた洞察は、多くのことを明らかにしていた……。

一九四五年、ある代表的女性雑誌の出版元のために行われた電化製品に対する女性の態度についての調査には、ビジネス界のディレンマがはっきりと述べられていた。そのメッセージは、まもなく戦争が終われば戦時契約に代わって消費者への販売を行わねばならなくなるすべての企業にとって興味のあるものと考えられた。それは「家事の心理学」についての研究で、「家事用製品に対する女性の態度は、家事一般に対する態度と分けて考えることはできない」との警告がなされていた。

全国の四五〇〇人の主婦(中流、高卒かカレッジ卒)のサンプルをもとに、アメリカ女性は三つのカテゴリーに分類された。「真の主婦タイプ」、「キャリア・ウーマン」、および「バランス型の家庭管理者」である。この時点で女性の五一パーセントは「真の主婦タイプ」に当てはまった(「心理学的に見て、家事はこの女性にとっての主要な関心事である。彼女は家族のために居心地が良く、きちんと管理された家庭を維持することに誇りと満足を感じる。意識するにせよ無意識にせよ、彼女は自分が不可欠な存在で、他の誰も自分の仕事を奪うことはできないと感じている。家の外での地位に対する欲望は、あったとしてもごく僅かであり、実際にそれを持っていたとしても、それは強いられたか、状況や必要に迫られたものである」)。この「真の主婦タイプ」のグループが縮小しつつあることは明らかで、今や新しい分野や関心、教育が女性にも開かれた以上、おそらくその傾向は続くことだろう。

しかしながら、製品にとっての最大の市場はこの「真の主婦」だった――彼女が新製品を受け入れるのにある種の「ためらい」を抱いていることは認めねばならないし、克服しなければならないが。(「彼女は、ずっと自分がやりやすかった昔ながらのやり方を、それら［新製品］が不必要にしてしまうのではないかと恐れているかもしれない」。)つまるところ、家事は彼女の存在全体を正当化するものだった。(「私にとって家事をもっと簡単にする方法があるとは思いません」と、一人の真の主婦は言っている。「機械が大変な労働の代わりをできるとは思えないんですもの」。)

第二のタイプ――キャリア・ウーマンもしくはその予備軍――は少数派だが、販売者の立場からするときわめて「不健康な」タイプだった。広告業者たちは、このグループをこれ以上大きくしないことが彼らの利益になると警告された。なぜならこうした女性は、必ずしも職業を持っていなくても、「女の主な居場所は家庭だと信じてはいない」からだ。（「このグループは多くが実際には働いたことがないが、態度としては、「家事なんて、恐ろしく時間の無駄だわ。子どもたちが大きくなって家を離れられるようになったら、もっと有意義なことに時間を使いたい。家族の食事や洗濯を誰かがやってくれるなら、喜んで外で仕事を探すわ」と言うのである」。）この研究によれば、キャリア・ウーマンにかんして留意すべきは、彼女たちは新しい機器を買うけれども、理想的なタイプの消費者ではないということだ。批判的すぎるのである。

第三のタイプ――「バランス型の家庭管理者」――は、「市場の観点からは理想のタイプ」である。ある程度外部への関心があるか、家事専業になる前には仕事をした経験があり、機械装置から得られる助けを「受け入れる準備がある」――だが、「円滑な家庭管理」に自分の経営能力を活用する必要があるため、「機器に対して不可能なことを期待しない」。

この研究の言わんとするところは明白である。「バランス型の家庭管理者が代表する市場が最も将来的可能性が大きいため、機器メーカーにとって、より多くの女性にこのグループに属することが望ましいと思わせることが利益につながる。広告を通して彼女たちに、外部への関心を持ちつつ、より広い知的影響に対して敏感になること（キャリア・ウーマンにはなることなく）は可能だと教えよう。優れた家庭管理の技術は、すべての正常な女性の目標にならねばならない」。

問題――その当時、家電産業の一人の隠れた説得役によって認識されていたとすれば、家庭用製品を生産する他の人々にも確実に認識されていた問題――は、「新しい世代の女性全体が、家の外で働くように教育されつつある。さらには、解放への欲求が明らかに増大している」ことだった。その解決法はごく単純に、彼女たちに「現代的」主婦になるよう励ますことだった。キャリア・ウーマンやその予備軍は掃除や埃払い、アイロンかけ、衣服の洗濯が嫌いだということを隠さず、新しいワックスや新しい粉石けんにも大して興味を持たない。自分で家事をするために十分な機器を持ちたがる「真の主婦」や「バランス型の家庭管理者」と違って、キャリア・ウーマンは「人を雇う方を選ぶ――家事は時間とエネルギーを食い過ぎるから」。それでも、使用人がいるいないにかかわらず彼女は機器を購入するが、「その性能について不満を言うことがより多く」、

「売りつけるのもより難しい」。

こうした現代のキャリア・ウーマン候補や予備軍を「真の主婦」に逆戻りさせるには遅すぎた——不可能だった——が、この研究は一九四五年に、「バランス型の家庭管理者」にとっての家庭というキャリアの可能性を指摘していた。彼女たちに「どちらも手に入れたいと思わせよう……時間を節約し、より快適に、汚れや乱雑さをなくし、機械によって監督し、それでいて「自分でする」ことから得られる良く管理された家政に対する個人的達成感と誇りは諦めたくない。ある若い主婦が言ったように、「現代的なことは素敵だわ——最新の機械が全部そろった工場を経営しているみたいだもの」」。

だが、企業にとっても広告業者にとってもそれは容易い仕事ではなかった。ほとんどあらゆる家事をすることのできる新しい機器が市場には溢れており、アメリカ女性にあの「達成感」を与えつつも家事を人生の主要な目的のままにとどめおくには、さらなる創意工夫が必要だった。彼女たちを他の目的に向かわせようとする教育や自立、個人性の高まりなど、すべてに対抗し、再び家庭に向かわせねばならなかった。

先に述べた仕掛け人の提供するサーヴィスはいっそう価値あるものとなった。後の方の調査では、彼はもう専門職の女性へのインタヴューはしなかった。彼女たちは日中、家にはいないからだ。彼の集めたサンプルは意図的に、新しい郊外に住む主婦である真の主婦かバランス型の主婦となった。結局のところ、家庭用品や消費財は女性に向けられており、消費者向け全広告予算の七五パーセントは女性に訴えるために使われている。それはつまり、日中にインタヴューすることができる女性、買い物の時間のある女性である主婦ということだ。当然ながら彼の深層面接や投影検査、「生活実験室《リビングラボ》」は顧客に印象づけるべくデザインされていたが、そこには熟練の社会科学者としての鋭い洞察、利益に結びつくよう利用できる洞察が含まれていることが多かった。

彼の顧客たちは、創造的仕事がしたいというアメリカ女性の高まりつつあるニーズ――「現代の主婦の主要な満たされざるニーズ」――に対して、何とかしなければならないと教えられた。たとえばある報告書の中で、彼は次のように書いている。

あらゆる努力をして、Xミックスを女性の創造的努力の基本になるものとして売り込まねばならない。

アピールで強調するのは、Xミックスは面倒な作業を不要にして女性が創造性を発揮するのを助けるという事実である。同時に、さまざまな料理の仕方とその楽しさについて強調し、Xミックスを使ったパンやお菓子作りこそ本物だと感じさせるのである。

だが、ここにもディレンマがある。どうやって、女性に「本当に大切なことにエネルギーを使えるようになりますよ」と言って、パン焼きの面倒な作業をいくらか軽減してくれるミックスに金を出させるのか――しかも彼女が「パンを焼く暇もないくらい忙しい」ことにはならないようにして。(「ミックスは使いません。自分で焼いたりしないからです。面倒すぎるわ。ちらかったアパートに住んでいて、そこを整頓したり、子どもの面倒を見たり、パートの仕事もあって、パンを焼く時間なんかありません」。)オーヴンから出てきたスコーンが実際はただのパンで、創造的な達成感など感じられない時、彼女たちの「失望感」に対してどうするのか。(「ただ温めるだけで良い素敵な品物がどっさり売られているのに、どうして自分でスコーンを焼かなくちゃいけないんですか。わざわざ自分で粉を混ぜて、型に油を塗って、焼くという手間をかける理由がないわ」。)かつてゼロからケーキを作る必要があった母親が味わったような感情を、女性が感じなかったらどうすれば良いのか。(「お母さんのやり方だと、自分で粉をふるって、卵とバターを加えなくちゃいけなくて、本当に自慢できるものを自分で作ってるんだという気がしたわ」。）

こうした問題は対処できると、報告書は保証する。

Xミックスを使うことで女性は、たんに何かを焼くだけでなく、家族とより多くの時間を過ごすことによって、妻であり母であると証明することができる。……もちろん、家で焼いた食べ物はあらゆる点でベーカリーの食べ物よりも望ましいということもはっきりさせる必要がある……

何にも増して、簡単なレシピはくだらないと思わせ、代わりに「パン焼きのわくわくさせる力」を強調することで、Xミックスに「セラピー的価値」を与えること。広告の観点からしてこれが意味するのは、「Xミックスが家にあれば、あなたは違う女性になれます……もっと幸福な女性に」と強調することである。

さらに顧客は、広告の中の「一番簡単に、手抜きでケーキが作れます」という一節は、アメリカの主婦に「拒否反応」を起こさせたと告げられる――彼女たちの「心の底にある罪悪感」に迫りすぎたからだ。(「彼女たちは、本当は十分な手間をかけているとは思っていないので、Xミックスで何かを焼くのは手抜きの方法だと言うのは、当然間違いである」。)たとえば、台所のコンロの後ろでせっせと夫や子どもたちのためにケーキかパイの準備をしているこの献身的な妻であり母親が、「たんに甘い物を食べたいという自分の欲求を満たしているだけ」だったらどうだろう。何かを焼くのは主婦の仕事だという事実そのものが、彼女には本当の動機があるのではないかという疑いを晴らしてくれるのだ。

だが、主婦の罪悪感を操作する方法だってあると、報告書は述べる。

広告を通して、Xミックスの一二通りの使い方の全部を利用しないことは、家族に楽しみを与えるための努力を出し惜しみすることだと伝えることができるだろう。罪悪感の移し替えができるのだ。その女性はデザート用にXミックスを使うことに罪悪感を抱くのではなく、家族に一二通りの異なるおいしいごちそうを供するこの機会を利用しないことに、罪悪感を抱くようになるだろう。「あなたの腕を無駄にしないで、自分に限界を設けないで」。

各種調査が楽しげに報告するところでは、一九五〇年代半ばにはキャリア・ウーマン(「平等を——生活のほぼあらゆる局面にアイデンティティを——やかましく要求した女性、「家庭内の奴隷制」に憤りをもって激しく反応した女性」)はいなくなり、代わりに登場したのは「それほど世慣れてもいないし洗練されてもいない」女性であって、彼女にとってはPTAでの活動が「家の外の世界と広く接する機会」となるものの、「家事が自分の女らしさと個性を表現する手段だと考えている」。彼女は昔風の自己犠牲的な主婦ではなく、自分は男性と対等だと考えている。だが、それでも彼女は、十分に働いていないために「怠け者で、怠慢だと感じ、罪悪感に取り憑かれている」。広告業者は「創造的な感じ」への彼女の欲求を操作して、製品を買わせねばならない。

最初は抵抗したものの、今では彼女はインスタント・コーヒーや冷凍食品、調理済み食品、その他の手間を省ける製品を日常の一部として受け入れている。だが、それには正当化が必要で、彼女は「冷凍食品を使うことで自由になった分で、私は現代の母であり妻としての他の重要な仕事をやり遂げている」と考えることでそれを見出す。

創造性は現代の女性にとって、家庭の中での地位の変化という問題に対する弁証法的答えなのだ。命題：私は主婦。反対命題：私は退屈な仕事が嫌い。統合：私は創造的！

このことの本質的意味とは、主婦はたとえば缶詰の食品を買って時間と手間を省くとしても、それで終わりにはしないということだ。彼女は缶詰に「手を加え」て、それによって自分が関わったことや、家族を満足させたいと思っていることを証明したいという大きな欲求を持っている。

創造性の感覚は別な目的にも役立つ。現代女性の解放された才能やより良い趣味、より自由な想像力、より大きな独創性のはけ口となるのだ。彼女が外の世界のキャリアで発揮したかもしれない能力のすべてを家庭で活用することができるのである。

創造性を発揮する機会や瞬間への憧れは、購買動機の主要な一面である。

唯一の問題は、彼女が「自分の頭と判断に頼ろうとする」ことだと、調査結果は警告する。「彼女は急速に、集団あるいは大多数を基準に判断することはしなくなりつつある。独自の基準を作りつつあるのだ」。(「隣りを気にすることはないわ。あの人たちと「同じに」なろうとしたり、ことごとに自分をあの人たちと比べたりはしたくない」。)今や「ジョーンズ一家に負けないように」では、つねに彼女を動かせるとは限らない――広告業者は彼女独自の生活への欲求に訴えなければならないのだ。

この渇望に訴えること。……彼女に向けて、あなたは生活により大きな興味や楽しみを加えようとしており、新しい経験を味わうことはすぐそこにあって、彼女にはこうした経験をするだけの資格があると告げるのである。さらにより積極的に、あなたは彼女に「生き方のレッスン」をしているのだと伝えなければならない。

ある掃除機のメーカーは、「掃除は楽しくなくてはならない」と助言された。このメーカーの製品はおそらく真空掃除機ほど効率的ではなかったものの、それを使う主婦にはより多くのエネルギーが必要だった。さらにそれは主婦に対して、自分は「専門家、それぞれの仕事にどの掃除道具を使うかを決めるエキスパート」になったという幻想を抱かせた。

こうした専門化は主婦にとって、全体的に労働が解放された時代において、一般的な「上働きの掃除人」や家族のための召使いであることに対する心理的な防御となる。

エキスパートの役割は感情面で二重の機能を果たす。(1)主婦としての地位の確立を助ける。(2)物事を処理する新しくより良い方法を模索する中で、家庭という軌道から現代科学の世界へと移動できる。

その結果、家庭用機器や製品にとってはこれまでにないほど良好な心理的環境が生まれている。現代の主婦……は、エキスパートとしての彼女から見て本当に自分のニーズに合った家庭用製品を見つけようと実に積極的に努力する。家庭内の異なる材質のためのそれぞれ異なるワックスや研磨剤、床用つや出し剤の利用の増大、および床や壁用のモップや掃除道具の種類の多さは、この傾向が理由である。

難しいのは、主婦という「専門職」の中で見つけるようにと言われた「自我の高まり」による「達成感」を彼女に与えることである。というのも、実際には「彼女のしている時間のかかる仕事である家事は、たんにきりがないばかりか、社会がそれをさせるのに雇うのは最底辺の、ろくな訓練を受けていない、最も踏みつけにされた人や集団であるような仕事なのだ。……丈夫な体(と最小限の頭脳)の持ち主ならば、誰でもこうした卑しい雑用をこなすことができる」。だが、この困難ささえ、彼女にもっと物を売りつけるのに利用することができる。

主婦が家の掃除をする人としての自分の威信を高める方法の一つは、特殊な仕事用に特殊な製品を使うことである。……

彼女が万能洗剤ではなく、衣類の洗濯には第一の製品、皿洗いには第二、壁用には第三、床用には第四、ベネチアン・ブラインド用には第五等々の製品を使う時、不熟練労働者ではなく、エンジニアやエキスパートの気分になる。

彼女の地位を高める第二の方法は、「私流のやり方でする」ことだ――彼女独自の「やり方の秘訣」を生み出すことで、エキスパートとしての役割を確立するのである。たとえば、「洗濯の際には必ず少量の漂白剤を入れます――色物でも、本当にきれいになるんです！」といった具合に。

彼女を助けて「家族の護り手——何百万もの微生物や細菌の撲滅者としての彼女の役割を確立することで、そのつまらない仕事を正当化せよ」と、この報告書は助言する。「家族の中での彼女の中心的役割を強調しよう……彼女が卑しい労働者ではなく、エキスパートになれるよう手助けしよう……家事を、体力仕事や退屈で休む暇もない労働ではなく、知識と熟練を要する問題にしよう」。これを行う効果的な方法は、新しい製品を送り出すことだ。なぜなら、「毎日の仕事の負荷を軽減してくれるだけでなく、家の外での科学的発展の世界に対する彼女たちの情緒的、知的関心を実際にとらえるような新製品を期待する」主婦たちが急増しつつあるように見えるからである。

　このすべてにおける独創性には、感嘆のあまり開いた口が塞がらない——主婦は何か新製品——もしくは、まったく新しい性格を与えられた古くからの製品を買うだけで科学そのものに参加することができるのだ。

　新しい掃除用具や製品は彼女の専門家としての地位を高めるだけでなく、男性にとっての新しい自動車と同じように、女性の経済的安心感と贅沢感を増大させる。

このことは回答者の二八パーセントによって報告されており、彼女たちはとくに次のように感じると同意している。「新製品を試してみるのが好きです。新しい液体洗剤を使い始めたばかりですが――何だか女王様のような気分になれるんです」。

しかし、家事を通して女性に頭を使わせ、科学に参加させさえするという論点には、欠点がないわけではない。科学は主婦から骨折り仕事を取り上げすぎてはいけない。それよりも、主婦たちが必要としているように見えるあの達成感という幻想を生み出すことに集中しなければならないのだ。

この点を証明するために、二五〇〇人の主婦を対象に深層試験が行われ、四つの仮定の掃除法の中から選択を求められた。第一は、セントラル・ヒーティング・システムのようにたえず作動する完全自動の埃・汚れ除去装置。第二は、主婦がボタンを押して作動させるタイプ。第三はポータブル式で、主婦が運んでから、汚れを落としたい場所を指示するタイプ。第四は、主婦が自分で汚れを掃除することのできる、まったく新しい現代的な製品。主婦たちは声を大にしてこの最後の装置を支持した。もしそれが「新しく現代的に見える」なら、主婦は自分で仕事をすることになる製品の方を好むのだと、この報告書は述べている。「たんにボタンを押すだけではなく参加したいという主婦の欲望が、その強力な理由である」。一人の主婦が述べているように、「魔法みたいにボタンを押すだけで掃除ができるシステムだったら、私の働きや達成感はどうなるんでしょう。それに、午前中、私は何をすれば良いのかしら？」

この魅力的な研究は偶然にも、ある種の電気掃除機器――大幅に労働を軽減してくれると長い間考えられてきた――は、実際には「家事を必要以上に難しいものに」してしまったことを明らかにしている。これらの主婦の八〇パーセントの回答から見ると、この装置を手に入れるや否や、彼女は「本当は必要ないのに、掃除をしなければならないと感じた」ようだ。実は電気製品によって、するべき掃除の程度や種類が規定されていたのである。

では、主婦に自分が必要だと思った程度にだけ掃除をすれば良い、あの単純で安い掃除機に戻るよう勧めるべきだろうか。もちろんそうではないと、報告書は言う。ただ、旧式の掃除機には現代主婦の「労働を軽減する必需品」としての電気製品の「地位」を与えたうえで、「現代の家庭管理者は当然のこととして両方を所有するのだと知らせる」のである。

深層調査の調査員でさえ、家事には終わりがなく、その退屈なくり返しからそれほど満足感を得ることはないし、大いに自慢されるエキスパートとしての知識も大して必要ないことを否定する者はいなかった。だが、売る側の視点からはそれらすべてに終わりのないことが利点だった。問題は、「何十もの異なる種類の掃除用品についてわれわれが行った何千回もの深層面接」で危険にも水面下に潜んでいる状態だった気づきが、浮上してこないように食い止めることだった――その気づきとは、ある主婦の言葉では、「胸くそ悪い！　やらなくちゃならないから、やってる。必要悪ってだけ」。どうすれば良いのか。一つの方法は、次から次へと製品を送り出し、取り扱い方をより複雑にし、主婦が本当に「エキスパートになる」必要があるようにすることである。（衣類の洗濯は、衣類を洗濯機に放り込んで洗剤を入れる以上のものにならなければならないと、報告書は助言する。衣服は丁寧に分別し、一回目にはＡの処置、二回目にはＢの処置をし、ときには手で洗わなければならない。そうすれば主婦は、「それぞれの状況に応じて製品の品揃えの中のどれを使うかを知っていることに、非常な誇りを持てる」ようになる。）

報告書はさらに続けて、主婦の「隠れた汚れに対する罪悪感」を利用せよと言う。そうすれば彼女は「徹底掃除」作戦で家中をくまなく洗い上げ、それで二、三週間は「完璧な感覚」を得ることができる。(「彼女が最も新製品を試してみようと思うのは徹底掃除の時であり、「深いところまできれいになります」という広告が完璧さを約束する」。)

売る側はまた、それぞれ個別の仕事をやり遂げる喜びを強調し、「ほとんどすべての主婦は、自分の仕事が大嫌いな人でさえ、自分たちの終わりのない運命を受け入れる――その言葉によれば「自分をその中に没入する」ことで、逆説的にそこから逃れられる」ことを思い出させなければならない。

仕事に夢中になる――ありとあらゆる道具やクリーム、粉末、石けんに囲まれることで、彼女は一時、どれほどすぐにまた同じ仕事をしなければならないかを忘れる。別な言い方をすれば、主婦は一瞬の間、流しはどれほどすぐに洗い物で一杯になるか、床はどれほどすぐに汚くなるかを忘れることを自分に許し、仕事が完了した瞬間を、あたかも彼女の名声を永遠に記念するモニュメントとしての傑作芸術を完成させたばかりのような歓喜の瞬間として抱きしめるのである。

製品の売り手が主婦に与えることのできる創造的経験とは、こういう種類のものである。ある主婦自身の言葉によれば、

私は家事が全然好きじゃありません。家事をする人間としては怠け者の方です。でもときどき、元気が出て町へ出かける気になります……何か新しい掃除用品を手に入れると――初めてガラス・ワックスが発売された時とか、あのシリコン家具磨きとか――それで本当にやる気が出て、家中何もかもをピカピカにして回ったものです。ピカピカになったのを見るのが好きなんです。浴室がきらきら輝いているのを見ると、とっても気分が良いです。

例の仕掛け人はまた、次のように助言する。

貴社の製品を、家庭がもたらすほとんど宗教的とも言える基本的安心感から彼女が得ている肉体的、精神的報酬と一体化させること。彼女の「軽やかで幸せで、平和な気持ち」や「深い達成感」について語ること。……ただし、彼女が本当に望ん

でいるのは賞賛のための賞賛ではないことを忘れないように……彼女の気分は単純に「陽気」ではないことも忘れてはならない。彼女は疲れて、少々真面目でもある。表面だけ楽しげな形容詞や色彩は、彼女の気持ちを反映することにはならないだろう。シンプルで、温かく、真剣なメッセージの方が、ずっと好意的に反応するはずだ。

一九五〇年代には、一〇代の市場という革命的な発見があった。一〇代と早婚者の姿が、調査の中で目立つようになったのだ。高校に行っただけで働いた経験のない若い妻たちは、より「不安定」で自立的でなく、売り込みやすいことが発見された。こうした若い人々には、正しい商品を買うことで、仕事や勉強をしていなくても中流階級の地位を獲得できると教えることができた。「ジョーンズ一家に負けないように」式の売り方が、再び効き目を現した。アメリカ女性が教育や家の外での仕事によって獲得しつつあった個人性や自立心は、一〇代の花嫁にあっては大した問題ではなかった。実際、調査の述べるところでは、もしもこれらの女性が十分若いうちに「物を通しての幸福」というパターンを確立してしまえれば、安心して彼女たちに家の外でパートタイムの仕事につき、夫が彼女たちのあらゆる買い物の支払いをするのを助けるよう奨励することができた。目下の大事な点は、一〇代に対して「物を通しての幸福」が今や金持ちや才能ある人々の特権ではないと信じさせることだった。誰もがそれを楽しむことができるのだ、「正しいやり方」、他の人たちがやっているやり方を学び、人と違うのは恥ずかしいということを学べば。

こうした報告書の一つは、こう述べている。

新しく花嫁になったうちの四九パーセントは一〇代で、一八歳で結婚する娘が他のどの年齢よりも多い。このように早い年齢での家族形成からは、購買にあたって自分で責任を持ち、意思決定をすることになるより多くの若者が生み出される……

しかし、最も重要な事実は心理的な性格のものである。今日の結婚はたんにロマンティックな愛情の頂点というにとどまらない。過去におけるよりもはるかに意識的ではるかに現実的に、それは多数の欲しい製品を備えた居心地の良い家庭を築き上げるための、パートナーとなるという決意なのである。

何十人もの若いカップルや結婚を控えた女性と話す中で、われわれは決まって、彼らの会話や夢のかなりの部分が、将来の家庭とその設備や、「アイデアを得るため」のショッピング、さまざまな製品の利点と欠点について論じることを中心になり立っていることに気づいた。……

現代の花嫁は、結婚愛の唯一無二の価値や、結婚生活の中に本当の幸福を見出し、それを通して自分の運命を全うする可能性について大きな自信を持っている。だが、今日の婚約期間がロマンティックで夢のような、浮き浮きした期間であるのは、ある程度までである。婚約期間とは、結婚にともなう現実的義務や責任のリハーサルとなる傾向があると言った方が良いだろう。結婚式を待つ間、カップルは頑張って、これと決めた物を買うために金を貯めたり、ときには分割払いで購入を始めたりする。

一方での結婚生活の重要性と美しさに対するほとんど宗教的な信頼と、他方での商品中心のものの見方。この新しい組み合わせが持つ、より深い意味とは何だろうか。……

現代の花嫁は、多くの場合に彼女の祖母が盲目的運命と見、母親は奴隷制と見たものを、意識的な目標として追い求める。つまり、家庭と自分の子どもを持つために一人の男に所属し、あらゆる可能なキャリアの中から妻・母・家庭管理者というキャリアを選び取るのである。

今や若い花嫁は結婚の中に完全な「達成」を求めており、家庭の中で「自分自身の価値を証明」するとともに人生のすべての「根本的意味」を見出し、さらに家庭を通して「現代と未来の興味深いアイデア」に関わりたいと期待しているという事実には、巨大な「実際的用途」があると、広告業者たちは教えられた。なぜなら彼女が結婚に見出しているこれらすべての価値や、さらには「取り残される」のではないかという恐れは、製品の購入へと誘導することができるからである。たとえば、非常に売るのが難しい純銀製品のメーカーに対しては、次のような具合だ。

銀製品を持ってはじめて、彼女は新しい役割に完全に落ち着くことができると安心させよう……それは現代女性としての成功の象徴なのだ。何よりもまず、銀器を磨くという仕事の楽しさと誇りを劇的に描いてみせること。やり遂げたという誇りを刺激すること。「やるのがとても楽しい短時間の仕事から、あなたはどれほどの誇りを得ることでしょう……」

非常に若い一〇代の娘たちに集中するべしと、この報告書はさらに忠告する。若者たちは、たとえ母親は欲しがらなくても、「他の人たち」が欲しがるものを欲しがるようになるからである。(「われわれが調査した一〇代の一人が言うところでは、「仲間は全員、銀器のセットを持ち始めました。私たちはそれについてはとても真剣なんです――模様を比べたり、一緒に広告を隅々まで見たりして。うちの家族は銀器なんて持ってたことがなくて、私がそれにお金を使うようになると、見せびらかしてると思うようです――銀メッキで十分だと思ってるんです。でも、子ども世代は自分たちは違うと考えてます」」。)学校や教会、女子学生クラブ、社交クラブで彼女たちを捕まえよう、家政学の教師やグループのリーダー、一〇代向けテレビ番組や一〇代向け広告を通して彼女たちを捕まえよう。「これは未来の大きな市場であり、口コミによる宣伝は、集団圧力と並んでたんに最も強い影響力を持つだけでなく、伝統の存在しないところでは最も必要とされるものでもある」。

もう少し自立した年長の妻が手間のいらない材質を利用しがちという残念な傾向――

ステンレス・スチール、プラスチックの皿や紙ナプキン——については、子どもたちへの影響に対して罪悪感を抱かせることで対処できる。(「ある若い妻はわれわれにこう語った。「私は一日中家にいないので、やりたいように食事の支度をしたり、出したりすることができません。それがいやなんです——夫や子どもたちには、もっと良くしてあげたい。ときどき、一人の給料だけでやってみて、本物の家庭生活を送る方が良いんじゃないかと考えますが、でもいつだって必要なものがどっさりあるんです」。)報告書の主張によれば、そうした罪悪感を利用して、銀器のような製品が家族を結束させる手段になると彼女に思わせられるという。「付加的な心理的価値」を与えるというのだ。さらには、この製品は主婦のアイデンティティへの欲求を満たすことさえできる。「それは本当にあなたの一部となり、あなたを表現するのだと示唆すること。純銀はどんな家のどんな人にもピッタリくると、神秘的に示唆することを恐れてはいけない」。

別な調査では、毛皮産業が窮地にあることが報告された。高校やカレッジの若い女性たちは、毛皮のコートを「無駄」や「囲われ女」と同一視しているからである。ここでも、こうした不幸な意味づけがまだ形作られていない年若い女性に向かうようにとの助言がなされている。(「若者に肯定的な毛皮体験をさせることで、一〇代になった時に彼女たちがより製品を購入しやすくなる可能性が高まる」。)「毛皮製品をまとうことで、実際に女性の女らしさと性的魅力が確立される」と指摘すること。(「女の子が得たいと望むもの。何かを意味するもの。それは女らしさ」。「私の娘の育て方は正しいと思います。娘はいつも「ママの」コートを着たがります。同じようなものを欲しがる彼女は、本当の女の子です」。)だが、「ミンクは毛皮市場全体にとって否定的な女らしさのシンボルとなってしまったこと」を覚えておかねばならない。残念なことに、三人中二人の女性は、ミンクを着る女性は「男を食い物にし……搾取し……従属的で……社会的に非生産的」だと感じていたのだ。

今日の女らしさはそのようにあからさまに男を食い物にし、搾取的であってはならないと、報告書は述べる。同様に、昔風の「大衆からかけ離れた自己中心性を感じさせ」てもいけない。したがって毛皮の「自分指向性」は薄められ、新しい主婦の女らしさに取って代わられねばならない。彼女の場合、自分指向性は一体性や家族指向へと読み替えられねばならない。

毛皮は必需品だという感覚を生み出すことから始めよう——楽しい必需品……そ

うやって、現在は消費者が自分指向だと感じている何かを購入する際の道徳的許しを提供するのである。……毛皮の女らしさに、次のような地位や威信の象徴を含む、より幅広い性格を与えよう……感情面で幸福な女性……その人となりや果たしている役割のゆえに、夫や子どもたちから愛情と尊敬を得ている妻であり母親。……

毛皮を家族という設定の中に置こう。夫や子どもたちなどの家族メンバーから得られる毛皮製品に対する喜びや賞賛、母親の外見や彼女が毛皮の持ち主であることを彼らが自慢に思っていると見せよう。毛皮製品を「家族」の贈り物に変えていこう――クリスマス等々には家族全員が毛皮を楽しむようにしむけ、それによって持ち主から見た自分指向性を薄め、自分を甘やかしすぎではないかという罪悪感を取り除くのである。

このように若い主婦が自己表現をしつつもそのことで罪悪感を抱かないでいられる唯一の方法は、家庭と家族のために製品を買うことである。彼女がどのような創造性への衝動を感じていたとしても、家庭洋裁産業に向けた別の調査で報告されているように、それは家庭と家族を指向するものでもなければならない。

裁縫のような活動は、新しい意味と新しい地位を獲得する。裁縫はもはや、絶対的な必要と結びついてはいない。……そればかりか、家庭指向の活動の道徳的地位が上昇したことによって、料理や庭造り、室内装飾と並んで、裁縫は創造性と個性を表現する手段であり、同時に新しい趣味の水準が支配する「質」を達成するための手段としても認められている。

この調査によれば、裁縫をする女性たちは行動的で精力的で知的な現代の主婦、新しい家庭指向の現代アメリカ女性であり、創造し、達成し、自分の個性を実現したいという大きな満たされないニーズを持っており——それは何らかの家庭での活動によって満たされねばならない。家庭洋裁産業にとっての大きな問題は、裁縫の「イメージ」があまりに「退屈」なことだった。何か重要なものを創造するという感じが得られていなかった。製品を売り込むにあたって、業界は裁縫の持つ「永続的な創造性」を強調しなければならない。

だが、ある型紙メーカーに与えられた助言によれば、その裁縫でさえ、創造的、個人的すぎてはならない。このメーカーの型紙は理解するのにある程度の知性を要し、個人ごとの表現の余地がかなり残されていて、メーカーはまさにそのために問題を抱えていた。ここの型紙は、女性は「自分の好みを知っており、おそらく確固たる考えを持っているだろう」ことを想定していた。それに対して与えられた助言は、この「狭すぎるファッションの性格」をもっと広げ、「ファッションの画一性」を持ったものにすることだった――「あんまり人と違う格好をするのは賢明でない」と感じる「ファッションにかんして不安定な女性」、「ファッションにおける画一的要素」に訴えよ。なぜなら、当然ながらメーカーの問題は女性の持つ個性や表現、あるいは創造性への欲求を満足させることではなく、より多くの型紙を売ることであり――それには画一性を高める方がうまく行くからである。

何度もくり返して、こうした調査はアメリカの主婦のニーズと、さらには隠れた欲求不満まで鋭く分析し、その度にもしこれらのニーズを適切に操作すれば、彼女にもっと多くの「物」を買うよう仕向けることができた。一九五七年のある調査はデパート業界に対し、この新世界における彼らの役割は主婦に「売る」ことだけでなく、「教育」に対する彼女のニーズを満足させること――家の中に一人でいながら、自分も変化する世界の一部だと感じたいという切なる思いを満足させることだと教えた。報告書によれば、彼女がショッピングで満たそうとしている本当のニーズは、そこで買えるどんな物でもないことを理解すれば、店はもっと多くの物を売りつけることができるのである。

たいていの女性には物質的なニーズだけでなく、デパートを訪れたいという心理的な強迫がある。彼女らは相対的に孤立して生きている。その視界や経験は限られている。彼女らは地平線の彼方にはもっと広大な人生があることを知っており、そういう人生が自分を素通りしてしまうことを恐れている。

デパートはそうした孤立を打ち壊してくれる。デパートに足を踏み入れたとたん、女性は世界で何が起きているかを自分は知っていると感じる。デパートは、雑誌やテレビ、その他のマスコミ媒体のどれよりも、たいていの女性にとって人生のさまざまな局面についての主要な情報源なのである……

デパートが満たすべきニーズは多々あると、この報告書は続ける。その一つは、主婦の「学び、人生において進歩したいというニーズ」である。

われわれは自分を取り巻く物によって自分の社会的地位を象徴させる。数年前は収入が六〇〇〇ドルだったが、今は一万ドルを稼ぐ夫を持つ女性は、まったく新しい一連の象徴について知る必要がある。デパートは、この主題については彼女の最良の教師である。

これとは別に達成へのニーズがあり、新しい現代の主婦にとってそれを主に満たしてくれるのは「バーゲン」である。

われわれは、この豊かな経済においては、大半の女性にとって価格への関心は財政的というよりも心理的なものであることを発見した。……「バーゲン」とはしだいに、「もっと高い値段の時には手が出なかったものを、今なら買える」ことを意味せず、主として「主婦として私は良い仕事をしている。夫が働いて小切手を家に持ち帰ってくれるように、私も家族の幸福のために貢献している」という意味を持つようになっている。

価格それ自体はほとんど問題ではないと、報告書は述べる。

買うという行為は、どうすればもっと魅力的な女性やより良い主婦、優秀な母親等々になれるかを知りたいという女性の切望に大幅に依拠した複雑な関係のクライマックスであるから、すべての宣伝や広告でこの動機を利用すること。あらゆる機会をとらえて、貴店はどのように彼女が人生で最も大切にしている役割を遂行する手助けをできるかを説明すること……

店が女性の人生の学校だとすれば、広告はその教科書である。彼女たちは、無生物である物の世界で起きていることに自分は接点があるという幻想を与えてくれる広告に対して、尽きることのない興味を持っている。これらの物を通して、彼女たちは自分を動かす衝動の実に多くを表現するのである……

同じく一九五七年のある調査は、「新しい家庭中心時代」には「多くの肯定的な側面」があるとはいえ、不幸なことに今やあまりに多くのニーズが家庭に集中しており——家庭はそれを満たすことができないと、正確な報告を行っている。では、警告をすべきか。いや、その必要はない。こうしたニーズまでが、仕掛けのための材料となるのだから。

家族は必ずしも、ときとしてそう表象されるような、現代生活が虹の彼方に約束する心理的な金の壺ではない。実際、今日の家族に対しては実現不可能な心理的要求が行われるようになっている。……

アメリカの生産者や広告業者にとって（また、家族とわが国市民の心理的安寧にとっても）幸運なことに、このギャップの多くは消費財を自分のものにすることで満たされうるし、満たされつつある。

何百もの製品がありとあらゆる心理的機能を果たしていることを生産者と広告業者は知るべきだし、より効果的な販売方法を開発するために利用すべきである。かつては生産が社会的緊張のはけ口となったように、今では消費が同じ目的に役立っているのである。

物の購入は、家庭や家族によっては本当に満たされることのないこうしたニーズのはけ口となる――「何か自分以上のものとの同一化」、「人生に意味と目的を与えてくれる目標に向かって他の人たちと動いているという感覚」、「それぞれの個人がそれに対して努力を傾けることができる、疑問の余地のない社会的な目標」に対する主婦たちのニーズ。

人間の本性の奥深くには、意味のある社会的目標に向かって努力する集団の中で意味のある位置を占めたいというニーズがある。これが満たされないと、人は不安になる。それが、われわれが全国で人々と話す時、なぜ何度も何度も次のような質問が出るのかを説明してくれる。「それが意味するのは何ですか」「私はどこに向かっているのでしょうか」「私たち皆がとてもよく働いて、遊ぶものもどっさりあるのに、やりがいが感じられないのはなぜなんでしょう?」

問題は、貴社の製品はこのギャップを埋めることができるか、である。

深層調査によって明るみに出されたもう一つの秘密は、この「一心同体」重視の時代における「家族生活の中でプライヴァシーへの欲求が満たされないこと」である。けれどもこの欲求は、二台目の車を売り込むのに利用できるかもしれない。……

家族全員が一緒に楽しむ車に加えて、夫と妻に別々の車を——「車の中で一人になることで人にとって非常に必要な休息の時間が与えられ、車を自分の城とか、再び我がものとなったプライヴァシーの手段と見るようになるかもしれない」。あるいは、「個人用」「パーソナルな」歯磨き粉や石けん、シャンプーも。

別な調査では、結婚や家族やセックスが非常に強調されているにもかかわらず、奇妙な「結婚生活の脱セックス化」が起きていると報告されている。問題は、この報告書が「失われたセックスの火花」と診断したものを、何によって供給できるかだ。解決法として報告書が売り手たちに勧めるのは、「広告にリビドーを取り戻すこと」である。わが国のメーカーはあらゆるものをセックスを通して売り込もうとしていると感じられるにもかかわらず、報告書によれば、テレビ・コマーシャルや全国誌の広告に見られるセックスはおとなしすぎ、狭すぎる。「消費主義」はアメリカのリビドーを脱セックス化しつつある。なぜならそれは、「各個人のうちにある、男女間の関係をはるかに超える力強い生命力を反映していないからである」。売り手たちは、セックスからあるセックスだけを取り出してセックス化したのである。

現代広告の大半は、人類の持つ生への衝動の情熱的で荒々しく、電撃的な側面を格下げし、単純化し、希薄化しようとする現在の全国的傾向を反映するとともに、その傾向を甚だしく肥大化させている。……広告がもっと猥褻だったり好色になれるわけではないし、そうすべきだと言うのでもない。問題は、臆病さと想像力の欠如のゆえに、広告がリビドーに乏しく、その結果、非現実的で非人間的で退屈なものになる危険に直面しているという事実なのである。

アメリカのセックスに欠けているように見えるリビドーを取り戻し、失われた自発性や衝動、人生への愛、個性を回復するには、どうすれば良いのか。報告書はついうっかりと、「人生への愛は異性への愛と同様、外的な動機によって汚されないままでいなければならない……妻を主婦以上のものであらせよう……一人の女性として……」と結んでいる。

これらの報告書が過去一五年にわたってアメリカの広告業者に与えてきたさまざまな洞察にどっぷりと浸っていたある日、私はこの動機調査活動を運営している男性からランチに招待された。彼は私が女らしさの神話の背後にある商業的力を見るのを大いに助けてくれたので、私も何か彼の役に立てるかもしれない。ナイーヴにも私は、彼は女性たちに家事によっては本当の創造性や達成感を与えるのが難しいことを発見し、彼女たちにもっと「物」を買わせることでその罪悪感や幻滅や欲求不満をなだめようとしてきたのだったら、なぜ彼女たちが家を出て、外の世界で本当に創造的な目標を追求する時間ができるように、そうした価値のある物を買うように勧めなかったのですか、と訊ねた。

「しかしわれわれは、彼女が家庭を創造性を発揮する場として再発見する手助けをしてきたんです」と彼は言った。「われわれは、彼女が現代の家庭は芸術家のアトリエであり、科学者の実験室だと考える手助けをしています。その上」と、彼は肩をすくめた。「われわれと取引のあるメーカーは、大半が家事と関係のあるものを製造しているんです」。

「自由な企業経済においては」と、彼は続けた。「われわれは新製品に対するニーズを開発しなければなりません。そのためには、女性たちが自由にこうした新製品を欲しがるようにする必要があります。われわれは、彼女たちが家事は男と競合するよりももっと創造的だと再発見する手助けをしているんです。これは仕掛けが可能です。われわれは彼女に欲しがるべきものを売り、無意識をけしかけ、動かしていきます。大きな問題は、もし料理や掃除にあまり時間を使わなくて良くなったら自分はどうなるんだろうと心配させることなく、女性を自由にすることです」。

「私が言いたいのはそこなんです」と私は言った。「パイ・ミックスの広告はなぜ女性に、浮いた時間を天文学者になるために使えるよと言わないのでしょうか」。

「大して難しくはないでしょうね」と彼は答えた。「二、三のイメージ——天文学者が恋人を得る、ヒロインとしての天文学者、女性にとって天文学者になるのは素晴らしいことだと見せる……だが、駄目です」と、彼は再び肩をすくめた。「顧客がおじけづいてしまうでしょう。彼はパイ・ミックスが売りたい。女性は台所にとどまる必要がある。メーカーは女性を再び台所に誘い込みたい——われわれの仕事はそのための正しいやり方を示すことです。もしメーカーが彼女になれるのは妻と母だけだと言ったら、彼女は彼の顔に唾を吐くことでしょう。しかしわれわれは、彼女に台所にいるのは創造的なことだと教える方法をメーカーに示します。われわれは、台所で創造性を発揮するという彼女のニーズを解放するんです。もし天文学者になるように言ったら、彼女は台所から離れすぎてしまうかもしれません。それに」と彼は付け加えた。「もしも女性を解放して天文学者にというキャンペーンをしたいのなら、全米教育協会のようなところに金を出させないと」。

動機調査者たちには、主婦の生活とニーズの現実について洞察した功績を認めるべきだろう——この現実は、女性をフロイト的・機能主義的ヴェールを通して見ていたアカデミックな社会学や心理療法分野の同僚たちがしばしば見落としていたものだ。仕掛け人たちは、何百万人もの幸せなはずのアメリカの主婦が家庭と家族、愛情と子どもたちによっては満たされない複雑なニーズを抱えていることを発見し、彼ら自身にも顧客にも利益をもたらした。だが、ドルではなく道徳という点から見れば、仕掛け人たちには、その洞察を利用して女性たちに、どれほど新奇であろうと彼女たちのいや増す絶望的ニーズを満たすことはけっしてできない品物を売り込んだという罪がある。彼らは、主婦に対して家庭にとどまるよう説得し、テレビの前で催眠術をかけて、性とは無関係の人間としてのニーズは名前もなく、満たされることのないまま、性別の売り込みによって物を買う方向へと誘導したという罪がある。

アメリカのビジネス界におけるこれらの仕掛け人たちとその顧客を、女らしさの神話を生み出したと言って責めることは難しい。だが彼らは、それを持続させる上では最も強力だった。彼らの大群が全国をもっともらしいイメージで覆い尽くし、アメリカの主婦をおだてて罪悪感から目を背けさせ、強まりつつある空しさの感覚を偽装させたのだ。彼らは現代社会科学のテクニックと概念を用い、それらを一見単純で気がきいて破廉恥な広告やコマーシャルに移し替えることで非常にうまくこれをやり遂げたので、今日のアメリカ社会を見る者は、アメリカ女性の大半は主婦になる以外の野心は持っていないということを事実として受け入れてしまうほどである。女性を家庭に送り込んだ責任が彼らだけにあるのではないとしても、そこにとどまらせた責任が彼らにあることは確かである。このマス・コミュニケーションの時代にあって、彼らの絶え間ない長広舌を逃れることは難しい。彼らは女らしさの神話を個々の女性の頭に、そしてその夫や子どもたち、隣人たちの頭に深く刻み込んだ。それを日常生活の構造の一部とし、女性に対して、より良い主婦ではない、家族を十分に愛していない、老けてきていると言って責め立てたのである。

汚れたレンジで料理をしていたら、安心できるでしょうか。今日まで、本当にきれいなままに保てるレンジは存在しませんでした。でも今、新しいRCAワールプールのレンジはオーヴンのドアを持ち上げて外すことができ、引き出し式のブロイラーは流しで洗うことができ、受け皿も簡単に引き出すことができます。……どんな女性でも簡単にきれいな状態を保てる初めてのレンジは……どんな料理ももっとおいしくします。

愛にはいろんな言い表し方があります。与えることと受け入れること。守ることと選ぶこと……あなたの愛する人たちにとって何が最も安全かを知ること。彼らのバスルームに置くティッシュは、いつでもスコット・ティッシュです。……四色と白で発売中。

彼らはいかに巧妙に、彼女の達成感への欲求を永遠の若さを約束する性的ファンタジーへと方向転換させ、時間の経過に対する感覚を鈍らせようとするか。彼らは彼女に、時間を止めることができるとさえ告げるのである。

彼女は使っている……それとも使ってない？　子どもたちと同じくらい楽しそうで――同じくらい若々しい！　その自然さ、つやつやと光を反射する髪――まるで時間を止める魔法を見つけたみたい。ある意味で、確かにそうなのだ……

広告はますます巧みに、アメリカの主婦としての「役割」を賛美する――まさにその役割に彼女がアイデンティティを感じられないからこそ、何であれ彼らが売り込む物を欲しがるのだと知りながら。

彼女は誰？　彼女は始業式には六歳児と同じように興奮する。彼女の日々は、間に合った列車、用意した弁当、包帯を巻いた指、その他一〇〇一もの細々したこととともに過ぎていく。忙しく、やりがいのある生活のために特別な服を必要としている彼女は、あなたかもしれない。

あなたはこういう女性ですか。子どもたちに与えたいと思う楽しみや冒険を与えていますか。彼らをあちこちに連れて行き、いろいろなことをするの手助けをしていますか。教会や地域の催しで期待された役割を果たし……もっと興味深い人になれるよう、才能を伸ばしていますか。自分一人用のプリマスを持てば、あなたはなりたいと願う女性になれます。……あなただけの、他の誰のものでもない美しいプリマスで、行きたい時に、行きたいところへ行くのです……

だが、新しいストーヴも柔らかなトイレット・ペーパーも、たとえ彼女はそれが自分に必要なものだと考えたとしても、女性をより良い妻や母親にしてはくれない。髪を染めても時間を止めることはできないし、プリマスを買うことが新しいアイデンティティを与えてくれるわけではないし、マルボロを吸っても、たとえそれが自分の欲しているものだと考えたとしても、ベッドへの誘いをもたらしてくれるのでもない。だが、そうした満たされない約束は彼女に果てしなく物を欲しがらせ、自分に本当に必要な、ある

い は欲しているものは何かを知ることを妨げることはできる。

一九六二年六月一〇日、『ニューヨーク・タイムズ』の全面広告は「自分の可能性を目一杯に生きる女性に捧ぐ!」となっていた。イヴニング・ドレスと宝石と二人の可愛らしい子どもに飾られた美しい女性の写真の下には、こうあった。「栄養分のあるメークアップとスキンケアを完全に統合した唯一のプログラム――女性の美しさを絶対的頂点にまで高めます。「アルティマ」を使う女性は深い充足感を味わえます。新しい種類の誇り。なぜならこの贅沢なコスメティック・コレクションは究極だから……これを超えるものはありません」。

彼らが何を企んでいるかを理解すると、すべてがとても滑稽に見える。もし主婦が仕掛け人たちにおだてられたり脅されたりして家族も彼女自身も必要とはしていない物を買ってしまったとしても、おそらく自分を責めるしかないだろう。だが、もし広告やコマーシャルが明らかに買い手の危険持ち(買った商品に欠陥があっても、売り手は責任を負わないということ)のケースだとすると、同じ性別売り込みが雑誌の編集内容やテレビ番組に姿を変えた場合には、ばかばかしさは減じて、狡猾さが増すことになる。ここでは主婦は自覚のないままの犠牲者である。私は、性別売り込みが編集内容と不可分に結びついたいくつかの雑誌に記事を書いたことがある。意識的にせよ無意識にせよ、編集者たちは広告主が何を望んでいるかを知っている。

X誌の中心は実用である――アメリカの家庭管理者である健全な女性に向けた完全な実用性と、ビジネスマンである広告主が最も関心のあるすべての領域における実用性。本誌は広告主に対して、真面目で誠実で献身的な家庭管理者の強力な集合体を提供する。家庭と家庭用製品に対して、より関心を持つ女性たち。もっと金を使う気持ちも能力もある女性たち……

わざわざメモを書いたり、編集会議ではっきり言葉にしたりする必要はない。編集上の決定を下す男たちや女たちは、広告収入を得るために自分たちの持つ非常に高い基準を引き下げることが多い。『マッコールズ』誌の元編集者が最近明らかにしたように(2)、広告主の及ぼす影響は、ひそやかなどではないことが多い。「実用」ページに写真がある類いの家庭は、広告業界の男たちからのがっちりした指令の下にあるのである。

とはいえ、企業は製品を売って儲けねばならないし、雑誌やネットワークは生き残るために広告が必要だ。だが、たとえ利潤を上げることが唯一の動機であり、成功の唯一の基準だとしても、私はメディアが顧客に対して彼が望んでいると思うものを提供する際に、誤りを犯しているのではないかと思う。アメリカ経済とビジネスそれ自体にとっての挑戦とチャンスは、長い目で見て、女性たちを頭が空っぽで物ばかり欲しがる状態にとどまらせる若さの血清で覆い尽くすのではなく、彼女たちを成長させることにあるのではないかと思うのだ。

本当に犯罪的なのは、アメリカ経済にとっていかに利益になるにせよ、「彼女たちを若くしろ」という仕掛け人のアドヴァイスが無神経にそのまま受容されることが増えてきていることだ――まだ字も読めないような子どもたちが歌ったり、言葉を暗誦したりするテレビ・コマーシャルや、「見て、サリー、見て」のように単純そのものの大きく美しい広告、一〇代の少女がまだ大人の女性になる前から、品物を買う主婦に仕立て上げようと意図的に計算された雑誌。

彼女はX誌を隅から隅まで読む……買い物や料理の仕方、裁縫、その他若い娘が知っておくべきすべてを、そこから学ぶ。X誌にのる衣服を軸にワードローブを計画し、美容やボーイフレンドについてのX誌の助言に耳を傾ける……最新の若者の流行について、X誌を参考にする……そして、X誌の広告の中から、どれほど買い物をすることか！　買い物の習慣はX誌に始まるのだ。ある習慣を**始める**方が、それを**止める**ことよりずっと易しい！　（X誌独自の出版物である学校向けX誌が、貴社の広告を高校の家庭科の教室にまで届けていることをお忘れなく。）

部族の神々に幼い女の子を犠牲として捧げた原始文化のように、私たちはわが国の少女たちを女らしさの神話の犠牲とし、性別の売り込みを通してより効率的に、その販売で利益を上げることにわが国が総力をあげているさまざまな物の消費者となるよう仕立て上げている。最近、全国的ニュース雑誌に二つの広告が登場したが、それは一〇代の少女にではなく、製品を製造し売っている経営者に向けたものである。一方には、少年の写真があった。

僕は絶対に月へ行くんだ……きみは駄目、女の子だもん！　今日の子どもたちは、以前より成長が早くなっていて、その関心も非常に広い範囲にわたります——ローラースケートからロケットまで。同様にX社も成長し、世界中の政府や産業、および宇宙で使用される幅広い電子製品を提供しています。

もう一つの方は、女の子の顔が使われていた。

才能に恵まれた子どもは大きくなったら主婦になるべきか。教育専門家の推定によると、高い知能に恵まれるのはわが国の子ども五〇人につきわずか一人にすぎません。その才能ある子が女の子だった場合、必ず出てくる問いが、「もし彼女が主婦になったら、この稀な才能を無駄にすることになるのか」です。こうした才能ある女の子たち自身にそれに答えてもらいましょう。彼女たちの九〇パーセント以上が結婚し、大多数が主婦という仕事は挑戦的で、彼女たちの知能と時間とエネルギーのすべてをフルに活用するだけの価値があると見ています。……看護師、教育者、経済学者、そしてただの主婦としての毎日の役割の中で、彼女はたえず自分の家族の生活をより良くする方法を探っています。……アメリカの全家族の半数のために買い物をしている何百万人もの女性たちは、Xスタンプを貯めて買い物をするのです。

その才能のある女の子が大きくなって主婦になったら、たとえ例の仕掛け人であっても、男の子が月へ行く時代に生きている彼女が、その人間としての知性と人間としてのエネルギーのすべてをスーパーマーケットのスタンプだけに使い尽くすよう仕向けることができるのだろうか。

別の広告は、女性の力を過小評価してはならない、と言う。だが、その力はアメリカでは過小評価されてきたし、今もされている。というよりも、その力は購買という点で操作可能かどうかだけで評価されているのだ。女性の人間としての知性やエネルギーは、本当には計算に入っていない。それでもそれらは実在しており、家事や物を買うことよりもっと高い目的のために活用されるか――あるいは無駄にされるかなのだ。自分たちの抱える問題に直面したがらず、その構成員の能力や知識にふさわしい目標や目的を考えることができずに女性の力を無視することを選択する社会とは、おそらくは病んだ社会だけだろう。女性を人間ではなく「主婦」にしようとするのは、おそらく病んで未熟な社会だけだろう。社会が直面する大きな挑戦を見ようとせず、耐えがたい苦痛もなしに物に溢れた家に引きこもり、そこを人生の目的そのものにしてしまうことができるのは、おそらくは病んでいるか、あるいは未熟な男たちや女たちだけだろう。

原　注

第一章　名前のない問題

（1）七五周年記念号である『グッド・ハウスキーピング』一九六〇年五月号の、マーガレット・ミード、ジェサミン・ウェスト他によるシンポジウム、"The Gift of Self"を参照のこと。
（2）Lee Rainwater, Richard P. Coleman, and Gerald Handel, *Workingman's Wife*, New York, 1959.
（3）Betty Friedan, "If One Generation Can Ever Tell Another," *Smith Alumnae Quarterly*, Northampton, Mass., Winter, 1961. 私が一九五七年に最初に「名前のない問題」に気づき、それが、最終的に「女らしさの神話」と呼ぶようになったものと関係しているのではと考えるに至ったのは、スミス・カレッジ卒業一五年後の自分のクラスメイトたちに対する集中的アンケートを準備し、調査を行った時だった。このアンケートはその後、ラドクリフや他の女子カレッジの同窓生たちに対しても用いられ、同じような結果が出た。
（4）Jhan and June Robbins, "Why Young Mothers Feel Trapped," *Redbook*, September, 1960.
（5）Marian Freda Poverman, "Alumnae on Parade," *Barnard Alumnae Magazine*, July, 1957.

第二章　幸福な主婦というヒロイン

（1）Betty Friedan, “Women Are People Too!” *Good Housekeeping*, September, 1960. この記事に反応して全米の女性たちから寄せられた手紙は実に切実な感情に満ちていたので、私は「名前のない問題」はけっして女子のアイヴィ・リーグ・カレッジ卒業生に限らないということを確信した。

（2）一九六〇年代になると、女性雑誌にときおり「幸福な主婦」ではない主人公が登場するようになった。『マッコールズ』のある編集者の説明によると、「ときには純粋なエンターテインメントとして、型どおりでない話をのせることもある」。そうした軽い小説の一つが、Noel Clad が注文によって『グッド・ハウスキーピング』一九六〇年一月号に書いた“Men Against Women（男性対女性）”である。主人公——幸福なキャリア・ウーマン——は、夫ばかりか子どもまでも失いそうになる。

第三章　女性のアイデンティティの危機

（1）Erik H. Erikson, *Young Man Luther, A Study in Psychoanalysis and History*, New York, 1958, pp. 15 ff.〔西平直訳『青年ルター』みすず書房、二〇〇二年、一二―一三頁、二六頁〕他に、Erikson, *Childhood and Society*, New York, 1950〔仁科弥生訳『幼年期と社会』1・2、みすず書房、一九七七―八〇年〕、および Erikson, “The Problem of Ego Identity,” *Journal of the*

American Psychoanalytical Association, Vol. 4, 1956, pp. 56–121 も参照。

第四章　情熱的な旅

(1) Eleanor Flexner, *Century of Struggle: The Woman's Rights Movement in the United States*, Cambridge, Mass., 1959 を参照。アメリカの女性の権利運動史の決定版であるこの本は、女らしさの神話が頂点に達していた一九五九年に出版され、知的な読者からも学者からもそれにふさわしい関心を向けられなかった。私の考えでは、同書はアメリカのカレッジに入学したすべての女子学生の必読書とすべきである。神話がはびこる一つの理由は、四〇歳以下の女性で女性の権利運動の事実を知る者が非常に少ないことにある。女らしさの神話の背後にある真実と、神話がもたらすフェミニストの怪物的イメージに迫ろうとする過程で、フレクスナー氏のおかげで私は、さもなくば見落としていたであろう多くの手がかりを得ることができた。

(2) Sidney Ditzion, *Marriage, Morals and Sex in America: A History of Ideas*, New York, 1953 を参照。ニューヨーク大学の司書によるこの厖大な書誌論文では、アメリカの社会改革運動と性改革運動との継続的相互関係、とりわけより大きな自己実現と性的充足を求める男性運動と女性の権利運動との間の関係が跡づけられている。そこに集められたスピーチや小論文は、女性解放のための運動は、男性からもそれを率いた女性たちからも、しばしば「男女両性がより満足できる性的表現」のために「両性間に力の均衡状態を創り出す」ものというふうに見られていたことを明らかにしている。

（3） *Ibid.*, p. 107.

（4） Yuri Suhl, *Ernestine L. Rose and the Battle for Human Rights*, New York, 1959, p. 158. 自分の財産と収入に対する既婚女性の権利を求める闘いが生き生きと描かれている。

（5） Flexner, *op. cit.*, p. 30.

（6） Elinor Rice Hays, *Morning Star, A Biography of Lucy Stone*, New York, 1961, p. 83.

（7） Flexner, *op. cit.*, p. 64.

（8） Hays, *op. cit.*, p. 136.

（9） *Ibid.*, p. 285.

（10） Flexner, *op. cit.*, p. 46.

（11） *Ibid.*, p. 73.

（12） Hays, *op. cit.*, p. 221.

（13） Flexner, *op. cit.*, p. 117.

（14） *Ibid.*, p. 235.

（15） *Ibid.*, p. 299.

（16） *Ibid.*, p. 173.

（17） Ida Alexis Ross Wylie, "The Little Woman," *Harper's*, November, 1945.

第五章　ジークムント・フロイトの性的唯我論

（１）Clara Thompson, *Psychoanalysis: Evolution and Development*, New York, 1950, pp. 131 ff. 「フロイトは文化的なものより生物学的なものを強調しただけでなく、自分の生物学理論に基づいて独自の文化理論を作り上げた。彼が見て記録した文化的現象の重要性を理解するには二つの障碍があった。彼が集めたデータの他の局面について考えるには、彼は自分の生物学理論を作り上げることに熱中しすぎていた。そのため彼の関心はもっぱら、人間社会に対して自分の本能理論を当てはめることにあった。たとえば死の本能という前提から始めて、自分が観察した文化的現象に対して死の本能を用いた説明を作り上げるのである。彼には比較文化の知識によって得られる視点がなかったために、文化的過程をそれ自体として評価することができなかった。……フロイトが生物学的と信じたものの多くは現代の研究によって、ある種の文化に応じた反応であって、普遍的人間性の特徴ではないことが証明されている」。

（２）Richard La Piere, *The Freudian Ethic*, New York, 1959, p. 62.

（３）Ernest Jones, *The Life and Work of Sigmund Freud*, New York, 1953. Vol. I, p. 384.〔竹友安彦・藤井治彦訳『フロイトの生涯』紀伊國屋書店、一九六四年〕

（４）*Ibid*., Vol. II（1955）, p. 432.

（５）*Ibid*., Vol. I, pp. 7–14, 294; Vol. II, p. 483.

（６）Bruno Bettelheim, *Love Is Not Enough: The Treatment of Emotionally Disturbed Children*, Glencoe, Ill., 1950, pp. 7 ff.〔村瀬孝雄・村瀬嘉代子訳『愛はすべてではない』誠信書房、一九六八年〕

（7）Ernest L. Freud, *Letters of Sigmund Freud*, New York, 1960, Letter 10, p. 27; Letter 26, p. 71; Letter 65, p. 145.〔生松敬三他訳『フロイト著作集8　書簡集』人文書院、一九七四年〕

（8）*Ibid.*, Letter 74, p. 60; Letter 76, pp. 161 ff.

（9）Jones, *op. cit.*, Vol. I, pp. 176 ff.

（10）*Ibid.*, Vol. II, p. 422.

（11）*Ibid.*, Vol. I, p. 271.「性的活動についての彼の記述は非常に即物的なため、多くの読者はほとんど無味乾燥でまったく暖かみがないと感じてきた。私が彼について知るかぎり、彼は人を夢中にさせることの多いトピックに対し、平均以下の個人的関心しか示さなかったと言わざるをえない。性的なトピックを述べるにあたって、いかなる好みも興味もまったく見られなかった。……彼はつねに異常に慎み深い人という印象を与え——「ピューリタン的」という言葉が的外れでない——彼の若い頃の発育についてのわれわれの知識もこの考えを確証してくれる」。

（12）*Ibid.*, Vol. I, p. 102.

（13）*Ibid.*, Vol. I, pp. 110 ff.

（14）*Ibid.*, Vol. I, p. 124.

（15）*Ibid.*, Vol. I, p. 127.

（16）*Ibid.*, Vol. I, p. 138.

（17）*Ibid.*, Vol. I, p. 151.

（18）Helen Walker Puner, *Freud, His Life and His Mind*, New York, 1947, p. 152.

(19) Jones, *op. cit.*, Vol. II, p. 121.

(20) *Ibid.*, Vol. I, pp. 301 ff. フロイトが性の理論を考え始めていた頃、自らの英雄的な自己分析によって一連の男たちへの依存から自由になる以前、彼の気持ちはフリースという名の派手な耳鼻科医に集中していた。これは女性にとって非常に宿命的な歴史の偶然の一例である。というのもフリースは、女性の月経周期である28という数字に基づく周期表を用いた数学的表現によって生と死のあらゆる現象を「両性性」に還元する奇妙な「科学理論」を提案し、それに対してフロイトは生涯にわたって忠誠を示したからである。フロイトは「飢えと渇きを満たすものとして」フリースと会うのを待ちわびた。彼はフリースに宛ててこう書いている。「私のある特異な、おそらくは女性的な一面が要求する友人との交わりは、他の誰とも取り替えることができません」。自身での自己分析の後でさえ、フロイトは依然としてフリースが周期表に基づいて予言した日に死ぬことを期待していた。この周期表では、すべてが女性の28という数字と、女性の月経期間の終わりから次の月経開始までをもとにした23という男性の数字で計算できるのだった。

(21) *Ibid.*, Vol. I, p. 320.

(22) Sigmund Freud, "Degradation in Erotic Life," in *The Collected Papers of Sigmund Freud*, Vol. IV.

(23) Thompson, *op. cit.*, p. 133.

(24) Sigmund Freud, "The Psychology of Women," in *New Introductory Lectures on Psychoanalysis*, tr. By W. J. H. Sprott, New York, 1933, pp. 170 ff.

(25) *Ibid.*, p. 182.

(26) *Ibid.*, p. 184.

(27) Thompson, *op. cit.*, pp. 12 ff.「一九一四年から一八年の戦争は、エゴの衝動へとさらに注意を向けさせた。……この時期にもう一つの考え方が分析に加わった……それは、性だけでなく攻撃性も重要な抑圧された衝動かもしれないというものである。……難しい問題は、それを本能理論の中にどのように含めるかだった。……やがてフロイトは彼の第二の本能理論によってこれを解決した。攻撃性は死の本能の一部として居場所を見出したのだ。興味深いことに、フロイトは正常な自己主張、すなわち支配したい、管理したい、または環境と自分が満足できるように折り合いたいという衝動については特に強調していない」。

(28) Sigmund Freud, "Anxiety and Instinctual Life," in *New Introductory Lectures on Psychoanalysis*, p. 149.

(29) Marynia Farnham and Ferdinand Lundberg, *Modern Woman: The Lost Sex*, New York and London, 1947, pp. 142 ff.

(30) Ernest Jones, *op. cit.*, Vol. II, p. 446.

(31) Helene Deutsch, *The Psychology of Woman—A Psychoanalytical Interpretation*, New York, 1944, Vol. I, pp. 224 ff.

(32) *Ibid.*, Vol. I, pp. 251 ff.

(33) Sigmund Freud, "The Anatomy of the Mental Personality," in *New Introductory Lectures on*

Psychoanalysis, p. 96.

第六章　機能主義的フリーズ、女らしさの主張、マーガレット・ミード

(1) Henry A. Bowman, *Marriage for Moderns*, New York, 1942, p. 21.

(2) *Ibid.*, pp. 22 ff.

(3) *Ibid.*, pp. 62 ff.

(4) *Ibid.*, pp. 74–76.

(5) *Ibid.*, pp. 66 ff.

(6) Talcott Parsons, "Age and Sex in the Social Structure of the United States," in *Essays in Sociological Theory*, Glencoe, Ill., 1949, pp. 223 ff.

(7) Talcott Parsons, "An Analytical Approach to the Theory of Social Stratification," *op. cit.*, pp. 174 ff.

(8) Mirra Komarovsky, *Women in the Modern World, Their Education and Their Dilemmas*, Boston, 1953, pp. 52–61.

(9) *Ibid.*, p. 66.

(10) *Ibid.*, pp. 72–74.

(11) Mirra Komarovsky, "Functional Analysis of Sex Roles," *American Sociological Review*, August, 1950. "Cultural Contradictions and Sex Roles," *American Journal of Sociology*, November

1946 も参照。

（12） Kingsley Davis, "The Myth of Functional Analysis as a Special Method in Sociology and Anthropology," *American Sociological Review*, Vol. 24, No. 6, December, 1959, pp. 757–772. デイヴィスは、機能主義が多かれ少なかれ社会学と同一化したと指摘している。近年、社会学研究そのものが、カレッジの女子学生に対し「機能主義的」で伝統的な性役割に自分を限定するよう説得してきたことを示す刺激的な証拠がある。"The Status of Women in Professional Sociology"(Sylvia Fleis Fava, *American Sociological Review*, Vol. 25, No. 2, April, 1960) の報告によると、社会学の学部学生の大半は女性だが、一九四九年から一九五五年の間に社会学で女性に付与された学位の数と割合は急激に減少したという。（一九四九年の学士号四一四三が、一九五五年には三二〇〇、一九五八年には三六〇六に減少。）さらに、社会学学士号の二分の一から三分の二は女性に授与されているのに対し、修士号授与者のうち女性は二五～四三％、博士号ではわずか八～一九％にすぎない。学位を取得する女性の数は女らしさの神話の時期にあらゆる分野で大きく減少したが、他の分野に比べても社会学の分野は異常に高い「死亡」率を示した。

（13） Margaret Mead, *Sex and Temperament in Three Primitive Societies*, New York, 1935, pp. 279 ff.

（14） Margaret Mead, *From the South Seas*, New York, 1939, p. 321.

（15） Margaret Mead, *Male and Female*, New York, 1955, pp. 16–18.（田中寿美子・加藤秀俊訳『男性と女性』上下、東京創元社、一九六一年）

(16) *Ibid.*, p. 26.

(17) *Ibid.*, footnotes, pp. 289 ff.「一九三一年にアラペシュに行くまで、私は身体の領域について真剣に研究してこなかった。この主題についてのフロイトの基本的仕事については大体知ってはいたが、それがどのようにフィールドに当てはめうるかについては、Geza Roheim の最初のフィールド・レポート、"Psychoanalysis of Primitive Culture Types"を読むまでわかっていなかった……そこで私は家に、K. Abraham の研究の要約を送るよう頼んだ。Erik Homburger Erikson がこうした概念を組織的に扱うやり方がよくわかるようになってからは、それが私の理論装置の不可欠な一部となった」。

(18) *Ibid.*, pp. 50 f.

(19) *Ibid.*, pp. 72 ff.

(20) *Ibid.*, pp. 84 ff.

(21) *Ibid.*, p. 85.

(22) *Ibid.*, pp. 125 ff.

(23) *Ibid.*, pp. 135 ff.

(24) *Ibid.*, pp. 274 ff.

(25) *Ibid.*, pp. 278 ff.

(26) *Ibid.*, pp. 276–285.

(27) Margaret Mead, Introduction to *From the South Seas*, New York, 1939, p. xiii.「子どもたち

が彼らの社会の価値観とは異なる価値観を持つのを認めることは、何の役にも立たなかった……」。

(28) Marie Jahoda and Joan Havel, "Psychological Problems of Women in Different Social Roles—A Case History of Problem Formulation in Research," *Educational Record*, Vol. 36, 1955, pp. 325–333.

第七章　性別指向の教育者たち

(1) Mabel Newcomer, *A Century of Higher Education for Women*, New York, 1959, pp. 45 ff. アメリカのカレッジの学生に女性の占める割合は、一八七〇年の二一%から一九二〇年の四七%へと増加したが、一九五八年には三五・二%へと減少した。五つの女子カレッジが閉校し、二一が共学化し、二校が短大となった。一九五六年には、共学カレッジの女子学生の五人に三人は秘書学、看護学、家政学、教育学のどれかを専攻していた。女性に与えられる博士号は、一九二〇年の六人に一人、一九四〇年の一三%に比べて、一〇人に一人以下となった。専門的学位を得るアメリカ女性の割合がこの時期のように一貫して低かったのは、第一次世界大戦以前の時期以来のことである。アメリカ女性がどれほど退行したかは、彼女たちが自分の潜在能力の発達に失敗したことからも測定できる。*Womanpower* によれば、カレッジでの勉強が可能な全ての若い女性のうちカレッジに進学するのは、男性の二人に一人に対して四人に一人であり、博士号を得る能力があって実際にそうするのは、男性では三〇人に一人に対し、女性ではわずか三〇〇人に一人である。もし現在の状況が続けば、アメリカ女性は間もなく世界で最も「遅れた」女性たちの仲間入りをすることになろう。合州国は、おそらく過去二〇年間に高等教育を受ける女性の割合が減少した唯一の国家だろう。スウェーデン、イギリス、フランスでも、アジアの新興国や共産圏諸国でも、その割合は着実に増加してきている。一九五〇年代までには高等教育を受けるフランス女性の割合はアメリカ女性を上回り、専門職につくフランス女性の割合は過去五〇年間に二倍以上となった。医療専門職につくフランス女性の割合だけを見てもアメリカ女性の五倍だし、ソ連の医師の七〇％は女性なのに対し、アメリカでは五％である。Alva Myrdal and Viola Klein, *Women's Two Roles—Home and Work*, London, 1956, pp. 33-64〔大和チドリ訳『女性の二つの役割——家庭と仕事』ミネルヴァ書房、一九八五年〕を参照。

（2）Mervin B. Freedman, "The Passage through College," in *Personality Development During the College Years*, ed. by Nevitt Sanford, *Journal of Social Issues*, Vol. XII, No. 4, 1956, pp. 15 ff.

（3）John Bushnel, "Student Culture at Vassar," in *The American College*, ed. by Nevitt Sanford, New York and London, 1962, pp. 509 ff.

（4）Lynn White, *Educating Our Daughters*, New York, 1950, pp. 18–48.

（5）*Ibid.*, p. 76.

（6）*Ibid.*, pp. 77 ff.

（7）*Ibid.*, p. 79.

（8）Dael Wolfle, *America's Resources of Specialized Talent*, New York, 1954 を参照。

（9）一九五七年、ワシントンDCでのアメリカ教育会議における「女子教育の現状と調査の展望にかんする会議」の議事録中のMary H. Donlon判事による講演から。

（10）“The Bright Girl: A Major Source of Untapped Talent,” *Guidance Newsletter*, Science Research Association, Inc., Chicago, Ill., May, 1959を参照。

（11）Dael Wolfle, *op. cit.*

（12）John Summerskill, “Dropouts from College,” in *The American College*, p. 631.

（13）Joseph M. Jones, “Does Overpopulation Mean Poverty?” Center for International Economic Growth, Washington, 1962. *United Nations Demographic Yearbook*, New York, 1960, pp. 580 ff も参照。一九五八年までにアメリカでは、他のどの年齢集団よりも一五歳から一九歳で結婚する女性が多くなった。他の全ての先進国、および新興の発展途上国の多くでは、大半の女性が二〇歳から二四歳、もしくは二五歳以降に結婚していた。アメリカのような一〇代結婚のパターンが見られたのは、パラグアイ、ヴェネズエラ、ホンデュラス、グアテマラ、メキシコ、エジプト、イラク、およびフィジー諸島のみであった。

（14）Nevitt Sanford, “Higher Education as a Social Problem,” in *The American College*, p. 23.

（15）Elizabeth Douvan and Carol Kaye, “Motivational Factors in College Entrance,” in *The American College*, pp. 202–206.

（16）*Ibid.*, pp. 208 ff.

（17）Esther Lloyd-Jones, “Women Today and Their Education,” *Teacher's College Record*, Vol.

57, No. 1, October, 1955; and No. 7, April, 1956. Opal David, *The Education of Women—Signs for the Future*, American Council on Education, Washington, D. C., 1957 も参照。

(18) Mary Ann Guitar, "College Marriage Courses—Fun or Fraud?" *Mademoiselle*, February, 1961.

(19) Helene Deutsch, *op. cit.*, Vol. 1, p. 290.

(20) Mirra Komarovsky, *op. cit.*, p. 70. 調査研究では、カレッジ女子学生の四〇%が男性の前では「沈黙を守る」とされている。そうしない者たちの中には非常に知性があるわけではない娘たちも含まれているから、高い知性を持つアメリカの若い女性の大半は明らかにそれを隠すことを学んでいることになる。

(21) Jean Macfarlane and Lester Sontag, Commission on the Education of Women への調査報告書、ワシントンDC、一九五四年(謄写版文書)。

(22) Harold Webster, "Some Quantitative Results," in *Personality Development During the College Years*, ed. by Nevitt Sanford, *Journal of Social Issues*, 1956, Vol. 12, No. 4, p. 36.

(23) Nevitt Sanford, *Personality Development During the College Years, Journal of Social Issues*, 1956, Vol. 12, No. 4.

(24) Mervin B. Freedman, "Studies of College Alumni," in *The American College*, p. 878.

(25) Lynn White, *op. cit.*, p. 117.

(26) *Ibid.*, pp. 119 ff.

(27) Max Lerner, *America As a Civilization*, New York, 1957, pp. 608-611.「肝心な点は、女性の生物学的、経済的無能力さにあるのではなく、女性たちが本当にはやりとげる意思のない男性の世界と、満たされることが難しい彼女たち自身の世界との間で板挟みになっていると感じていることにある。……ウォルト・ホイットマンが女性たちに「玩具や作り話を捨てて、男たちがしているように本物の、自立して波乱に富んだ人生へと乗り出す」よう呼びかけた時、彼は――多くの同時代人と同じように――間違った平等主義を考えていたのだ。……もし彼女が自分のアイデンティティを発見したいなら、フェミニズムを支持する運動ではなく、まず自分で自分の女らしさを信じることから始めねばならない。マーガレット・ミードは、女性の生物学的ライフ・サイクルには、初経から子どもの出産を経て閉経へと至るいくつかの明確な諸相があり、女性は基本的な身体のリズムにおいてと同様に、これらのライフ・サイクルの諸段階において自分が女であることを確信し、男のように自分の力を主張する必要がないと指摘している。同様に、女性が人生で演じなければならない複数の役割に困惑することがあっても、自分の中心的役割は女としての役割であることを知っていれば、心を乱すことなくそれらの役割を果たすことができる。……しかしながら、彼女の中心的機能とは、自分自身と、彼女がその生命の生み出し手であり維持者である家庭のためにライフスタイルを創り出すことにある」。

(28) Philip E. Jacob, *Changing Values in College*, New York, 1957 を参照。

(29) Margaret Mead, "New Look at Early Marriages," interview in *U. S. News and World Report*, June 6, 1960.

第八章　誤った選択

(1) *United Nations Demographic Yearbook*, New York, 1960, pp. 99–118, pp. 476–490, p. 580 を参照。一九五五年から五九年の合州国の毎年の人口増加率は、他の西側諸国よりもはるかに高く、インド、日本、ビルマ、パキスタンよりも高かった。実際、北アメリカの増加率(一・八)は世界の増加率(一・七)を上回っていた。ヨーロッパの増加率は〇・八、ソ連一・七、アジア一・八、アフリカ一・九、南アメリカ二・三である。低開発諸国における増加は当然、その多くが医療の向上と死亡率の低下によるものであるが、アメリカではほぼ完全に出生率と早婚と大家族の増加が原因だった。なぜなら一九五〇年から五九年にかけて、フランス、ノルウェイ、スウェーデン、ソ連、インド、日本などの国々では出生率が低下していったのに対し、合州国では上昇し続けたのだ。合州国は、一九五八年時点で、娘たちが他のどの年齢よりも一五歳から一九歳で結婚することが多い世界の少数の国々の一つであり、いわゆる「先進」国では唯一の国だった。出生率の上昇を示した他の国々――ドイツ、カナダ、英国、チリ、ニュージーランド、ペルー――でさえ、こうした一〇代結婚という現象は見られなかった。

(2) Marya Mannes, "Female Intelligence—Who Wants It?" *New York Times Magazine*, January 3, 1960 の記事に対する怒りの手紙については、"The Woman with Brains (continued)," *New York Times Magazine*, January 17, 1960 を参照。

(3) National Manpower Council, *Womanpower*, New York, 1957 を参照。一九四〇年には、合州

国で雇用されている全女性の半分以上が二五歳以下で、五分の一が四五歳以上だった。一九五〇年代には、有給雇用されているのが最も多いのは一八歳と一九歳の若い女性――および四五歳以上の女性で、その大部分はほとんど訓練のいらない仕事に就いている。年長の既婚女性が新たに労働力で優勢となっている理由の一部は、合州国では今や二〇代や三〇代の女性はほとんど働かないという事実にある。今では全被雇用女性の五人に二人は四五歳以上で、多くが妻・母親であり、非熟練労働力としてパートタイムで働いている。何百万人ものアメリカ女性が家の外で働いているという報告の類は、複数の意味で間違った印象を与える。全被雇用女性のうち、フルタイムの仕事を持っているのは三分の一だけで、三分の一は年の一部分だけをフルタイムで働き――たとえば、クリスマス期のデパートの臨時雇いの売り子など――後の三分の一は年の一部分だけパートで働いているのだ。専門職に就いているのはたいていの場合少数の独身女性で、その数はしだいに減りつつある。訓練を受けていない年長の妻や母親たちは、訓練を受けていない一八歳と同じように、工場、サーヴィス業、販売、事務職において、熟練度でも給与段階でも下の方の端っこに集中している。アメリカにおける人口の増加と進行する仕事の専門化を考えると、驚くべき現象とは、さかんに言われているように今家の外で働くアメリカ女性の数がほんの少しだけ増えているということではなく、アメリカの成人女性の三人に二人が家の外で働いておらず、いかなる専門職のための技術も教育も身につけていない若い女性が何百万人も増加しているという事実なのである。Theodore Caplow, *The Sociology of Work*, 1954 および Alva Myrdal and Viola Klein, *Women's Two Roles—Home and Work*, London, 1956 も参照のこと。

（4）Edward Strecker, *Their Mother's Sons*, Philadelphia and New York, 1946, pp. 52-59.

（5）*Ibid.*, pp. 31 ff.

（6）Farnham and Lundberg, *Modern Woman: The Lost Sex*, p. 271. Lynn White, *Educating Our Daughters*, p. 90 も参照。「A・C・キンゼー博士によってインディアナ大学で行われたアメリカ人の性的習慣についての入念な研究の予備的結果は、教育と、結婚生活で女性がつねにオーガズムを経験する能力との間には逆相関関係があることを示している。暫定的なものであるが現在得られている証拠によれば、カレッジ教育を受けた女性たちの婚姻内性交のうち六五%近くではオーガズムが得られていないのに対し、小学校以上の教育を受けていない既婚女性の場合には、その割合は一五%程度であった」。

（7）Alfred C. Kinsey, *et al.*, Staff of the Institute for Sex Research, Indiana University, *Sexual Behavior in the Human Female*, Philadelphia and London, 1953, pp. 378 ff.〔朝山新一他訳『人間女性における性行動（上・下）』コスモポリタン社、一九五四年〕

（8）Lois Meek Stolz, "Effects of Maternal Employment on Children: Evidence from Research," *Child Development*, Vol. 31, No. 4, 1960, pp. 749-782.

（9）H. F. Southard, "Mothers' Dilemma: To Work or Not?" *New York Times Magazine*, July 17, 1960.

（10）Stolz, *op. cit.* Myrdal and Klein, *op. cit.*, pp. 125 ff. も参照。

（11）Benjamin Spock, "Russian Children Don't Whine, Squabble or Break Things—Why?" *Ladies*

Home Journal, October, 1960.

(12) David Levy, *Maternal Overprotection*, New York, 1943.

(13) Arnold W. Green, "The Middle-Class Male Child and Neurosis," *American Sociological Review*, Vol. II, No. 1, 1946.

第九章　性別の売り込み

(1) 本章のもととなる研究は、Dr. Ernest Dichter を長とする Institute for Motivational Research のスタッフによって行われたものである。私が Dichter 博士およびその同僚の好意により見ることのできた本研究のファイルは、Croton-on-Hudson, New York の研究所に保管されている。

(2) Harrison Kinney, *Has Anybody Seen My Father?*, New York, 1960.

女《おんな》らしさの神話《しんわ》（上）〔全２冊〕
ベティ・フリーダン著

2024年9月13日　第1刷発行

訳　者　荻野美穂《おぎのみほ》

発行者　坂本政謙

発行所　株式会社 岩波書店
〒101-8002 東京都千代田区一ツ橋2-5-5

案内 03-5210-4000　営業部 03-5210-4111
文庫編集部 03-5210-4051
https://www.iwanami.co.jp/

印刷 製本・法令印刷　カバー・精興社

ISBN 978-4-00-342341-7　　Printed in Japan

読書子に寄す

——岩波文庫発刊に際して——

岩波茂雄

真理は万人によって求められることを自ら欲し、芸術は万人によって愛されることを自ら望む。かつては民を愚昧ならしめるために学芸が最も狭き堂宇に閉鎖されたことがあった。今や知識と美とを特権階級の独占より奪い返すことはつねに進取的なる民衆の切実なる要求である。岩波文庫はこの要求に応じそれに励まされて生まれた。それは生命ある不朽の書を少数者の書斎と研究室とより解放して街頭にくまなく立たしめ民衆に伍せしめるであろう。近時大量生産予約出版の流行を見る。その広告宣伝の狂態はしばらくおくも、後代にのこすと誇称する全集がその編集に万全の用意をなしたるか。千古の典籍の翻訳企図に敬虔の態度を欠かざりしか。さらに分売を許さず読者を繫縛して数十冊を強うるがごとき、はたしてその揚言する学芸解放のゆえんなりや。吾人は天下の名士の声に和してこれを推挙するに躊躇するものである。このときにあたって、岩波書店は自己の責務のいよいよ重大なるを思い、従来の方針の徹底を期するため、すでに十数年以前より志して来た計画を慎重審議この際断然実行することにした。吾人は範をかのレクラム文庫にとり、古今東西にわたって文芸・哲学・社会科学・自然科学等種類のいかんを問わず、いやしくも万人の必読すべき真に古典的価値ある書をきわめて簡易なる形式において逐次刊行し、あらゆる人間に須要なる生活向上の資料、生活批判の原理を提供せんと欲する。この文庫は予約出版の方法を排したるがゆえに、読者は自己の欲する時に自己の欲する書物を各個に自由に選択することができる。携帯に便にして価格の低きを最主とするがゆえに、外観を顧みざるも内容に至っては厳選最も力を尽くし、従来の岩波出版物の特色をますます発揮せしめようとする。この計画たるや世間の一時の投機的なるものと異なり、永遠の事業として吾人は微力を傾倒し、あらゆる犠牲を忍んで今後永久に継続発展せしめ、もって文庫の使命を遺憾なく果たさしめることを期する。芸術を愛し知識を求むる士の自ら進んでこの挙に参加し、希望と忠言とを寄せられることは吾人の熱望するところである。その性質上経済的には最も困難多きこの事業にあえて当たらんとする吾人の志を諒として、その達成のため世の読書子とのうるわしき共同を期待する。

昭和二年七月

《法律・政治》〔白〕

人権宣言集　高木八尺・末延三次・宮沢俊義 編
新版 世界憲法集 第二版　高橋和之 編
君主論　マキァヴェッリ　河島英昭 訳
フィレンツェ史 全二冊　マキァヴェッリ　齊藤寛海 訳
リヴァイアサン 全四冊　ホッブズ　水田洋 訳
ビヒモス　ホッブズ　山田園子 訳
法の精神 全三冊　モンテスキュー　野田良之・稲本洋之助・上原行雄・田中治男・三辺博之・横田地弘 訳
完訳 統治二論　ジョン・ロック　加藤節 訳
寛容についての手紙　ジョン・ロック　加藤節・李静和 訳
キリスト教の合理性　ジョン・ロック　加藤節 訳
ルソー 社会契約論　桑原武夫・前川貞次郎 訳
フランス二月革命の日々 ―トクヴィル回想録　トクヴィル　喜安朗 訳
アメリカのデモクラシー 全四冊　トクヴィル　松本礼二 訳
リンカーン演説集　高木八尺・斎藤光 訳
権利のための闘争　イェーリング　村上淳一 訳
近代人の自由と古代人の自由・征服の精神と簒奪 他一篇　コンスタン　堤林剣・堤林恵 訳
民主主義の本質と価値 他一篇　ハンス・ケルゼン　長尾龍一・植田俊太郎 訳
危機の二十年 ―理想と現実　E・H・カー　原彬久 訳
ザ・フェデラリスト　A・ハミルトン J・ジェイ J・マディソン　斎藤眞・中野勝郎 訳
アメリカの黒人演説集 ―キング・マルコムX・モリスン 他　荒このみ 編訳
モーゲンソー 国際政治 ―権力と平和 全三冊　原彬久 監訳
ポリアーキー　ロバート・A・ダール　高畠通敏・前田脩 訳
現代議会主義の精神史的状況 他一篇　カール・シュミット　樋口陽一 訳
政治的なものの概念　カール・シュミット　権左武志 訳
第二次世界大戦外交史 全二冊　芦田均
憲法講話　美濃部達吉
日本国憲法　長谷部恭男 解説
民主体制の崩壊 ―危機・崩壊・再均衡　ファン・リンス　横田正顕 訳
憲法　鵜飼信成

《経済・社会》〔白〕

政治算術　ペティ　大内兵衛・松川七郎 訳
国富論 全四冊　アダム・スミス　水田洋 監訳　杉山忠平 訳
道徳感情論 全二冊　アダム・スミス　水田洋 訳
法学講義　アダム・スミス　水田洋 訳
コモン・センス 他三篇　トーマス・ペイン　小松春雄 訳
経済学における諸定義　マルサス　玉野井芳郎 訳
オウエン自叙伝　ロバアト・オウエン　五島茂 訳
戦争論 全三冊　クラウゼヴィッツ　篠田英雄 訳
自由論　J・S・ミル　塩尻公明・木村健康 訳
大学教育について　J・S・ミル　竹内一誠 訳
功利主義　J・S・ミル　関口正司 訳
ロンバード街 ―ロンドンの金融市場　バジョット　宇野弘蔵 訳
イギリス国制論 全二冊　バジョット　遠山隆淑 訳
ユダヤ人問題によせて ヘーゲル法哲学批判序説　マルクス　城塚登 訳
経済学・哲学草稿　マルクス　城塚登・田中吉六 訳
新編輯版 ドイツ・イデオロギー　マルクス エンゲルス　廣松渉 編訳　小林昌人 補訳
マルクス エンゲルス 共産党宣言　大内兵衛・向坂逸郎 訳
賃労働と資本　マルクス　長谷部文雄 訳
賃銀・価格および利潤　マルクス　長谷部文雄 訳
マルクス 経済学批判　武田隆夫・遠藤湘吉・大内力・加藤俊彦 訳

- マルクス 資本論 全九冊 — エンゲルス編 向坂逸郎訳
- 裏切られた革命 — トロツキー 藤井一行訳
- 文学と革命 全二冊 — トロツキイ 桑野隆訳
- ロシア革命史 全五冊 — トロツキー 藤井一行訳
- トロツキー わが生涯 全二冊 — 森田成也 志田昇訳
- 空想より科学へ —社会主義の発展 — エンゲルス 大内兵衛訳
- イギリスにおける労働者階級の状態 —一九世紀のロンドンとマンチェスター 全二冊 — エンゲルス 一條和生 杉山忠平訳
- 帝国主義 — レーニン 宇高基輔訳
- 国家と革命 — レーニン 宇高基輔訳
- 雇用、利子および貨幣の一般理論 全二冊 — ケインズ 間宮陽介訳
- シュムペーター 経済発展の理論 全二冊 — 塩野谷祐一 中山伊知郎 東畑精一訳
- シュムペーター 経済学史 —学説ならびに方法の諸段階 — 中山伊知郎 東畑精一訳
- 日本資本主義分析 — 山田盛太郎
- 恐慌論 — 宇野弘蔵
- 経済原論 — 宇野弘蔵
- 資本主義と市民社会 他十四篇 — 大塚久雄 齋藤英里編
- 共同体の基礎理論 他六篇 — 大塚久雄 小野塚知二編

- 言論・出版の自由 他一篇 —アレオパジティカ — ミルトン 原田純訳
- ユートピアだより — ウィリアム・モリス 川端康雄訳
- 有閑階級の理論 — ヴェブレン 小原敬士訳
- 社会科学と社会政策にかかわる認識の「客観性」 — マックス・ヴェーバー 富永祐治 立野保男訳 折原浩補訳
- プロテスタンティズムの倫理と資本主義の精神 — マックス・ヴェーバー 大塚久雄訳
- 職業としての学問 — マックス・ヴェーバー 尾高邦雄訳
- 社会学の根本概念 — マックス・ヴェーバー 清水幾太郎訳
- 職業としての政治 — マックス・ヴェーバー 脇圭平訳
- 古代ユダヤ教 全三冊 — マックス・ヴェーバー 内田芳明訳
- 支配について 全二冊 — マックス・ヴェーバー 野口雅弘訳
- 宗教と資本主義の興隆 歴史的研究 全二冊 — トーニー 出口勇蔵・越智武臣訳
- 世論 全二冊 — リップマン 掛川トミ子訳
- 贈与論 他二篇 — マルセル・モース 森山工訳
- 国民論 他二篇 — マルセル・モース 森山工編訳
- ヨーロッパの昔話 その形と本質 — マックス・リュティ 小澤俊夫訳
- 独裁と民主政治の社会的起源 —近代世界形成過程における領主と農民 全二冊 — バリントン・ムーア 宮崎隆次 森山茂徳 高橋直樹訳
- 大衆の反逆 — オルテガ・イ・ガセット 佐々木孝訳

- シャドウ・ワーク — イリイチ 玉野井芳郎 栗原彬訳

《自然科学》〔青〕

- ヒポクラテス医学論集 — 國方栄二編訳
- 科学と仮説 — ポアンカレ 河野伊三郎訳
- ロウソクの科学 — ファラデー 竹内敬人訳
- 種の起原 全二冊 — ダーウィン 八杉龍一訳
- 自然発生説の検討 — パストゥール 山口清三郎訳
- 完訳 ファーブル昆虫記 全十冊 — 山田吉彦 林達夫訳
- 科学談義 — T・H・ハックスリ 小泉丹訳
- メンデル 雑種植物の研究 — 岩槻邦男 須原準平訳
- アインシュタイン 相対性理論 — 内山龍雄訳・解説
- 相対論の意味 — アインシュタイン 矢野健太郎訳
- アインシュタイン 一般相対性理論 — 小玉英雄編訳・解説
- 自然美と其驚異 — ジョン・ラバック 板倉勝忠訳
- ダーウィニズム論集 — 八杉龍一編訳
- 近世数学史談 — 高木貞治
- ニールス・ボーア論文集1 因果性と相補性 — 山本義隆編訳

ニールス・ボーア論文集2 量子力学の誕生　山本義隆編訳

ハッブル 銀河の世界　戎崎俊一訳

パロマーの巨人望遠鏡 全二冊　D・O・ウッドベリー　関正雄・湯澤博・成相恭二訳

生物から見た世界　ユクスキュル　クリサート　日高敏隆・羽田節子訳

ゲーデル 不完全性定理　林晋・八杉満利子訳

日本の酒　坂口謹一郎

生命とは何か —物理的にみた生細胞　シュレーディンガー　岡小天・鎮目恭夫訳

ウィーナー サイバネティックス —動物と機械における制御と通信　池原止戈夫・彌永昌吉・室賀三郎・戸田巌訳

熱輻射論講義　マックス・プランク　西尾成子訳

コレラの感染様式について　ジョン・スノウ　山本太郎訳

20世紀科学論文集 現代宇宙論の誕生　須藤靖編

高峰譲吉文集 いかにして発明国民となるべきか　鈴木淳編

相対性理論の起原 他四篇　廣重徹　西尾成子編

ガリレオ・ガリレイの生涯 他二篇　ヴィンチェンツォ・ヴィヴィアーニ　田中一郎訳

精選 物理の散歩道　ロゲルギスト　松浦壮訳

《哲学・教育・宗教》〔青〕

- ソクラテスの弁明・クリトン　プラトン　久保勉訳
- ゴルギアス　プラトン　加来彰俊訳
- 饗宴　プラトン　久保勉訳
- テアイテトス　プラトン　田中美知太郎訳
- パイドロス　プラトン　藤沢令夫訳
- メノン　プラトン　藤沢令夫訳
- 国家　全二冊　プラトン　藤沢令夫訳
- プロタゴラス　―ソフィストたち　プラトン　藤沢令夫訳
- パイドン　―魂の不死について　プラトン　岩田靖夫訳
- アナバシス　―敵中横断六〇〇〇キロ　クセノポン　松平千秋訳
- アリストテレス　ニコマコス倫理学　全二冊　高田三郎訳
- アリストテレス　形而上学　全二冊　出隆訳
- アリストテレス　弁論術　戸塚七郎訳
- アリストテレース　ホラーティウス　詩学・詩論　松本仁助・岡道男訳
- 物の本質について　ルクレーティウス　樋口勝彦訳
- エピクロス　―教説と手紙　出隆・岩崎允胤訳

- 生の短さについて　他二篇　セネカ　大西英文訳
- 怒りについて　他二篇　セネカ　兼利琢也訳
- エピクテトス　人生談義　全二冊　國方栄二訳
- 人さまざま　テオプラストス　森進一訳
- マルクス・アウレーリウス　自省録　神谷美恵子訳
- 老年について　キケロー　中務哲郎訳
- 友情について　キケロー　中務哲郎訳
- 弁論家について　全二冊　キケロー　大西英文訳
- 平和の訴え　エラスムス　箕輪三郎訳
- エラスムス＝トマス・モア往復書簡　沓掛良彦・高田康成訳
- 方法序説　デカルト　谷川多佳子訳
- 哲学原理　デカルト　桂寿一訳
- 精神指導の規則　デカルト　野田又夫訳
- 情念論　デカルト　谷川多佳子訳
- パンセ　全三冊　パスカル　塩川徹也訳
- パスカル　小品と手紙　塩川徹也・望月ゆか訳
- スピノザ　神学・政治論　全二冊　畠中尚志訳

- 知性改善論　スピノザ　畠中尚志訳
- スピノザ　エチカ　（倫理学）　全二冊　畠中尚志訳
- スピノザ　国家論　畠中尚志訳
- スピノザ往復書簡集　畠中尚志訳
- デカルトの哲学原理　―附　形而上学的思想　スピノザ　畠中尚志訳
- スピノザ　神・人間及び人間の幸福に関する短論文　畠中尚志訳
- モナドロジー　他二篇　ライプニッツ　谷川多佳子・岡部英男訳
- ノヴム・オルガヌム（新機関）　ベーコン　桂寿一訳
- 市民の国について　全二冊　ヒューム　小松茂夫訳
- 自然宗教をめぐる対話　ヒューム　犬塚元訳
- 君主の統治について　―謹んでキプロス王に捧げる　トマス・アクィナス　柴田平三郎訳
- 精選　神学大全　全四冊　トマス・アクィナス　山本芳久・稲垣良典編／訳
- エミール　全三冊　ルソー　今野一雄訳
- 人間不平等起原論　ルソー　本田喜代治・平岡昇訳
- ルソー　社会契約論　桑原武夫・前川貞次郎訳
- 言語起源論　旋律と音楽的模倣について　ルソー　増田真訳
- ディドロ　絵画について　佐々木健一訳

純粋理性批判 全三冊　カント　篠田英雄訳
カント 実践理性批判　波多野精一・宮本和吉・篠田英雄訳
判断力批判 全二冊　カント　篠田英雄訳
永遠平和のために　カント　宇都宮芳明訳
プロレゴメナ　カント　篠田英雄訳
人倫の形而上学 全二冊　カント　熊野純彦・宮村悠介訳
シュライエルマッハー 独白　木場深定訳
ヘーゲル 政治論文集 全二冊　金子武蔵訳
哲学史序論 ―哲学と哲学史　ヘーゲル　武市健人訳
歴史哲学講義 全二冊　ヘーゲル　長谷川宏訳
法の哲学 ―自然法と国家学の要綱 全二冊　ヘーゲル　上妻精・佐藤康邦・山田忠彰訳
学問論　シェリング　西川富雄・藤田正勝監訳
自殺について 他四篇　ショウペンハウエル　斎藤信治訳
読書について 他二篇　ショウペンハウエル　斎藤忍随訳
知性について 他四篇　ショーペンハウエル　細谷貞雄訳
不安の概念　キェルケゴール　斎藤信治訳
死に至る病　キェルケゴール　斎藤信治訳

体験と創作 全二冊　ディルタイ　柴田治三郎・小牧健夫訳
眠られぬ夜のために 全二冊　ヒルティ　草間平作・大和邦太郎訳
幸福論 全三冊　ヒルティ　草間平作・大和邦太郎訳
悲劇の誕生　ニーチェ　秋山英夫訳
ツァラトゥストラはこう言った 全二冊　ニーチェ　氷上英廣訳
道徳の系譜　ニーチェ　木場深定訳
善悪の彼岸　ニーチェ　木場深定訳
この人を見よ　ニーチェ　手塚富雄訳
プラグマティズム　W・ジェイムズ　桝田啓三郎訳
宗教的経験の諸相 全二冊　W・ジェイムズ　桝田啓三郎訳
日常生活の精神病理　フロイト　高田珠樹訳
精神分析入門講義 全二冊　フロイト　高田珠樹・新宮一成・須藤訓任・道籏泰三訳
純粋現象学及現象学的哲学考案 全二冊　フッセル　池上鎌三訳
デカルト的省察　フッサール　浜渦辰二訳
愛の断想・日々の断想　ジンメル　清水幾太郎訳
ジンメル宗教論集　深澤英隆編訳
笑い　ベルクソン　林達夫訳

道徳と宗教の二源泉　ベルクソン　平山高次訳
物質と記憶　ベルクソン　熊野純彦訳
時間と自由　ベルクソン　中村文郎訳
ラッセル教育論　安藤貞雄訳
ラッセル幸福論　安藤貞雄訳
存在と時間 全四冊　ハイデガー　熊野純彦訳
学校と社会　デューイ　宮原誠一訳
民主主義と教育 全二冊　デューイ　松野安男訳
我と汝・対話　マルティン・ブーバー　植田重雄訳
アラン 幸福論　神谷幹夫訳
アラン 定義集　神谷幹夫訳
天才の心理学　E・クレッチュマー　内村祐之訳
英語発達小史　H・ブラッドリ　寺澤芳雄訳
日本の弓術　オイゲン・ヘリゲル述　柴田治三郎訳
似て非なる友について 他三篇　プルタルコス　柳沼重剛訳
ことばのロマンス ―英語の語源　ウィークリー　寺澤芳雄・出淵博訳
ヴィーコ 学問の方法　上村忠男・佐々木力訳

国家と神話 全二冊　カッシーラー　熊野純彦訳
天才・悪　ブレンターノ　篠田英雄訳
人間の頭脳活動の本質 他一篇　ディーツゲン　小松摂郎訳
反啓蒙思想 他二篇　バーリン　松本礼二編
マキアヴェッリの独創性 他三篇　バーリン　川出良枝編
ロシア・インテリゲンツィヤの誕生 他五篇　バーリン　桑野隆編
論理哲学論考　ウィトゲンシュタイン　野矢茂樹訳
自由と社会的抑圧　シモーヌ・ヴェイユ　冨原眞弓訳
根をもつこと 全二冊　シモーヌ・ヴェイユ　冨原眞弓訳
重力と恩寵　シモーヌ・ヴェイユ　冨原眞弓訳
全体性と無限 全二冊　レヴィナス　熊野純彦訳
啓蒙の弁証法 —哲学的断想　M・ホルクハイマー　T・W・アドルノ　徳永恂訳
ヘーゲルからニーチェへ 十九世紀思想における革命的断絶 全二冊　レーヴィット　三島憲一訳
統辞構造論 付『言語理論の論理構造』序論　チョムスキー　福井直樹　辻子美保子訳
統辞理論の諸相 方法論序説　チョムスキー　福井直樹　辻子美保子訳
快楽について　ロレンツォ・ヴァッラ　近藤恒一訳
ニーチェ みずからの時代と闘う者　ルドルフ・シュタイナー　高橋巖訳

フランス革命期の公教育論　コンドルセ他　阪上孝編訳
人間の教育 全二冊　フレーベル　荒井武訳
旧約聖書 創世記　関根正雄訳
旧約聖書 出エジプト記　関根正雄訳
旧約聖書 ヨブ記　関根正雄訳
旧約聖書 詩篇　関根正雄訳
新約聖書 福音書　塚本虎二訳
文語訳 新約聖書 詩篇付
文語訳 旧約聖書 全四冊
キリストにならいて　トマス・ア・ケンピス　大沢章　呉茂一訳
聖アウグスティヌス 告白 全二冊　服部英次郎訳
アウグスティヌス 神の国 全五冊　服部英次郎　藤本雄三訳
新訳 キリスト者の自由・聖書への序言　マルティン・ルター　石原謙訳
キリスト教と世界宗教　シュヴァイツェル　鈴木俊郎訳
カルヴァン小論集　波木居斉二編訳
聖なるもの　オットー　久松英二訳
コーラン 全三冊　井筒俊彦訳

エックハルト説教集　田島照久編訳
ムハンマドのことば ハディース　小杉泰編訳
新約聖書外典 ナグ・ハマディ文書抄　荒井献　大貫隆　小林稔　筒井賢治　編訳
後期資本主義における正統化の問題　ハーバーマス　山田正行・金慧訳
シンボルの哲学 —理性、祭礼、芸術のシンボル試論　S・K・ランガー　塚本明子訳
ジャック・ラカン 精神分析の四基本概念 全二冊　ジャック=アラン・ミレール編　小出浩之　新宮一成　鈴木國文　小川豊昭　訳
精神と自然 生きた世界の認識論　グレゴリー・ベイトソン　佐藤良明訳
精神の生態学へ 全三冊　グレゴリー・ベイトソン　佐藤良明訳
人間の知的能力に関する試論 全二冊　トマス・リード　戸田剛文訳
開かれた社会とその敵 全四冊　カール・ポパー　小河原誠訳

《アメリカ文学》〔赤〕

ギリシア・ローマ神話 付 インド・北欧神話　ブルフィンチ　野上弥生子訳
中世騎士物語　ブルフィンチ　野上弥生子訳
フランクリン自伝　松本慎一　西川正身訳
スケッチ・ブック 全二冊　アーヴィング　齊藤昇訳
アルハンブラ物語 全二冊　アーヴィング　平沼孝之訳
ウォルター・スコット邸訪問記　アーヴィング　齊藤昇訳
ブレイスブリッジ邸　アーヴィング　齊藤昇訳
エマソン論文集 全二冊　エマソン　酒本雅之訳
完訳 緋文字　ホーソーン　八木敏雄訳
黒猫・モルグ街の殺人事件 他五篇　ポオ　中野好夫訳
対訳 ポー詩集 ―アメリカ詩人選(1)　加島祥造編
黄金虫・アッシャー家の崩壊 他九篇　ポオ　八木敏雄訳
ポオ評論集　八木敏雄編訳
森の生活（ウォールデン） 全二冊　ソロー　飯田実訳
市民の反抗 他五篇　H・D・ソロー　飯田実訳
白鯨 全三冊　メルヴィル　八木敏雄訳
ビリー・バッド　メルヴィル　坂下昇訳
ホイットマン自選日記 全二冊　杉木喬訳
対訳 ホイットマン詩集 ―アメリカ詩人選(2)　木島始編
対訳 ディキンソン詩集 ―アメリカ詩人選(3)　亀井俊介編
不思議な少年　マーク・トウェイン　中野好夫訳
王子と乞食　マーク・トウェーン　村岡花子訳
人間とは何か　マーク・トウェイン　中野好夫訳
ハックルベリー・フィンの冒険 全二冊　マーク・トウェイン　西田実訳
いのちの半ばに　ビアス　西川正身訳
新編 悪魔の辞典　ビアス　西川正身編訳
ビアス短篇集　大津栄一郎編訳
ねじの回転 デイジー・ミラー　ヘンリー・ジェイムズ　行方昭夫訳
ワシントン・スクエア　ヘンリー・ジェイムズ　河島弘美訳
ノリス マクティーグ 死の谷 全二冊　石田英二　井上宗次訳
シスター・キャリー 全二冊　ドライサー　村山淳彦訳
響きと怒り 全二冊　フォークナー　平石貴樹　新納卓也訳
アブサロム、アブサロム！ 全二冊　フォークナー　藤平育子訳
八月の光 全二冊　フォークナー　諏訪部浩一訳
武器よさらば 全二冊　ヘミングウェイ　谷口陸男訳
オー・ヘンリー傑作選　大津栄一郎訳
アメリカ名詩選　亀井俊介　川本皓嗣編
魔法の樽 他十二篇　マラマッド　阿部公彦訳
青白い炎　ナボコフ　富士川義之訳
風と共に去りぬ 全六冊　マーガレット・ミッチェル　荒このみ訳
対訳 フロスト詩集 ―アメリカ詩人選(4)　川本皓嗣編
とんがりモミの木の郷 他五篇　セアラ・オーン・ジュエット　河島弘美訳
無垢の時代　イーディス・ウォートン　河島弘美訳
暗闇に戯れて ―白さと文学的想像力　トニ・モリスン　都甲幸治訳

《イギリス文学》〔赤〕

ユートピア　トマス・モア　平井正穂訳
完訳カンタベリー物語 全三冊　チョーサー　桝井迪夫訳
ヴェニスの商人　シェイクスピア　中野好夫訳
十二夜　シェイクスピア　小津次郎訳
ハムレット　シェイクスピア　野島秀勝訳
オセロウ　シェイクスピア　菅泰男訳
リア王　シェイクスピア　野島秀勝訳
マクベス　シェイクスピア　木下順二訳
ソネット集　シェイクスピア　高松雄一訳
ロミオとジューリエット　シェイクスピア　平井正穂訳
リチャード三世　シェイクスピア　木下順二訳
対訳シェイクスピア詩集 —イギリス詩人選(1)　柴田稔彦編
から騒ぎ　シェイクスピア　喜志哲雄訳
冬物語　シェイクスピア　桒山智成訳
言論・出版の自由 他一篇 —アレオパジティカ　ミルトン　原田純訳
失楽園 全二冊　ミルトン　平井正穂訳

ロビンソン・クルーソー 全二冊　デフォー　平井正穂訳
奴婢訓 他一篇　スウィフト　深町弘三訳
ガリヴァー旅行記　スウィフト　平井正穂訳
トリストラム・シャンディ 全三冊　ロレンス・スターン　朱牟田夏雄訳
ウェイクフィールドの牧師 —むだばなし　ゴールドスミス　小野寺健訳
幸福の探求 —アビシニアの王子ラセラスの物語　サミュエル・ジョンソン　朱牟田夏雄訳
対訳ブレイク詩集 —イギリス詩人選(4)　松島正一編
対訳ワーズワス詩集 —イギリス詩人選(3)　山内久明編
湖の麗人　スコット　入江直祐訳
キプリング短篇集　橋本槙矩編訳
対訳コウルリッジ詩集 イギリス詩人選(7)　上島建吉編
高慢と偏見 全二冊　ジェーン・オースティン　富田彬訳
ジェイン・オースティンの手紙　新井潤美編訳
マンスフィールド・パーク 全二冊　ジェイン・オースティン　新井潤美・宮丸裕二訳
シェイクスピア物語 全二冊　チャールズ・ラム メアリー・ラム　安藤貞雄訳
エリア随筆抄　チャールズ・ラム　南條竹則編訳
デイヴィッド・コパフィールド 全五冊　ディケンズ　石塚裕子訳

炉辺のこほろぎ　ディケンズ　本多顕彰訳
ボズのスケッチ 短篇小説篇 全二冊　ディケンズ　藤岡啓介訳
アメリカ紀行 全二冊　ディケンズ　伊藤弘之・下笠徳次・隈元貞広訳
イタリアのおもかげ　ディケンズ　伊藤弘之・下笠徳次・隈元貞広訳
大いなる遺産 全二冊　ディケンズ　石塚裕子訳
荒涼館 全四冊　ディケンズ　佐々木徹訳
鎖を解かれたプロメテウス　シェリー　石川重俊訳
アイルランド 歴史と風土　オフェイロン　橋本槙矩訳
ジェイン・エア 全二冊　シャーロット・ブロンテ　河島弘美訳
嵐が丘 全二冊　エミリー・ブロンテ　河島弘美訳
サイラス・マーナー　ジョージ・エリオット　土井治訳
アルプス登攀記 全二冊　ウィンパー　浦松佐美太郎訳
アンデス登攀記 全二冊　ウィンパー　大貫良夫訳
ジーキル博士とハイド氏　スティーヴンスン　海保眞夫訳
南海千一夜物語　スティーヴンスン　中村徳三郎訳
若い人々のために 他十一篇　スティーヴンスン　岩田良吉訳
怪談 —不思議なことの物語と研究　ラフカディオ・ハーン　平井呈一訳

ドリアン・グレイの肖像　オスカー・ワイルド　富士川義之訳
サロメ　ワイルド　福田恆存訳
嘘から出た誠　ワイルド　岸本一郎訳
童話集 幸福な王子 他八篇　オスカー・ワイルド　富士川義之訳
分らぬもんですよ　バァナード・ショウ　市川又彦訳
ヘンリ・ライクロフトの私記　ギッシング　平井正穂訳
南イタリア周遊記　ギッシング　小池滋訳
闇の奥　コンラッド　中野好夫訳
密偵　コンラッド　土岐恒二訳
対訳 イエイツ詩集　高松雄一編
月と六ペンス　モーム　行方昭夫訳
読書案内 —世界文学　W・S・モーム　西川正身訳
人間の絆 全三冊　モーム　行方昭夫訳
サミング・アップ　モーム　行方昭夫訳
モーム短篇選 全二冊　行方昭夫編訳
アシェンデン —英国情報部員のファイル　モーム　中島賢二　岡田久雄訳
お菓子とビール　モーム　行方昭夫訳

ダブリンの市民　ジョイス　結城英雄訳
荒地　T・S・エリオット　岩崎宗治訳
オーウェル評論集　小野寺健編訳
パリ・ロンドン放浪記　ジョージ・オーウェル　小野寺健訳
カタロニア讃歌　ジョージ・オーウェル　都築忠七訳
動物農場 —おとぎばなし　ジョージ・オーウェル　川端康雄訳
対訳 キーツ詩集 —イギリス詩人選(10)　宮崎雄行編
キーツ詩集　中村健二訳
オルノーコ 美しい浮気女　アフラ・ベイン　土井治訳
解放された世界　H・G・ウェルズ　浜野輝訳
大転落　イヴリン・ウォー　富山太佳夫訳
回想のブライズヘッド 全二冊　イーヴリン・ウォー　小野寺健訳
愛されたもの　イーヴリン・ウォー　中村健二　出淵博訳
対訳 ジョン・ダン詩集 —イギリス詩人選(2)　湯浅信之編
フォースター評論集　小野寺健編訳
白衣の女 全三冊　ウィルキー・コリンズ　中島賢二訳
アイルランド短篇選　橋本槙矩編訳

灯台へ　ヴァージニア・ウルフ　御輿哲也訳
狐になった奥様　ガーネット　安藤貞雄訳
フランク・オコナー短篇集　阿部公彦訳
たいした問題じゃないが —イギリス・コラム傑作選　行方昭夫編訳
真昼の暗黒　アーサー・ケストラー　中島賢二訳
文学とは何か —現代批評理論への招待 全二冊　テリー・イーグルトン　大橋洋一訳
D・G・ロセッティ作品集　南條竹則　松村伸一編訳
真夜中の子供たち 全二冊　サルマン・ラシュディ　寺門泰彦訳
英国古典推理小説集　佐々木徹編訳

《ドイツ文学》〔赤〕

ニーベルンゲンの歌 全二冊 相良守峯訳
若きウェルテルの悩み ゲーテ 竹山道雄訳
ヴィルヘルム・マイスターの修業時代 全三冊 ゲーテ 山崎章甫訳
イタリア紀行 全三冊 ゲーテ 相良守峯訳
ファウスト 全二冊 ゲーテ 相良守峯訳
ゲーテとの対話 全三冊 エッカーマン 山下肇訳
スペインの太子 ドン・カルロス シルレル 佐藤通次訳
ヒュペーリオン —希臘の世捨人 ヘルデルリーン 渡辺格司訳
青い花 ノヴァーリス 青山隆夫訳
夜の讃歌・サイスの弟子たち 他一篇 ノヴァーリス 今泉文子訳
完訳 グリム童話集 全五冊 金田鬼一訳
黄金の壺 ホフマン 神品芳夫訳
ホフマン短篇集 池内紀編訳
ミヒャエル・コールハース チリの地震 他一篇 クライスト 山口裕之訳
影をなくした男 シャミッソー 池内紀訳
流刑の神々・精霊物語 ハイネ 小沢俊夫訳

ブリギッタ・森の泉 他一篇 シュティフター 宇多五郎 高安国世訳
みずうみ 他四篇 シュトルム 関泰祐訳
沈鐘 ハウプトマン 阿部六郎訳
地霊・パンドラの箱 —ルル二部作 F・ヴェデキント 岩淵達治訳
春のめざめ F・ヴェデキント 酒寄進一訳
花・死人に口なし 他七篇 シュニッツラー 番匠谷英一 山本有三訳
ゲオルゲ詩集 手塚富雄訳
リルケ詩集 高安国世訳
ドゥイノの悲歌 リルケ 手塚富雄訳
ブッデンブローク家の人びと 全三冊 トーマス・マン 望月市恵訳
魔の山 全二冊 トーマス・マン 関泰祐 望月市恵訳
トニオ・クレエゲル トオマス・マン 実吉捷郎訳
ヴェニスに死す トオマス・マン 実吉捷郎訳
講演集 ドイツとドイツ人 他五篇 トーマス・マン 青木順三訳
講演集 リヒァルト・ヴァーグナーの苦悩と偉大 他一篇 トーマス・マン 青木順三訳
車輪の下 ヘルマン・ヘッセ 実吉捷郎訳
デミアン ヘルマン・ヘッセ 実吉捷郎訳

シッダルタ ヘッセ 手塚富雄訳
幼年時代 カロッサ 斎藤栄治訳
ジョゼフ・フーシェ —ある政治的人間の肖像 シュテファン・ツワイク 高橋禎二 秋山英夫訳
変身・断食芸人 カフカ 山下萬里訳
審判 カフカ 辻瑆訳
カフカ短篇集 池内紀編訳
カフカ寓話集 池内紀編訳
ドイツ炉辺ばなし集 —カレンダーゲシヒテン ヘーベル 木下康光編訳
ウィーン世紀末文学選 池内紀編訳
ティル・オイレンシュピーゲルの愉快ないたずら 阿部謹也訳
チャンドス卿の手紙 他十篇 ホフマンスタール 檜山哲彦訳
ホフマンスタール詩集 川村二郎訳
インド紀行 全二冊 ボンゼルス 実吉捷郎訳
ドイツ名詩選 生野幸吉 檜山哲彦編
聖なる酔っぱらいの伝説 他四篇 ヨーゼフ・ロート 池内紀訳
ラデツキー行進曲 全二冊 ヨーゼフ・ロート 平田達治訳
ボードレール 他五篇 —ベンヤミンの仕事2 ベンヤミン 野村修編訳

岩波文庫の最新刊

大江満雄編
詩集 いのちの芽

全国のハンセン病療養所の入所者七三名の詩二二七篇からなる合同詩集。生命の肯定、差別への抗議をうたった、戦後詩の記念碑。(解説＝大江満雄・木村哲也)
〔緑二三五-一〕 定価一三六四円

デリダ著／守中高明訳
他者の単一言語使用
―あるいは起源の補綴《プロテーゼ》―

ヨーロッパ近代の原理である植民地主義。その暴力の核心にある言語の政治、母語の特権性の幻想と自己同一性の神話を瓦解させる脱構築の力。
〔青N六〇五-一〕 定価一〇〇一円

ゲルツェン著／金子幸彦・長縄光男訳
過去と思索 (三)

言論統制の最も厳しいニコライ一世治下のロシアで、西欧主義とスラヴ主義の論争が繰り広げられた。ゲルツェンは中心人物の一人であった。(全七冊)
〔青N六一〇-四〕 定価一五〇七円

ガリレオ・ガリレイ著／田中一郎訳
新科学論議 (下)

物理の基本法則を実証的に記述した、近代物理学の幕開けを告げる著作。ガリレオ以前に誰も知りえなかった真理が初めて記される。(全二冊)
〔青九〇六-四〕 定価一〇〇一円

…今月の重版再開…

上村勝彦訳
カウティリヤ 実利論 (上)
―古代インドの帝王学―
〔青二六三-一〕 定価一五〇七円

上村勝彦訳
カウティリヤ 実利論 (下)
―古代インドの帝王学―
〔青二六三-二〕 定価一五〇七円

岩波文庫の最新刊

ベティ・フリーダン著／荻野美穂訳
女らしさの神話 (上)(下)

女性の幸せは結婚と家庭にあるとする「女らしさの神話」を批判し、その解体を唱える。二〇世紀フェミニズムの記念碑的著作、初の全訳。（全二冊）〔白二三四-一、二〕 定価(上)一五〇七、(下)一三五三円

太宰治作／安藤宏編
富嶽百景・女生徒 他六篇

昭和一二―一五年発表の八篇。表題作他「華燭」「葉桜と魔笛」等、スランプを克服し〈再生〉へ向かうエネルギーを感じさせる。（注＝斎藤理生、解説＝安藤宏）〔緑九〇-九〕 定価九三五円

ヘルダー著／嶋田洋一郎訳
人類歴史哲学考 (五)

第四部第十八巻―第二十巻を収録。中世ヨーロッパを概観。キリスト教の影響やイスラム世界との関係から公共精神の発展を描く。（全五冊）〔青N六〇八-五〕 定価一二七六円

今月の重版再開

栗田靖編
碧梧桐俳句集

定価一二七六円〔緑一六六-二〕

穂積陳重著
法窓夜話

定価一四三〇円〔青一四七-一〕

定価は消費税 10% 込です　2024. 9